KB043266

과학 샘의 그라운딩,

자연에서 춤추다

과학샘의 그라운딩, 자연에서 춤추다

초판 1쇄 발행 2023년 2월 22일

지은이 윤송미
펴낸이 김선기

펴낸곳 (주)푸른길
출판등록 1996년 4월 12일 제16-1292호
주소 (03877) 서울시 구로구 디지털로 33길 48 대륭포스트타워 7차 1008호
전화 02-523-2907, 6942-9570~2
팩스 02-523-2951
이메일 purungilbook@naver.com
홈페이지 www.purungil.co.kr
ISBN 978-89-6291-977-4 (13370)

과학 샘의 그라운딩,
자연에서 춤추다

윤송미 지음

푸른길

내가 선 자리에서 나를 찾아가다

2011년, 스물일곱에 처음 교직에 들어섰다. 설명을 잘한다는 말은 많이 들었고 자신 있었다. 안타깝게도 잘 가르치는 나의 장점은 생각만큼 빛을 보지 못했다. 담임 교사의 역할과 생활 지도에 종종걸음으로 고군분투했다. 돌아보면 스물일곱의 내게 교사란 잘 가르치는 사람이었던 것 같다.

그사이 결혼을 하고 서른 하나, 첫째 초록이를 만났다. 사람의 출생과 성장은 나의 첫 육아휴직 2년의 화두였다. 두 번째 학교로 복직하고 이어 둘째 호두를 만났다. 두 번째 육아휴직 2년도 우리 가족에게 격동의 성장기였다.

두 아이의 엄마가 되는 사이 내 삶은 시나브로 대전환을 맞았다. 아이를 낳고 키우다 돌아온 학교는 많은 것이 변해 있었다. 엄밀히 말하면 학교가 아닌 내가 변한 것이다. 한 사람이 같은 공간에서 보고 느끼는 바가 이렇게 다를 수 있다는 것은 놀라웠다. 동상이몽(同床異夢). 문득 예전 어느 날, 내 앞에 선 누군가가 이런 마음이었을까 싶었다.

세월은 너무 빠르게 변하고 우리는 많은 것들의 원상(原狀)을 잃어 간다. 우리 본래 모습에 대한 이야기를 듣지도 보지도 못했는데 내 삶의 양식을 바꾸는 과학 기술은 쏟아지고 밀려든다. 또 다른 새로운 생활 방식을 좇느라 연일 바쁘다. 더 가져야 할 것이 많은 시대에 중요한 것을 잃고 있다는 외침은 공허하다. 중요한 것은 눈에 보이지 않는다는 말도 무용하다. 나는 그 간극을 좁히고 싶었다.

이 책은 내가 잃어버린 것이 무엇인지, 어디로 가는지도 모른 채 열심히 채우며 살았지만 이상하게도 소모되었다고 느낀 지난 시간을 더듬어간 일기다. 학교와 가정, 교사와 엄마의 자리에서 가졌던 경험과 그 과정에서 일어난 의문을 따라간 나의 이야기다. 엄마이자 교사지만 그전에 한 자연인으로서, 자연인이지만 오늘 현실의 사회인으로서 지금 이 시대를 걷는 방법과 태도에 대한 고민을 담은 나의 성장 일기다.

교직 10년이면 교육전문가가 될 줄 알았는데 지나고 보니 10년은 무엇이 교육이 아닌지 단초를 얻은 시간이었다. 돌아보면 그때는 정답 같았던 것도, 공들여 애써 지켰던 것들도 의도와 다른 영향을 미치고 예상치 못한 결과를 낳기도 했다. 그 끝까지도 선이라고 주장할 것이 없다는 것을 안다. 다만 지금 이 자리에서, 오늘 내게 중요한 것들을 나누고 싶었다. 모순처럼 들리는 많은 것은 내 성찰과 필력의 부족이다. 그 안에서도 모든 것이 제자리를 찾아가길 바라는 마음만은 전해지길 바란다.

고도로 전문화된 과학의 세상에서 각자의 이해(理解)도 역할에 따른 이해(利害)도 다를 것이다. 그럼에도 이상동몽(異床同夢), 우리가 가진 보편을 마음에 담고 가야 할 길의 가치를 가운데 두고 서로의 이야기를 나누고 싶다.

책을 쓰면서 세상에 온전한 내 것은 없다는 것을 다시금 새겼다. 내가 쓰는 물건도, 나의 모든 앎과 배움도 모두 덕분이다. 한 사람의 이야기가 세상에 나올 수 있게 길을 내어준 출판사 푸른길과 '책쓰는 선생님' 프로젝트로 지원해 준 경상북도교육청, 그리고 오늘의 나를 있게 한 모든 것에 감사를 드린다. 특히 나를 낳고 키워준 부모님과 가족, 책을 쓰는 몇 달간 엄마를 잃다시피 했던 존재가 곧 스승인 두 아들, 그런 엄마의 빈자리까지 든든히 지켜준 영혼의 동반자 정일영 씨에게 미안함과 큰 사랑과 깊은 감사를 전한다.

2023년 1월

윤송미

* 그라운딩(grounding): 땅에 발을 붙이고 바로 서서 대지와 깊이 연결된 상태

나무가 잘 자라기 위해서는 뿌리가 땅속 깊이 튼튼히 내려야 하듯이 우리가 땅에 바로 서기 위해서는 두 발을 잘 디뎌야 한다. 아래로 뿌리내릴수록 위로 뻗어갈 수 있다. 땅에 발을 잘 디딜수록 척추는 곧아지고 머리는 하늘을 향한다.

머리를 채우기 위해 무단히 살았지만 소모와 갈증이 끊이지 않았다. 몸의 속도는 생각의 속도를 따라가지 못했다. 머리는 발에서 멀어졌고, 발은 땅에서 떨어졌다. 나는 그렇게 지쳐갔지만 머리는 여전히 공회전했다.

그라운딩 한다는 것은 나의 두 발이 땅에 잘 닿아 있음을 알고, 발과 연결된 내 몸을 오롯이 느끼는 것이다. 그래서 그라운딩에는 온몸 마음을 지금, 여기에 머물게 하는 힘이 있다. 발바닥에 의식을 두는 것 하나만으로 몸 마음을 한 자리에 묶는 그라운딩은 매력적이었다. 특히 자연에서, 맨땅에서 온전히 충만해지는 그라운딩은 처음에는 피로 회복제였고, 다음은 그저 본래 자리를 찾아간 것이었다.

그라운딩으로 대지와 깊이 연결될수록 내가 지구의 일부임을 알

수 있었다. 대지와 연결된 꽃과 나비까지 나와 연결되었다. 나에게 그라운딩은 지구 전체와의 연결이고, 그 전체 안에서의 나이다. 우리 모두가 하나로 연결될수록 경계와 분리가 사라지고 세상에 나 아닌 것이 없다. 그러면 내게 주어진 풀 한 포기까지 모든 것이 감사하다. 세상 모든 것의 원형은 자연이고 생명이기 때문이다.

* 이 책에서 두 아들은 태명으로 썼다. 첫째는 5월의 푸른 싱그러움을 닮길 바라는 마음에서 세상에 오기도 전부터 우리 부부는 초록이라고 불렀다. 둘째는 호두인데, 나의 영덕 할머니께서 꾸신 태몽에서 따왔다. 할머니는 호두밭에서 호두를 가득, 그중 최고의 호두를 품고 댁으로 돌아오셨다고 한다.

** 본문에 실린 그림은 자연육아 동지인 욕심쟁이가 그려주었다. 이 책을 쓰기로 했을 때 누구보다 기뻐하고 응원하며 기꺼이 함께했다. 현실 참여적이지만 비난이나 저항이 아닌, 사람을 따뜻하게 동화시키는 매력이 있는 그림을 그린다.

Part
01

자연육아 엄마가 되다

생명

<u>01</u> 집에서 출산을 한다고?

    나는 첫째 임신 중기에 조산 위기를 겪었다. 당시엔 감도 없었지만 지금은 전반적인 운동, 근력 부족을 원인으로 추정한다. 아기가 성장하면서 공간을 확장해나가는데 나의 복부 비만이 아기를 앞에서 편히 자리 잡도록 해서 신체 구조적으로 아기의 하중을 제대로 나누어 받치지 못한 것으로 이해한다. 둘째 때는 요가를 통해 긴장과 이완 연습은 물론 척추, 천골 주변 근력 강화로 열 달간 아기를 충분히 받칠 수 있도록 나를 돌보았다. 그렇지만 첫째 임신 당시에는

'원인을 알 수 없는'이라는 대학 교수의 말에 미래를 알 수 없어 불안하기만 했다. 또 태변을 본 양수가 샐 경우, 병원에서는 감염 위험을 이유로 제왕절개 대상으로 삼는다. 내가 병원에 갔더라면 틀림없이 아기가 감염될지 모를 위험에 대한 경고를 받고 두려움에 떨며 수술실에 들어갔을 것이다. 첫째 출산 후 한나절 후에 하혈이 있었는데 나는 일어섰다가 잠시 기절을 했었다. 2분이 안 되는 시간 119가 도착했고, 다시 정신이 들었다. 체온과 자궁수축 정도를 확인한 조산사는 나의 상태를 물었고, 나는 조산사의 의견을 물었다. 우리는 추이를 지켜보기로 하고 병원으로 옮기지 않기로 했다. 조산 위기 이력, 태변 본 양수, 하혈 등 누구는 이 이야기를 들으면 천만다행이었다고 아주 위험할 뻔했다고 한다.

자연출산을 기쁘게 경험하고 주변에 많이 소개했지만 우리나라 자연주의 출산 비율은 1%, 대다수는 그 1%의 벽을 넘지 못했다. 딱한 부부, 우리의 이야기를 듣고 공부해서 조산원 출산을 계획한 지인이 있었는데 몇 시간의 난산 끝에 결국 병원으로 이원되어 제왕절개를 했다.

그러면 자연스러운 출산이 그렇게 위험한 것일까? 자연출산은 사례 자체가 적어서 일반화하기에 어려움이 있다. 반면 국민 청원 등으로 공론화되는 의료사고 외에도 병원에서 일어나는 의료사고 비율은 상당한데 병원에 왔기 때문에 일어난 사고라고 생각지도 않아서 오히려 문제 되지 않는 것처럼 느껴지는 면이 있다.

위험은 어디에나 있다. 나는 내가 감수해야 할 위험은 넘어야 한다고 생각했고, 용납할 수 없는 사고 부담은 지고 싶지 않았다. 그런 이유로 우리 부부는 조산사와 함께 조산원에서, 또 우리집에서 아기를 낳기로 했다.

스스로 나오는 아기

친구들 사이에서 결혼과 임신이 빠른 편이었던 나는 주변의 관심을 많이 받았다. 덕분에 집에 들른 후배의 축하 속에 우리 가족의 운명이 바뀌었다.

> "언니, 나는 집에서 낳고 싶어. 예전에 TV에서 봤는데, 병원에 안 가고
> 조산사가 집으로 와서 남편이랑 아기를 낳더라고."
> "요즘 세상에 조산사가 있다고?"

처음 듣는 이야기에 놀라면서도 임신한 나도 제대로 고민해본 적 없는 출산을 미혼인 아가씨가 훨씬 전부터 계획했다는 것에 묘한 긴장감이 생겼다. 더 자세히 말해보라며 재촉해 결국 〈울지 않는 아기〉라는 다큐멘터리를 찾아내었다.

'울지 않는 아기'라니. 40여 분에 불과한 다큐멘터리는 제목만큼이나 내용도 놀라웠다. '바로 이거다!' 싶으면서도 선뜻 결정할 수 없었다. 출산이 나 혼자만의 문제도 아니고, 그간 생각지 못했던 낯선

세계에 대한 두려움도 컸다. 나의 두려움을 옆지기가 진정시켜주길 기대했지만 자상하고 따뜻한 사람인 것과 출산에 대한 예습 의지는 별개였다. 나는 혼자 다큐멘터리, 책, 카페를 검색해야 했고, 새로운 것을 발견할 때마다 설득하듯 남편에게 생생하게 전달했다. 나는 말하면서 공부한 것을 정리했고, 새로운 출산 상식을 새겨갔다. 두려움은 낯선 데서 온다. 우리는 자주 말하고 듣고 익숙해짐으로써 두려움을 조금씩 내려놓을 수 있었다.

그날 후배를 만나기 전까지 나의 임신 출산 공부는 일명 '노란책', 《임신 출산 육아 대백과》가 맡고 있었다. 임신 열 달간의 신체 변화와 출산, 신생아 관리까지 다룬 백과사전 형태의 대중적인 책이다. 분만 챕터에는 자연분만, 제왕절개, 유도분만, 르봐이예 분만 등이 있었다. 아기가 첫 세상을 덜 낯설게, 더 편하게 느끼도록 양수 가득한 엄마 배 속과 같은 환경을 만들어준다는 수중분만은 TV를 통해 이미 친숙한 개념이었다. 그렇지만 비용이 많이 드는 것으로 알고 있었고, 그래서 연예인처럼 특별한 경우에나 가능하다고 생각했다. 수중분만을 제하니 '보통'의 분만실에서 할 수 있는 가장 아기 친화적인 분만인 르봐이예 분만이 눈에 들어왔다. 하지만 낯선 외국 의사의 이름과 짧은 설명에 멀게만 느껴졌다. 나는 어떤 출산을 할까? 출산에 대해 공부하면서 우리나라의 제왕절개 비율이 절반이 넘는다는 것과 '덜 아플 것 같아서', '이후 신체 미학적 문제 때문에'(모유수유와 더불어), '의사나 가족 스케줄상' 등의 이유로 자발적으로 선

* OECD 평균은 2020년(혹은 인접 과거 연도) 통계가 있는 31개국의 평균임.
** 한국, 캐나다, 아이슬란드, 멕시코, 네덜란드, 뉴질랜드는 2019년 수치임.

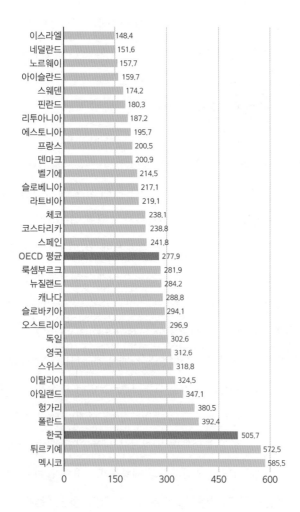

■ **OECD 국가의 제왕절개 건수(2020)** 2020년 우리나라의 제왕절개 건수는 출생아 천 명당 505.7건으로 OECD 국가 중 멕시코(585.5), 튀르키예(572.5건)에 이어 많이 실시하였다.

택하는 경우가 많다는 것을 알게 되었다.

나는 자연분만이 '더 자연스러운 것', '아기에게 더 좋은 것'이라는 것을 직감했다. 나에게 선택권이 없는 위급 상황은 어쩔 수 없는 일이지만 자발적으로 제왕절개를 선택하지는 않기로 했다. 나의 분만 계획은 그것이 전부였다.

그러던 중 〈울지 않는 아기〉를 만난 것이다. "산모분, 힘주세요!"라는 외침이 가득한 내 머릿속 병원 분만 장면은 "엄마, 힘 빼세요. 지금부터는 아기가 나오는 시간이에요."라는 처음 들어본 조산사의 말로 바뀌었다. 조산사는 엄마가 호흡으로 온몸의 긴장을 풀고 힘을 빼도록 도왔고, 그 사이 아기는 스스로 어깨를 돌리면서 엄마 몸 밖으로 머리를 내밀었다. 세상이 멈춘 듯했다. 출산의 핵심은 엄마의 산고가 아니라 '스스로 나오는 아기'였다.

그러고 보니 이상한 게 한둘이 아니었다. 문제라고 인지한 그때부터 그동안 문제라 여기지 못했던 많은 것이 문제로 다가왔다. 나는 우선 자연분만을 자연출산으로 용어부터 바꾸었다. 자연분만은 산모의 산도와 질을 통해 아이를 낳는 과정으로, 배를 절개해 아기를 꺼내는 제왕절개와 대비되는 질식 분만이다. 자연출산은 그보다 더 적극적으로 자연에 의미를 둔다. 그래서 산모와 아기, 출산 당사자의 본능과 호흡에 초점을 두고 이들의 리듬을 존중한다. 자연출산에는 진통제, 제모, 관장, 회음부 절개, 제왕절개 등의 불필요한 의료적 개입이 없다.

르봐이예 박사는《폭력없는 탄생》에서 갓 태어난 아기가 의사의 손에 거꾸로 들린 채 울고, 부모는 감동에 젖어 행복의 눈물을 흘리고, 이를 의사가 흐뭇하게 바라보는 출산의 전형인 모습이 전혀 당연하지 않다고 했다. 아기에게는 폭력적인 상황이라는 것이다. 이어 따뜻한 사랑과 안정이 필요한 생명체를 우리가 지금껏 아무것도 느끼지도 알지도 못하는 물건처럼 대하지 않았는가, 물음을 던졌다.

그런데 조산사는 이 자연출산이 외국 의사가 주창한 새로운 것이 아니라, 우리네의 전통 출산 방식과 같다고 했다. 듣고 보니 르봐이예 분만은 특별한 것이 아니라 우리 할머니가 출산한 방식이었다. 우연히 큰고모가 쌍둥이였다는 이야기로 할머니의 출산 이야기를 들은 적이 있다. 당일 아침에도 밭일을 하셨고, 양수를 보고는 정지(부엌)로 가서 가마솥에 물을 올리고 혼자 두 아기를 낳았는데 얼마 되지 않아 하나는 죽었다고 한다. 이야기를 듣던 당시에는 할머니는 의사도 간호사도 아니었는데 어떻게 누울 자리도 없이 땔감이 쌓인 옛날 부엌에서 혼자 아기를 낳을 수 있었을까 의아했었다.

〈울지 않는 아기〉를 본 후에 할머니의 출산 장면을 경이롭게 상상할 수 있게 되었다. 스스로 출산이 다가왔음을 인지하고 조용히 준비한다. 어둡고 따뜻한 공간에서 고요히 본능을 믿고 순리를 따른다. 생명에 대한 경외가 흐르는 자연스러운 출산이다. 또 하나, 그날 아침을 기억하는 삼촌은 할머니의 예사롭지 않은 움직임과 분위기에서 동생이 나올 날임을 알았다고 한다. 동생이 나오는 순간이지만 차마 엿보지도 못하고 멀리서 기도하는 마음으로 기다려야 했던 가족이 보였다. 화려한 조명 아래 처음 보는 사람들을 여럿 둘러 세우고 다리를 벌리고 누운 산모를 그려본다. 우리가 동물이 아니라 사람이기에 당연한 장면이라 생각했던 병원의 분만 모습이 사실은 당연하지 않을 수 있다는 생각을 처음으로 하게 되었다.

출산 공부가 바빠졌다. 자연육아 카페에서 주최한 출산 강의에 갔는데 선생님께서 당신의 만삭 시절 아기 입장에서 상상해본 경험을 이야기해주셨다. 배 속에서 열 달간 깜깜한 어둠, 물 속에서 살았는데 어느 날 자신의 세계가 사라진다는 건 어떤 느낌일까? 양수가 터지면서 먹고 놀던 물과 공간이 줄어들고 빠져나갈 수 없을 듯 작은 출구로 밀려난다. 눈부신 조명, 비명소리 등 물 없는 세상에 처음 닿은 것들에 아기는 어떤 기분일까. 살면서, 심지어는 임신하고 매일같이 새로운 내 몸이 궁금해 《임신 출산 육아 대백과》를 펼쳐놓고도 한 번도 생각해본 적 없는 문제였다. 내가 사는 이 세상이 어느 날 공기가 사라지고 작아진다면? 나의 감각으로 인식 불가한 낯선 곳으로, 엄청난 신체 압박과 함께 떨어진다면? 상상하기 힘든 공포다. 어떻게 한 번도 아기 입장에서 출산을 생각해보지 않았을까. 실제로 아기가 태어날 때 받는 출생 스트레스는 엄마 산통의 수십 배에서 수백 배에 달한다고 한다. 나는 아기가 행복한 출산을 할 수 있을까. 출산뿐 아니라 앞으로 이 생명을 감당해야 할 중한 책임이 내게 있음을 비로소 느끼기 시작했다.

나의 자연출산기

출생 직후 탯줄을 통해 면역력을 키워주는 물질을 포함 산소, 영양소 등 많은 것이 모체에서 아기에게 폭풍처럼 쏟아진다고 한다. 그러나 병원에서는 태어남과 동시에 탯줄을 자르고 아기를 데려가 씻기고 몸무게를 재고 피를 뽑아 검사한다. 자신이 살았던 세상이 다 사라지는 공포의 끝에서 가장 익숙한 엄마의 냄새를 맡고, 엄마의 목소리, 숨소리, 심장소리를 들으며 엄마 품에서 안정을 찾아야 할 때 낯선 이의 손에 맡겨져 닦이고 바늘에 찔리기도 한다. 아기는 이 세상을 어떻게 인식할까.

〈울지 않는 아기〉로 시작된 자연출산 공부는 나를 혼란스럽게 했다. 나의 상식은 자연출산에 손을 들었지만, 대부분이 병원에서 자연분만, 제왕절개를 통해 아이를 낳았다. 나의 인맥에 자연출산을 한 사람이 한 명도 없다는 것이 나를 두렵게 했고, 시대가 사회가 그러하니 어쩔 수 없다고 합리화하면서 자연출산을 반쯤 포기했다. 르봐이예 분만 교육 프로그램을 운영하는 병원은 조금이라도 다를 것이라 믿으면서 먼 병원을 찾아 정기 검진을 다니면서도 마음 한구석은 여전히 찜찜했다.

세상일이 계획대로 되지는 않았다. 임신 중기 원인을 알 수 없는 근무력증으로 조산 위기의 중환자가 되었다. 자궁경부 길이가 짧다고 했다. 출산이 임박한 듯 아기가 너무 내려와 있다는 것이다. 아기를 받치고 있는 원형 모양의 질 입구 근육이 무력한 것으로 판단하는 병이다. 각종 약물을 달고 대학병원 분만실 바로 옆 대기실에 누워서 약 2주를 보냈다. 행복한 호기심으로 가득했던 나의 출산이 두려움과 공포로 대체되었던 시간이다.

두려움에 잠식되지 않도록 내 느낌을 배 속의 아기가 그대로 흡수하지 않도록 최면을 걸었지만 분만실에서 또 수술실 밖에서 들리는 산모와 의료진의 고성과 위급한 움직임들은 나를 작아지게 하기 충분했다. 대학병원이었기 때문에 쌍둥이 임산부, 임신중독, 조산 등 여러 위급한 산모가 많았는데, 오며 가며 구식 수술실 내부를 지켜본 데다 하필이면 병원 리모델링 사정으로 협소한 공간에 커튼 한 장 사이로 줄지어 늘어진 간이침대는 피난민 수용소를 떠올리게 했다. 내가 상상했던 생명에 대한 경외가 흐르는 따뜻한 지구 입성 환영식과는 한참 거리가 있는 모습이었다. 하지만 조산 위기라는 진단 앞에서 당시 내가 할 수 있는 것은 의료진에게 모든 것을 내맡기고 이 아기를 지킬 힘을 달라고 기도하는 것뿐이었다. 누워서도 검색을 쉬지 못했고, 온갖 약물과 수술 등 아는 게 많아질수록 조금의 안심과 함께 두려움은 더 커져갔다.

다행히 위험했던 시간이 지나고 자연출산의 꿈을 다시 꿀 수 있었다. 34주, 대학병원 교수님은 조산 위기의 끝을 선언했다. 병원을 나오는 길에 조산원에 전화를 걸었다. 나는 최선의 출산 장소를 이미 마음을 정한 상태였다. 임신 기간의 전력이 걱정되었지만, 3분도 안 되는 거리에 진료 기록이 있는 대학병원이 있으니 오히려 안전하게 느껴지기도 했고 이야기를 다 들은 조산사 선생님도 문제없다고 하셨다. 자연출산에 고개를 끄덕이면서도 남들과 다른 선택에 주저하던 나는, 아이러니하게도 의료의 최전선인 대학병원 2주간의 입원을 통해 용기를 얻었다. 무엇이 더 두려운가, 무엇을 더 원하지 않는가, 내가 꼭 지키고 싶은 것은 무엇인가. 내가 양보할 수 없는 것이 무엇인지 분명해진 시간이었다.

나는 이렇다 할 신앙인도 아니고, 생명존중사상이 특별하지도 않다. 그런데도 임신이라는 것은, 아기를 가졌다는 것은 귀한 생명을 모시는 신성이 깃든 일이라는 생각이 있었다. 이 아기를 무사히 세상으로 환영하고 맞이하는 것이 나를 포함하여 이 아기를 마주하는 모든 사람, 어른들의 역할이라고 생각했다. 대학병원 입원생활 2주간 내가 만났던 모든 의사, 간호사 선생님들에게 생명은 소중한 것, 최우선의 문제였고, 당연히 그 생명을 안전히 지키기 위해 최선을 다해 주셨다. 무사히 그 시간을 보낸 것에 감사함에도 나는 그 안에서 평안하지 못했고, 대학병원은 출산 장소로 몹시 거북하게 느껴졌다.

아무도 나에게 그러지 말라고 말하지 않았지만 그곳은 내 느낌과 욕구를 표현할 수 있는 안전한 공간이 아니었다. 말 해봐야 따가운 눈총과 별나다는 수군거림밖에 돌아올 것이 없음을 본능적으로 알았다.

― 아까 변 많이 봤어요. 관장은 안 해도 될 것 같아요.

- 제모는 하지 않겠습니다. 회음부 절개가 꼭 필요할까요? 제가 충분히 이완할 수 있도록 도와주세요.
- 어제 초음파를 보았고 제 느낌에 평소와 다르지 않아요. 초음파가 아기를 방해하지는 않을까요? 지금은 안 봐도 될 것 같습니다.
- 아기가 최적의 시간을 알고 나오리라 믿어요. 예정일이 하루 지났지만 유도분만은 하고 싶지 않아요. 조금 더 기다리고 싶어요.
- 아기가 나오면 바로 데려가지 마시고 제 배 위에 얹어주세요. 탯줄은 태맥이 멈추어 갈 때 자를게요. 최소한 10분은 아기를 맞이하고, 제 가슴 위에서 안정시킬 수 있도록 시간을 주세요. 태지를 닦고 처음 씻기는 것은 신랑이 할 수 있도록 해주세요.

의료기관에서 이미 시스템으로 자리 잡은 부분에 대해 개인이 다른 요구를 하기는 쉽지 않다. 이 시스템은 지금 나의 상식과 다르지만 내가 자연출산을 공부하기 전에는 아무런 문제 되지 않았던 것들이다. 시대가 인정하는 상식은 나의 상식과 너무 달랐다. 나는 이 모든 것이 요구하지 않아도 당연하게 받아들여지는 곳에서 편안하게 출산하고 싶었다. 이상적인 자연출산은 많은 것을 포함하지만 그 중에서 내가 할 수 있는 것, 내 출산에서 꼭 이루고 싶은 것들을 구체화해 보았다.

엄마 배 속은 무균 상태, 대부분의 면역물질들은 분자가 커서 태반을 통과하지 못하기 때문에 아기는 출생 전 균을 접하면서 면역 훈련을 할 기회가 없다. 출산 시 진통 단계에서 태반 격벽이 파열되어 면역물질이 양수에 섞이는데, 아기가 이 양수를 먹으면서 면역물질을 공급받게 되고 스스로 면역물질을 만들어내기 전까지 약 3개월은 이것으로 산다. 면역물질뿐 아니라 미생물도 출산과 함께 처음 접하는데 양수를 통해 입으로 들어간 미생물이 장내 첫 세균으로 자리 잡아 인체의 조상 미생물이 되어 면역력을 좌우하게 된다. 그런 의미에서 산도에서의 길고 느린 진통은 세상 미생물과의 첫 접견으로, 태지에 엄마로부터 미생물을 분양받아 면역 갑옷을 두르는 시간이다.

나는 아기에게 가장 좋은 것을 주고 싶었다. 세상에 첫발을 내디딘 이 순간을 내진을 위한 젤, 의료기구용 소독약, 엄마를 위한 진통제나 항생제 등의 화학약품으로 방해하고 싶지 않았다. 아기가 산도를 통해 나오는 진통의 시간은 미생물 천지인 세상에 나오기 전 적응 준비 시간이다. 엄마의 진통 간격과 느낌은 아기가 어디까지 내려왔는지 알 수 있게 해준다. 엄마가 힘을 줘야 할 시간, 힘을 빼고 아기에게 맡겨야 할 시간은 진통을 느낄 때 구분할 수 있다. 진통은 고통스럽기에 생략해야 할 시간이 아니라 엄마와 아기 서로에게 필요한 시간이었다. 현대 자연주의 출산의 아버지 그랜틀리 딕리드 (Grantly Dick-Read)는 말했다.

"출산에서의 고통은 긴장에서 생기는 것이고
긴장은 두려움에서 생긴다."

이 말에 신뢰가 갔다. 실제로 출산 예정일이 지나면서 두려움이 찾아온 깊은 밤 붓펜을 들고 주문을 걸듯 이 문장을 반복해서 썼다. 내가 두려움을 걷어내면 긴장하지 않을 것이고, 그러면 고통스럽지 않을 것이라는 믿음이 생겼다. 나는 진통도 잘 견뎌낼 수 있을 것 같았다. 그렇게 나는 자연출산을 공부하면서 황홀한 출산을 준비했다.

나의 자연출산 희망 사항

1. 조명은 어둡게, 빛 노출을 최소화해서 아기의 시력을 보호하고 편안하게 한다. 신생아 시기를 지낼 우리집 안방의 조명도 형광등을 하나 뽑고 남은 하나도 신문지로 가려서 빛을 약하게 했다. 자연의 리듬에 따라 밤낮을 구분하는 생체 시계를 발달시키게 하되 아기의 눈이 직사광선에 노출되지 않게 한다. 커튼을 어떻게 칠지, 낮에 아기를 안고 쉴 자리 등을 미리 생각했다.

2. 가장 공포스럽고 힘겨운 시간을 이겨내는 주체는 아기다. 엄마의 고통스러운 비명, 날카롭고 차가운 의료기 소리, 의료진의 개입 등으로 주인공의 경건한 지구별 첫 입성을 방해하지 않도록 한다. 아기, 네가 나오는 10cm 그 먼 길을 응원하고 환영하는 것이 내 몫임을 산통 속에서도 기억해서 세상에서 처음 들

는 소리는 엄마, 아빠의 따뜻한 환영의 목소리가 되도록 한다.

3. 아기가 태어나면 내 가슴에 올려 나의 심장 소리와 목소리로 안정감을 느끼도록 돕는다. (다큐멘터리에서 본 것처럼 눈을 뜨지 못한 상태에서도 젖 냄새를 맡고 젖을 빨기 위해 기어오르는지 궁금했다. 출산 후 내 의식이 멀쩡하다면 확인해보리라.) 아기가 충분히 안정된 후 아빠가 첫 목욕을 시키도록 한다. 아기가 세상에 처음 나올 때 보호해준 면역 갑옷과 같은 태지는 흡수될 것이 충분히 흡수된 후에 감사하고 경건하게 닦는다.

4. 출산의 과정은 남편과 함께한다. 진통을 겪을 때 옆에서 함께 호흡하도록 출산 교육도 같이 받고 출산의 순간도 함께한다. 아빠의 환영 편지 낭송 시간은 우리가 함께 환영의 노래를 불러주는 것으로 대체 하기로 했다. 신랑은 〈야곱의 축복〉을 택했고, 그 멜로디와 가사까지 내 마음에도 꼭 들었다.

내가 자연출산을 선택한 것은 아기에게 더 좋은 것을 주기 위해서였는데 지금 생각하면 자연출산은 나에게 가장 좋은 것이었다. 내 몸의 주인이 나라는 사실을 처음으로 알게 되었다. 내가 내 몸을 관찰하고, 내 몸을 느끼는 나와 관계 맺기를 처음으로 했다. 임신

나의 자연출산기

첫째 초록이 D+3 조산원 출산

예정일이 되자 다시 불안감, 두려움이 왔다. 아기는 출산의 천재, 최적의 순간을 알고 나온다고 했지만 예정일보다 1주일, 2주일이 지나고 의사의 제왕절개 권고를 받으면 그때부터는 그 불안감을 감당할 수 없을 것 같았다. 예정일이 지나자 밤잠을 더 이루기 어려워졌고, 긴장과 두려움을 낮추어 줄 문구들을 찾아 쓰면서 스스로를 진정시켰다. 스스로 설정한 한계는 D+3. 내 한계를 시험하기 전에 나오길 기도했다. D+2, 아파트 계단 오르기를 두 차례 했다. D+3, 잠 못 이루던 새벽 양수가 터졌다. 양수가 왜 초록색이지? 조산사 선생님은 태변을 봐서 그렇다고 했고, 진통이 한 시간 간격이 되면 집에서 출발하라고 하셨다. 변의가 느껴져 화장실을 갔더니 대변 양이 상당하다. 이래서 자연 관장이라는 말을 하는구나. 출산이 다가오니 몸이 알아서 준비했다. 구비해둔 불수산을 한 봉 먹고 대망의 그 날, 오늘을 위해 경건하게 짐을 챙겼다. 이런 게 진통이구나, 그래서 진통이 '온다'고 표현하는구나. 진통의 개념을 이해했다. 진통은 왔다가 가기를 반복했다. 아침 8시가 되기 전, 한 시간 거리의 조산원으로 출발했다. 이 집을 나서면 돌아올 땐 셋이겠구나. 둘만의 마지막 우리집을 장엄하게 나섰다. 오전 9시 조산원 도착. 내진을 한 조산사 선생님은 초산치고 진행이 잘 되고 있다고 하시며, 진통이 3분 간격이 되면 부르라고 하셨다. 집 같은 방에서 침대와 바닥을 오가며 신랑과 함께 진통이라는 파도를 탔다. 진통이 찾아와 힘들어할 때면, 신랑은 '호흡'을 잊지 않았다. 그 한마디에 나는 정신을 차리고 호흡에 집중, 우리를 만나기 위해 고군분투 중인 아기에 집중할 수 있었고, 그러면 곧 통증도 견딜 만해졌다. 때가 되자 조산사 선생님이 오셨고 진짜 초록이를 맞을 준비를 했다. "엄마, 힘주세요.", "얼굴 말고, 힘은 밑으로 주는 거예요.", "이제 힘 빼요, 쉬어요." 나의 상태만으로도 조산사 선생님은 진통이 왔는지, 물러갔는지, 어디에 힘을 주고 있는지를 단박에 알아채셨고 힘을 줘야 할 때와 빼야 할 때를 아셨다. 그렇게 몇 번, 조산사 선생님과 함께 호흡을 맞추고 초록이라는 세상이 '우당탕탕콰광둥당' 내 몸에서 터져나왔다. 내가 안 아팠던 건 아니지만 두려움은 인간의 상상이 만드는 것이었다. 생각보다 출산은 할 만한 것이라는 생각이 들었다. 조산사 선생님은 처음 초록이가 나올 때 몸에 탯줄을

세 번 감고 있어서 울음을 놓고서야 안심하셨다고 했다. 또 태변을 본 상태에서 나왔기 때문에 먼저 씻기겠다고 데려가셨다. 나는 초산에 3.71kg 아주 건장한 사내를 낳았다. 회음부 절개는 하지 않았지만, 일부 자연 파열이 있었고 소변도 보기 힘들 정도로 아팠다. 조산원은 조리원을 같이 운영했는데, 제왕절개한 다른 엄마보다 나의 회복이 더 느렸다. 앉는 것도, 걷는 것도 나의 회복이 가장 더뎠고 많이 힘들었다. 나의 계획과 거리가 있는 출산이었지만 나는 나의 출산이 완벽하게 느껴졌다. 양수를 보고 초록이를 만나기까지 다섯 시간 동안 공부한 대로 경건하게 매 순간을 맞이한 나를 지금도 신랑은 존경한다고 말한다. 나도 내가 자랑스럽다.

둘째 호두 D-3 가정출산

3년 뒤, 우리집 안방에서 호두를 낳았다. 첫째의 경험으로 막연한 불안감은 줄었다. 집에서 더 편안하게 만나고 싶었다. 그 사이 첫째를 만났던 조산원은 폐원했고, 경북 지역 내 유일했던 가정출산 지원 조산원으로 찾아가 미리 상담하고 산전 운동 책도 추천받았다. 첫째 출산 후 치골 통증을 오래 앓은 것은 초산에 큰 사내아이를 낳았기 때문으로, 조산사 선생님은 수월한 둘째 출산을 예상하셨고 나도 안심이 되었다.
둘째 출산은 출산 자체보다 동생을 어떻게 받아들일지 첫째에 대한 고민이 컸다. 이번에도 우리는 새 가족이 태어나는 날 함께 환영하는 자연스러움을 택했다. 초록이는 어린이집을 가지 않고 함께 동생을 맞이하기로 했다. 출산이 다가오면서부터 《아가야, 안녕》이라는 책을 초록이에게 읽어주면서 동생이 나올 날을 미리 그릴 수 있게 했다. '엄마가 많이 아파해도 놀라지 말아라', '동생이 나오는 신호를 보내는 것이고, 엄마는 곧 회복될 것이다'라며 아이를 준비시켰다. 호두도 초록이와 비슷한 양상으로 새벽 5시쯤 양수를 보고 오전 10시가 지나 세상으로 나왔다. 초록이가 집에 있었기 때문에 더욱 정신을 차리고 우아한 출산이 되도록 '호흡'을 잊지 않도록 했다.

첫째 때와 달리 자연 관장이 없었다. 뒤늦게 깨닫고 출산하면서 변을 보면 어쩌나 걱정이 되었다. 조산사 선생님은 집으로 오는 길에 전화로 지금은 자칫 아기가 나올 수 있으니 일부러 변을 보지 말라 하셨고, 출산 중에 변을 보아도 아무 문제 없다고 안심시켜주셨다. 조산사 선생님의 도착이 조금 늦어지면서 선생님 도착 후 함께 세 번째 힘을 주면서 호두가 나왔다. 이런 게 순풍 나오는 거구나. 이래서 둘째, 셋째는 더 빨리 나온다고 하는구나. 호두는 태어나자마자 선생님이 내 가슴 위로 안겨주셨다. 울지는 않았지만 배 속 태동 때부터 심상치 않았던 기운이 오롯이 느껴졌다. 고단했던 진통 시간에 대해 화도 나 보이고, 가족의 따뜻한 환영에 이게 무슨 일인가 한창 호기심에 번뜩이는 것도 같았다. 꾸물꾸물 탐색하는 호두를 보면서 이 귀한 생명을 모시는 임무를 완수했다는 뿌듯함이 올라왔다. 특히나 첫째 초록이가 편하게 느끼는 방식으로 환영할 수 있음에 감사했다. 뽀로로에 한창 빠져 있던 초록이는 그 순간을 놓쳤지만, 동생을 보고는 신기해하며 엄마의 안부를 물었다. 호두는 3.4kg으로 초록이보다 조금 작았고, 나의 골반은 이미 준비되어 있었다. 둘째는 회음부 열상이 거의 없었다. 출산 당일부터 화장실 가기, 일어서고 앉는 등 집안을 다니는 데 아무런 불편함이 없었다. 첫째 때 느끼지 못했던 자연출산의 엄청난 회복력을 둘째 때는 고스란히 느낄 수 있었다.

은 한 몸이 두 몸을 살리는 과정이므로 내 몸에 많은 새로운 시스템을 만들어낸다. 태반, 탯줄, 임신선 등 전에 없던 조직이 생기고, 유선이 발달한다. 출산하면 젖이 돌기 시작한다. 임신에서 출산에 이르기까지 내 몸의 변화는 신기한 것투성이었다. 처음으로 내 몸 곳곳을 살피고 느꼈다. 특히 진통과 출산 과정은 내 몸에 있는지도 몰랐던 각종 근육의 쓰임과 역할을 오롯이 느낄 수 있는 시간이었다.

내 몸에서 세상에 없던 존재가 태어났다는 사실, 신비한 생명 시스템의 결정체가 나를 통해 태어났다는 사실이 놀라웠다. 그 생명은 나로부터 살아갈 에너지를 얻고 안정을 찾는다. 아기의 세상은 나로부터 시작되었고, 내가 전부다. 나는 결함 많은 인간이었지만 이 아기 앞에서 나는 아무런 부족함이 없다. 자연출산은 처음으로 내가 부족함 없는 있는 그대로의 존재가 되도록 나를 다시 태어나게 했다.

만남을 가로막는 시스템

임신과 출산은 병이 아니다. 모든 생명체가 갖는 자연스러운 모습이다. 산모가 자신이 가장 편히 느끼는 집에서 아기를 낳는 것은 미개한 것이 아니라 자연스러운 것이다. 죽는 것도 마찬가지다. 나는 평생을 살아온 집에서 가족과 함께 따뜻하게 생을 마감하고 싶다.

어느 때부턴가 가정출산은 병원출산과 달리 출생 신고 과정이 번거로워졌다. 조산사 없이 아빠가 아이를 받는 보다 적극적인 자연출산의 경우, 출생 신고에 필요한 출생증명서(의사나 조산사 같은 의료인이 작성할 수 있다)가 없어서 가정법원의 출생확인을 받기 위해 두 명의 증인이 필요하다. 이러한 법령 개정에는 이를 필요로 한 사회적 배경이 있었을 것이다. 그러나 불과 몇 십 년 전까지만 해도 인류는 집에서 아기를 낳았다. 부부가 함께 자신의 삶에 온전히 책임지는 자연인으로서 아름다운 모습이다. 그런데 현대 사회에서 의료인 없는 출산은 그 절차가 마치 범죄가 아님을 해명해야 하는 듯한 상황이 요구된다. 병원이 아닌 가정에서의 사망도 만만치 않다. 그래서 죽음이 가까워지면 또는 사망 사실을 알면서도 병원으로 옮겨 의사의 사망 확인을 받는다. 분명 우리를 위해 만들어진 시스템일 텐데 이제 그 시스템에 우리의 삶을 맞추고 있다.

시스템은 거대한 파도와 같다. 한 번 올라타면 절로 흘러간다. 저절로 흘러가는 시스템 속에서는 이미 모든 것이 당연해서 당연한 것이 아닐지도 모른다는 의심의 기회조차 허락되지 않는다. 첫 임신은 병원 첫 진료와 함께 의료 시스템에 따라 흘러갔다. 2주 후, 4주 후, 병원에서 이르는 대로 오갔다. 돌이켜보면 병원에서 낳을지 말지, 초음파 검사를 할지 말지 등 나에게 선택의 여지가 있는지조차 감히 생각지 못했던 때다. 눈으로 보아야 안심할 수 있는 나의 '과학적 사고'도 한몫했다.

두 번째 임신은 가정출산을 위해 필요한 한에서, 나의 필요에 따라 나름 선택적으로 병원을 다녔다. 조산원의 경우 임신성 당뇨 검사와 막달 검사 두 가지 결과를 요구한다.

서른이 넘어 임신과 출산을 거치면서 나는 처음으로 지구별에 온 한 생명체로서, 자연인으로서 내 삶을 돌아보게 되었다. 나는 전체의 효율적 관리를 위한 숫자나 도구로 남고 싶지 않다. 내 생의 목적은 자유롭고 스스로 온전한 삶을 꾸리는 데 있지, 나도 인식하지 못한 채 시스템 유지의 도구가 되는 데 있지 않다. 내가 옳다고 생각하고 필요하다고 판단한 것을 주체적으로 선택하고 싶지, 강요받은 줄도 모른 채 선택당하고 싶지 않다. 무엇보다 내 신체에 격변이 일어나는 임신과 출산에 관해서는 나의 느낌, 나의 선택을 최우선으로 하고 싶다. 우리의 사고 양식이 행동을 결정하지만 행동 양식이 사고를 결정하기도 한다. 시스템이 너무 견고하고 당연한 사회에서는 나라는 존재가 배제된다. 나의 느낌과 필요가 개입될 여지가 없다. 여기까지 의식이 미치자 정신이 번쩍 들었다. 똑같은 질문을 나에게 하게 되었기 때문이다. 학교라는 견고한 시스템의 중심에 있는 내가 보였다.

의료 시스템과 교육 시스템은 얼핏 별개의 영역 같지만 닮은 꼴을 발견했고, 내 자리를 비춰볼 수 있었다. 나는 삼십 년간 의심 없이 별 불편 없이 오히려 감사한 마음으로 병원을 드나들었다. 의료 시스템 안에서는 철저한 객체였는데, 초록이를 품고 엄마가 되어 들어간 병원에서 객체 안에 잠들어 있던 주체를 만났다.

– 난 싫은데 꼭 해야 할까?

– 이게 필요한가? 나는 필요도 못 느끼고 하고 싶지도 않은데?

병원의 의료 시스템에 의심과 불편이 쌓이면서 학교에서 흔히 부적응이라 말하는 학생들의 불만 섞인 장면이 문득문득 떠올랐다. 병원 입원 중 불안 끝에 겨우 잠든 새벽 세 시, 간호사가 혈압과 온도를 재기 위해 병실에 들어오면 이게 정말 나를 위한 방법이 맞냐는 말이 턱 밑까지 차오른다. 그렇지만 병원 시스템은 환자의 안정적인 상태를 확인하고 관리하기 위해 주기적으로 체온과 혈압을 재는 방법을 택했다는 것을 알기에 말할 수 없다. 이렇게 빈번히 체온과 혈압을 측정하고 기록할 에너지를 아껴서 한 번이라도 질적인 만남과 상담을 가져보지 않겠냐 묻고 싶지만, 실현될 가능성도 없고 달리 별수없다는 것도 알기에 속으로만 삼킨다.

겨우 든 잠을 깨워 팔을 내미는데 이것이 정말 나를 위한 보살핌이 맞느냐는 원망이 반쯤 섞인 나의 눈빛에도 익숙한 듯 할 일만 하고 간 간호사들 사이에 내 마음을 다 이해한 듯 보듬어준 간호사가 있었다. "너무 힘드시면 좀 이따 할까요?" 조심스레 묻고는 그러마 하고 나간 간호사가 10분도 안 되어 다시 돌아왔다.

시간마다 온도와 혈압을 확인하는 것이 그의 임무인 병원 시스템에서 상황에 따라 어쩌면 그를 몹시 성가시게 한 일일 수도 있었을 것이다. 또 10분쯤 비켜서는 것이 그가 내게 할 수 있는 최선의 배려였을 것임도 안다. 10분 사이 내가 얼마나 단잠을 자고 쉬었겠는가

마는 불안하고 초조했던 병원 입원 생활로 지친 임산부가 가장 인간적인 이해를 받았던 순간, 잠시나마 위로받고 마음 편안했던 순간으로 기억한다.

치유는 진단과 처방이 아닌 따뜻한 돌봄에 있었다. 병원에서 진짜 관리해야 하는 것은 심장박동수, 체온, 몸무게가 아니라 자유의지가 있는 생명체가 살아 있다는 느낌이 아닐까. 우리가 할 일은 '관리'나, '일 처리'가 아니라 매 순간 우리를 살아 있게 하는 인간적 만남이다.

환자를 대하는 여러 간호사를 보면서 학생을 대하는 나를 돌아보게 되었다. 학생들에게 당연시 여겼던 장면들이 스쳤다. 교외체험학습(소풍) 동의서를 거두자면 "꼭 가야 돼요? 가기 싫은데요? 안 가면 어떻게 돼요?"라며 묻는 학생이 있고, 솔직히 귀찮았다. 학교가 야외에서의 단체 활동도 교육에 필요하다고 결정한 것인데 이 당연한 것을 굳이 따르지 않으려는 것이 못마땅했다. 아니, 못마땅할 수야 있겠지만 나한테까지 와서 안 가면 어떻게 되냐고 묻는 게 싫었다. 이 바쁜 중에 출결처리 문제, 학교에 남는다면 그를 위해 어떤 선생님이 무슨 수업을 할 것인지 등 마냥 비협조적인 학생 때문에 도미노처럼 일어나는 불편한 일들 생각만으로도 한숨이 났다.

그런데 그것이 새벽 세 시에 환자 상태를 확인하기 위해 온 간호사에게 이 시간에 또 굳이 해야 하냐고 묻는 것과 다를 바 없다는 것을 알았다. 내 마음은 "두 시간마다 확인해야 합니다." 무미건조하게 혹은 짜증을 애써 숨기며 자기 할 일만 한 간호사가 다녀간 후에는 왠지 모르게 분했고, "많이 힘드시면 조금 후에 올까요?"라고 내 마음을 살펴준 간호사에게서 녹아내렸다. 이것은 단순히 친절하냐 아니냐의 문제는 아니다.

중·고등학교는 바빠서 교사와 학생이 만날 시간이 없다고 했는데, 바로 그 순간이 만남의 시간인 것을 놓치고 있었다. 교육 시스템에 물음표를 제기하는 아이들을 귀찮아할 일이 아니라는 생각을 처음 하기 시작했다. 교육은 수업 시간에 교과서로만 전달되는 것이 아니라고 누차 말하면서도 학생의 내면을 키울 수 있는 교육은 마음을 살피는 데 있음을 자주 놓쳤다.

인류가 병원에서 출산한 지 얼마 되지 않았다는 것, 인간은 스스로 출산할 수 있는 존재라는 것, 각종 의료적 개입은 현 의료 시스템이 만들어낸 방책일 뿐이라는 생각은 자연스럽게 인류가 학교를 다닌 지 얼마 되지 않았다는 것, 인간은 학교 밖에서도 스스로 배우고 성장할 수 있는 존재라는 것, 각종 수업 이수 시간, 출석 일수 등은 현 교육 시스템이 만들어낸 방책일 뿐이라는 생각으로 이어졌다. 우리는 8세가 되면 학교에 가야 하고, 그 안에서 정해놓은 교육 과정을 이수해야만 하는가. 뾰족한 답은 없었지만 물음은 꼬리를 물고 이어졌다.

하나는 확실했다. 임신과 출산 덕분에 의료라는 국부적인 영역에서 이것을 발견했을 뿐, 실제로 우리의 편의를 위해 만든 시스템 안에 우리가 매몰되고 있는 영역이 다종다양할 것이다. 우리 사회는 철저한 시스템이고, 나는 거기에 잘 길들여진 존재였다는 것을 알았다. 나는 그 시스템을 학교를 다니면서 체화했고, 내가 배운 그대로 학교에서 재생산하고 있었다. 생명을 품고 그 본성을 키워가는 부모의 역할도, 많은 아이 앞에 서는 교사의 역할도, 무엇보다 온전한 사람으로 이 사회 안에서 바로 서는 것이 내 삶의 과제로 주어졌다.

✚ 함께 보면 좋은 자료

《평화로운 출산 히프노버딩》, 2012, 메리 몽간, 샨티

《황홀한 출산》, 2011, 엘리자베스 데이비스 · 데브라 파스칼리-보나로, 정신세계사

《농부와 산과의사》, 2011, 미셸 오당, 녹색평론사

《폭력없는 탄생》, 2012, 프레드릭 르봐이예, 예영커뮤니케이션

《아가야, 안녕》, 2000, 제니 오버렌드, 사계절

다큐 〈울지 않는 아기〉

이미 출산을 경험한 엄마들에게

이미 자연분만이나 제왕절개를 경험한 엄마들에게 나의 자연출산 이야기가 조심스럽다. 엄마들은 종종 아이에게 조금만 염려스러운 모습이 보여도, '내가 그때 그렇게 해서 우리 애가 이런 게 아닐까?'라며 자신에게서 잘못을 찾고 자기 탓을 한다. 설령 그것이 사실이라 해도 이미 다 지나간 일에 도움 되지 않겠지만 그것이 사실도 아니다.

나는 출산을 통해 과학의 발전과 함께 우리 사회에서 제도화된 것들이 사실은 인간이 본래 타고나는 능력을 훼손하기도 한다는 것을 경험했고, 그 이야기를 나누고 싶어 이 글을 쓴다.

우리나라 자연주의 출산(조산원, 가정출산 포함) 1%

내가 아는 자연출산모들은 전부 자연출산, 자연육아 관련 인터넷 카페를 통해 만난 사람들이지 내 지인 중에는 아무도 없다. 미디어가 우리 머릿속에 심어놓은 분만 장면이 있다. 나 또한 자연출산을 만나기 전에는 그런 분만이 당연하다고 생각했다. 그날 후배가 우리집을 다녀가면서 나는 1%와 연이 닿는 행운을 얻었다. 지금은 '자연출산', '자연주의 출산'을 검색하면 조산사 선생님도 없이 아빠가 직접 아기를 받고 자연주의로 키운 육아 서적까지 다양한 책이 있지만, 여전히 자연주의 출산은 1%를 넘지 못하고 있다. 주변에서 경험자를 찾을 수 없기 때문에, 단지 그 이유가 만드는 불안감이 있다. 나 또한 출산 직전까지 우리의 출산 계획을 부모님께도 알리지 않았고 우리 부부만의 비밀에 부쳤다. 지금 시대는 예전에 집에서 출산했던 우리의 어머니, 할머니조차도 그때는 '좋은' 병원이 없는, 어려웠던 시절이라 그럴 수밖에 없었다고 말한다. 자연주의 출산을 하겠다고 했을 때 지지해줄 지인을 찾기는 하늘의 별따기다. 사람들은 나에게 용기 있다고 말하지만, 나는 그렇게 용기를 내야 했던 것이 억울하기도 하다. 아기를 건강히 품어 키우고 세상으로 맞이하는 황홀한 첫 경험을 위한 용기는 몇 번이고 낼 수 있고 응원받아 마땅하다. 하지만 내 뒤로 자연주의 출산을 꿈꾸는 미래의 엄마들은 남들과 다르다는 이유로 불편한 기류를 공연히 무릅써가며 용기 내는 데 힘 빼지 않길, 자연스러운 출산에 대한 인식이 바뀌길 기대한다.

우리는 누구나 우리 아이에게 가장 좋은 엄마이다

나는 아기에게 자연출산이라는 좋은 선물을 했다. 두 번의 출산을 낱낱이 분해하면 아쉬움이 남는 순간들도 있지만 그것이 나의 최선이었다고 믿는다. 그렇다고 내가 세상에서 가장 좋은 엄마냐 하면, 그것은 아니다. 굳이 나를 아는 지인들의 말을 빌리지 않더라도, 나는 스스로도 부족함 많은 인간임을 안다. 그렇지만 자신할 수 있는 것은 나는 우리 초록이와 호두에게는 가장 좋은 엄마이다. 나는 부족한 사람이지만, 초록이와 호두의 뿌리는 나다. 이 아이들이 나를 찾는 한, 나는 부족함 없는 최고의 엄마다. 자연출산을 소개하면 10년 전만 해도 "좋은 것 같지만 어려울 것 같아."라는 1%의 장벽을 넘지 못하겠다는 말을 들었는데, 요즘은 "저는 이런 이력이 있어서 수술해야 한대요."라는 말을 듣는다. 자의든 타의든 1%에 들지 못했다고 자책하지 말자. 출산의 순간은 위대하지만, 한평생을 두고 보면 시작의 '순간'에 불과하다. 대신 각자의 경험을 나누어주길 바란다. 인간의 존엄이 훼손된 경험도, 인간이기에 빛났던 출산의 순간도 우리의 이야기 퍼즐을 맞추어보면 본래 모습과 능력을 회복할 수 있을 것이다.

<u>02</u> 먹거리

- 식혜를 달이면 조청이 된다고?
- 수세미가 진짜 수세미라고?
- 숙주 나물이 녹두라고??

자연육아 커뮤니티에서 아이들 천연 소화제나 다름없는 전통 발효 건강 음료, 식혜 만들기가 유행처럼 번지고 매일같이 만들기와 인증이 이어지던 중, 식혜에서 밥알을 건져 졸이면 조청이 된다는 것을 처음 알았다. 순간 머리를 스친 생각, 설마 그 조청을 졸이고 졸이면? 내가 그토록 좋아했던 갱엿이 되는 것이었다! 어린 시절 시골 밤, 할머니와 할아버지께서 마주 앉아 엿가락 늘이기 하는 것을 본 사람이 바로 난데, 그걸 몰랐다니!

또 어느 집에 갔더니 스펀지처럼 생긴 수세미가 진짜 식물 수세미라고 했다. 수세미라는 이름의 식물이 있다는 것은 알았지만, 그 식물을 말리고 삶으면 그렇게 스펀지처럼 된다는 것은 몰랐다. 가장 놀랐던 것은 숙주나물이 녹두에서 자란 싹이라는 점이었다. 콩나물은 이름만 들어보아도 콩이 나물이 된 것인데, 검은 천을 덮어 두고 물을 주면 밤새 쑥쑥 자란다는 것은 듣기도 보기도 했지만 녹두 생각은 왜 못했을까. 생각해보니 슈퍼나 시장에서 콩나물, 숙주나물이 된 채로 판매되는 상태만 보았지 내가 키워본 적이 없었다.

나는 30대 치고 시골 감수성을 가진 데 나름대로 자부심이 있었다. 쏟아지는 은하수를 보았고, 논밭에서 메뚜기, 방아깨비, 개구리 잡기는 물론 마늘종 뽑기에 개울 물놀이, 미꾸라지, 꺽지, 송사리 낚시도 해본 나다. 그런데 콩나물과 숙주나물의 출처를 몰랐다는 것을 포함해서 그쯤 나를 놀라게 한 새로운 사실들을 많이 발견했다.

자연육아는 자연의 리듬에 따른 자연 면역을 키우는 데 관심이 많다. 출산 전 가입한 자연육아 카페에서 출산과 이후 신생아 관리, 이유식, 열이 날 때에 이르기까지 건강하게 키울 수 있는 가정 관리법을 여러 방면으로 공부할 수 있었다. 그중에서도 이유식·식생활 강의는 출산 이후부터 모유에만 의지하던 아이들의 똑똑한 소화기를 만들기 위한 식생활 훈련을 하는 데 큰 영향을 주었다. 내 육아휴직의 팔 할은 우리 가족의 건강을 지켜줄 자연식 집밥 요리에, 아이들을 집밥으로 입맛 들이는 데 집중한 시간이었다고 해도 과언이 아니다. '무엇을 먹을 것인가?'란 질문으로 시작해서 어느 시기에 무엇을 먹게 할 것인지 왜 그래야 하는지를 찾아간 나의 여정은 먹거리에 대한 개념을 새로 정립하게 했고, 먹거리 이전 동식물 생명을 대하는 나의 자세, 나아가 지구의 한 자연인으로서 삶의 태도에까지 큰 영향을 주었다.

이유식

아기는 세상에 태어났지만, 아직 스스로 음식을 먹고 소화해 에너지를 만들어낼 수 있는 독립된 생명체로는 불완전하다. 성인은 덩어리 음식을 입에 넣어도 저작·연동·분절운동을 통해 물리적으로 음식을 잘게 분해하고, 여러 소화 효소를 이용해 화학 결합을 깬다. 그러면 흔히 탄수화물, 단백질, 지방으로 알고 있는 양분은 포도당, 아미노산, 지방산과 글리세롤과 같이 세포 속으로 흡수 가능한 기본 단위로 분해된다. 막 태어난 아기는 이도 없고, 소화 효소를 분비할 수 있는 소화 기관도 발달되지 않은 상태다. 그래서 엄마의 모유는 혓바닥 세포에서부터 흡수될 수 있을 정도로 소화를 마친 기본 영양 단위의 성분으로 이루어져 있다.

이유식(離乳食)이란 젖(乳)을 떼는(離) 과정의 식사(食)다. 태어나서 엄마의 모유에만 의존하던 아기가 스스로 영양을 섭취, 소화, 흡수할 수 있는 소화력을 갖추고 일반식을 하기까지 중간 단계의 준비 과정이라 할 수 있다. 일반적으로 생후 6개월을 전후로 이가 나기 시작할 때부터 돌이 지나 어른과 같은 밥을 먹을 때까지를 이른다. 영양 독립을 하고 한 생명체로서 거듭날 수 있도록 제 역할을 하는 정상적인 소화기 발달이 이 시기 이유식의 목표이다.

이 중대 과업의 첫 시작을 어떻게 할까. 시중에 이유식 책은 많았지만, 책마다 내용은 너무나도 달랐다. 전통적으로 또 정서상 막연히 쌀미음부터 시작할 것 같았지만, 프랑스에서는 채소 수프로 첫 이유식을 한다고 했고 최신 트렌드는 소고기로 시작하기도 했다. 아기는 신장이 발달하지 않아서 물을 먹이지 말아야 한다고도 하고, 소금 간을 하면 안 된다고도 했다. 6개월이면 모유만으로는 철분이 부족해져 소고기 이유식을 꼭 해야 한다고 하고, 브로콜리는 이유식에 없어서는 안 될 대표 재료였다. 인터넷과 책을 통해 접한 여러 가지 이유식 정보는 나에게 물음표를 끝없이 남겼다.

- 물은 인류 생명의 기본인데, 물을 먹이지 말라고?
- 우리 인체의 염도는 0.9%, 아기가 엄마 배 속에 있을 때 매일 마신 양수도 태어나서 매일 먹는 모유도 염도 0.9%일 텐데 태어나서 몇 개월간은 소금 간을 하지 말라고?
- 사람마다 발달 과정은 다 다르다고 하는데 너나 구분 없이 모두 6개월이면 이유식을 시작한다고?
- 브로콜리는 지중해가 원산지고, 우리나라에 들어온 역사가 얼마 되지 않았는데 채소 이유식의 대표라고?

나에게 임신, 출산, 육아의 길은 매 순간 처음이었고 그때마다 어떻게 해야 할지 찾고 물어야 했다. 그러다 보면 정보의 홍수 시대에 양립하는 정보도 넘쳤는데 과학의 시대답게 제각각 과학적 논거도 가지고 있었다. 사사건건 논문을 찾아가며 더 과학적인 사실을 찾을 수도 없는 일인데, 양립하는 정보가 각자를 뒷받침할 논문과 데이터들을 모두 가지고 있었다.

결국 그 사이에서 어떤 것을 더 합리적이라고 할지는 내가 판단하고 선택하는 수밖에 없었다. 신랑과 함께 의논하면서 우리의 일들을 결정했는데 임신 출산과 마찬가지로 여기에서도 내게 기준이 된 첫째 질문은 '100년 전, 우리 조상들도 그랬을까?'였다. 문명사회의 발달과 함께 생활 양식이 변하는 중에도 변하지 않을, 인류의 공통된 삶의 양식인가 묻는 것이다. 문명사회의 이기라는 많은 것은 과학 기술 산업의 발전과 함께 거머쥐게 되었지만 꼭 필요하다기보다는 편의상 필요한 것들, 멀리 내다보면 오히려 우리를 속박하고 능력을 감퇴시키는 것들이 많다.

예를 들면, 요즘은 '과학적' 근거를 들어 임신 중에는 엽산 섭취가 꼭 필요하다고 말한다. 과학 발달과 보건복지가 맞물려 이제 임신 확인서를 들고 보건소에 가면 무료로 엽산제를 받을 수 있다. 처음 그 이야기를 듣고는 하마터면 '나의 무지로 아기를 건강하게 키우지 못할 뻔했다'는 불안과 '공짜를 놓칠 뻔했다'는 생각이 스쳤다. 나도 보건소에 가서 엽산제를 받아왔지만, 먹기에는 찜찜한 무언가가 있었다. '100년 전 임산부들도 이것을 먹었을까' 자문해보면 당연히 아니라는 답이 나오는데, 대부분은 당시에는 무지했고 형편이 안 되었지만 지금 세상은 이렇게 좋아져서 아기의 건강한 발육을 도우니 다행이라고 한다.

세상에 영양소의 종류가 얼마나 많은데, 임신으로 인간이라는 생명을 기르는 데 엽산 하나만 콕 집어 필요할까? 이것만 영양 보충을 따로 할 때의 부작용은 없을까? 다른 수십 가지의 영양소 중에서 특별히 흡수를 방해받는 것이 있지는 않을까? 엽산이 임산부에게 꼭 필요하다는 것이 과학적으로 밝혀진 것이 60년도 안 된 일인데, 그렇다면 지금부터 60년 후에 임산부들은 우리가 지금은 생각지도 못한 어떤 영양소를 꼭 먹어야 할 수도 있다는 말이고?

엽산이 꼭 필요한지 또는 결핍될 경우 어떤 문제가 생길 수 있는지 인터넷에서 검색해보면 임산부가 잠시라도 보기에 끔찍할 정도로 우려스러운 태아의 기형에 대한 경고가 넘친다. 이쯤 되면 아기에게 더 좋은 것을 주고 싶은 엄마의 마음은 공짜 엽산도 부족해 더 비싼 유기농 엽산을 찾고, 임신 초기뿐만이 아니라 출산 후까지 꼼꼼히 챙겨 먹게 된다. 나 또한 의심스럽고 찜찜했지만 무서운 경고의 글까지 수 차례 본 마당에 과감히 필요 없다고 던질 순 없었다. 결국 공짜 엽산을 받아왔다. 나의 최선은 띄엄띄엄 먹는 것이었다.

후에 감잎차에 엽산이 풍부하다는 말을 들었다. 감잎은 우리나라 어디에서나 흔하고, 예부터 귀족 서민 가리지 않고 접할 수 있었을 자연스러운 재료다. 우리 가까운 자연에 임산부에게도 좋은 약이 즐비하다는 것은 납득할만했고, 직관적으로 받아들여졌다. 엽산은 인류 역사와 늘 함께 했다. 다만 지금 조명받고 있는 것은 첨단 현미경으로 들여다보아 엽산의 구조를 밝히고 이름을 붙여주었다는 것이다. 그 기능을 밝혀낸 후에 공장에서 그 성분만을 추출하거나 만들어낸 것을 임산부 필수 영양제라고 말하고 먹기를 강조하는 것이다.

임신이라는 인간의 존속과 번영을 결정하는 중차대한 사건에 꼭 필요한 것이라면 세기를 통틀어 자연에 지천으로 널려 있을 것이지, 21세기에 이르러서야 만들어진 알약에 있다고 생각되지 않았다. 나의 전반적인 식사가 100년 전과 비교할 수 없을 만큼 고영양식이기도 하기에 더욱 수용되지 않았다.

이런 생각은 첫째를 키우는 동안 같고 또 다른 여러 방면의 문제들과 겹쳐 고민의 시간이 길어질수록 더 편안하게 받아들여졌고 둘째 임신 때는 보건소에 엽산을 받으러 가지 않았다. 대신 생각날 때마다 감잎차를 마시고 각종 자연에서 온 음식을 골고루 맛나게 감사하게 먹기로 했다.

이유식에 대한 의문도 같은 맥락이었다. 나는 대립하는 주장들 중에서 내가 아는 과학 지식을 바탕으로 직관적으로 납득되는 것을 선택했다. 6개월 무렵이라는 말은 부모로부터 태어날 때 가지고 태어난 것들이 소진되는 시기, 모유가 가진 영양 이상이 필요한 시기라는 의미도 있겠지만, 나는 배 속이라는 물속 환경에서 탯줄로 영양을 공급받으며 물고기 같은 생활을 하던 아기가 모유를 먹으며 폐로 호흡하는 육지 생활에 충분히 적응한 시기로 이해했다. 그래서 다음 단계로의 이행이 필요한 시기이고, 이행을 위한 준비가 된 시기라고 말할 수 있다.

6개월 즈음하여 앞니가 처음 난다. 삼키기만 해도 흡수되는 모유 다음 단계의 음식을 먹을 첫 번째 준비가 되었다는 뜻이다. 이가 난다는 것은 이 뿌리가 있는 턱뼈가 발달함을 의미하고, 턱뼈와 함께 침샘이 발달하면 침이 줄줄 흐르기 시작한다. 침에는 우리가 잘 알고 있는 탄수화물의 소화 효소 아밀레이스가 있다. 아기의 침은 밥 먹을 준비가 되었다는 신호다. 그래서 이유식의 첫 시작은 6개월에 꼼짝없이 시작하는 것이 아니라 이가 나는 시기, 침을 흘리는 시기와 양, 어른의 음식에 눈이 따라가며 입맛을 다시고 관심을 보이는지 등을 전반적으로 살펴 정한다. 이것이 첫째 초록이는 10개월, 둘째 호두는 7개월에 들어선 때였다.

사람의 이는 6개월에서 첫 돌 사이 위아래 합쳐 앞니 8개가 난다. 돌에서 두 돌 사이에 그 옆 작은어금니가 먼저 난 다음, 앞니와 작은어금니 사이에 송곳니가 나서 두 돌까지의 이유식 시기에 16개의 이가 난다.

동물의 이는 식성을 알 수 있는 상징성이 있다. 곡식을 주식*으로 삼는 소는 이가 32개인데, 아래턱에만 앞니가 8개 있고, 어금니는 위아래 각각 12개씩 있다. 앞니(윗니)가 없고, 어금니로 곡식을 주로 씹는 소는 되새김질로 유명하며 네 개의 어마어마하게 발달된 위를 가지고 있다.

초식 동물의 대표로 알려진 토끼의 경우 총 28개의 이를 가지고 있는데 그중 앞니는 6개, 어금니는 22개다. 우리 머릿속 토끼는 앞

---

* 엄밀히 말하면 소를 포함해 음식을 되새김질하는 반추동물은 주로 건초를 먹으므로 크게 보면 채식(풀)에 속하지만 인간의 식성과 비교 설명하기 위해 상대적으로 곡식을 강조하였다.

니가 2개뿐이지만 실제로는 윗니 2개가 일렬이 아니라 앞뒤 2겹으로 4개, 그 아래에 2개를 가지고 있어 총 6대다. 처음 풀을 끊어 먹을 앞니, 이후 질긴 풀을 씹을 수 있는 많은 어금니가 풀을 먹기에 알맞은 구조이다. 그러나 질긴 섬유질을 충분히 소화시키기 위해서는 이만으로는 부족하고, 상대적으로 대장의 역할이 커진다. 요즘 집에서 키우는 토끼는 삼겹살도 먹는다지만, 자연에서 나고 자란 토끼는 초식 동물이고 그 식성을 이빨과 장(대장) 구조에서 엿볼 수 있다.

그에 비하면 육식 동물의 상징인 사자의 이는 총 30개인데, 그중 4개의 날카로운 송곳니로 사냥하고 가위처럼 겹쳐 고기를 자르고 찢는 중요한 역할을 한다. 열심히 씹지도 않고 대충 찢은 굵직한 고깃덩이를 그대로 삼키고도 잘 소화시키고 산다는 것은 소화 효소를 이용해 녹이는 화학적 소화 기능이 뛰어나다는 뜻이다. 사람과 마찬가지로 소장에서 소화 효소를 이용해 단백질을 분해하여 흡수한다.

앞니, 송곳니, 어금니가 풀, 고기, 곡식을 먹기에 적합한 구조임을 이들을 주식으로 하는 동물의 이 발달 양상을 통해 짐작해본다. 음식의 소화는 이에서 시작해 장에서 완성된다. 같은 순서로 대장, 소장, 위장이 발달하는 것도 연결 지어 생각할 수 있다.

사람이 무엇을, 언제부터, 얼마나 먹을 것인지 이를 통해 짐작해본다. 32개 사람의 이는 앞니 8개, 송곳니 4개, 어금니 20개로 이루어져 있다. 곡식을 포함한 채식을 주식으로 삼고 육식을 가볍게 하는 것이 인체의 소화 능력에 적절한 식사라고 생각되었다. 32개의 치아 중에 송곳니는 4개뿐인데, 그나마도 가끔 물고 뜯을 필요가 있을 때 사용하는 것이지 맹수처럼 날고기를 찢을 만큼 강하고 날카롭지 못하다.

사람의 앞니나 송곳니 등의 구강 구조는 직관적으로 사과와 같은 과일을 먹기에 적합해 보인다. 앞니로 시원하게 베어먹고 어금니로 씹어먹기에 좋다. 무엇보다 불, 칼, 냄비 어떤 조리 도구 없이 인간이 손으로 따서 바로 먹을 수 있는 자연식은 자연스럽다.

그래서 세간에는 많은 조언이 있었지만 나는 아이의 이가 나기 시작할 무렵 곡물(쌀) 이유식으로 시작해서 채소와 과일을 추가했고 육류(소고기)는 송곳니가 난 이후 가장 마지막 단계의 이유식 재료로 삼았다.

서른이 넘어 곡물 이유식을 앞두고, 우리의 주식인 쌀에 대해 많은 것을 새롭게 알게 되었다. 근래 현미가 몸에 좋다는 말은 많이 들었지만 백미와 다른 현미라는 종자가 있는 줄 알았다. 알고 보니 왕겨만 벗겨낸 상태의 쌀이 현미고, 현미를 깎아 쌀눈과 미강이 다 벗겨진 것이 백미였다. 쌀눈에는 각종 비타민과 미네랄 등 전체 영양의 66%, 미강(호분층, 곡물 씨앗의 겉껍질 바로 아래에 단백질이 많은 세포층으로 곡류의 발아에 도움을 줌)에는 29%가 있어서 우리가 흔히 먹는 백미에는 5%의 탄수화물만 남아 있다.

처음 이 사실을 알고는 영양 가득한 현미를 먹으려고 했다. 그런데 현미는 얇은 피막이 남아 있어 물에 잘 붇지 않았고, 백미에 익숙한 사람에게는 깔끄럽게 느껴진다. 충분히 씹어 소화시키지 않으면 결국 영양소를 흡수하지 못한 채 배출하게 되니 영양상 이득도 없고, 그래서 다시 백미로 돌아갔다는 집이 많았다. 현미로 영양 가득한 밥 한 끼를 위해서는 하루 전, 최소 몇 시간 전에 미리 불려놓는 정성과 입에 넣고 오래도록 곱씹어 먹는 습관이 필요한데, 우리 삶은 현미밥 한 그릇을 중심으로 돌아갈 만큼 호락호락하지 않았다.

우린 어쩌다 쭉정이만 남은 백미를 먹게 되었고, 황금 들판과 농부의 땀으로 상징되는 쌀이 먹지 말아야 할 저탄고지의 주적이 되었을까. 더 안타까운 것은 우리나라에서 백미를 먹게 된 것이 일제강점기에 신속한 군량미 조달을 위해 정미소가 세워지면서부터라는 점이었다. 영양이 풍부한 자연 그대로의 식재료인 현미는 쉽게 변질되어 쌀눈을 깎아 상대적으로 오래 보관하도록 한 것이다. 우리 민족에게 흰 쌀밥이 갖는 상징성이 있다. 보릿고개 시절 고봉밥이나 갓 지어 김이 모락모락 나는 쌀밥은 사랑과 정성, 인류애 그 자체다. 저탄고지의 과학에 흰 쌀밥의 온정이 밀려나는 것이 애가 시렸는데 백미가 쭉정이였다 하니 더 마음이 아팠다.

우리는 현미와 각종 잡곡을 섞은 밥, 오분도미, 부모님이 농사지어 보내주신 백미를 감사히 먹다가 가정용 도정기를 집에 들였다. 쌀눈을 남긴 정도로 집에서 갓 깎은 쌀은 수분을 충분히 머금고 있어서 30분만 불려도 충분히 좋았다. 처음 밥을 먹는데 밥알 하나가 평소 먹는 밥알 크기의 2~3배였다. 온 가족이 쌀눈이 붙어 있는 밥알을 요리조리 보면서 한 톨, 한 톨 정성 들여 집어먹은 기억이 난다. 덕분에 둘째 이유식의 시작은 쌀눈이 살아 있는 쌀 한 톨을 입에 넣어주는 것으로 시작했다. 그렇게 새로운 음식에 대한 탐구심으로 밥알 하나와 사투를 벌이듯 혀로 손으로 놀면서 호두의 이유식은 시작되었다.

처음 이유식을 할 때 기억해야 할 것은 이유식은 영양 보충을 위함이 아니라는 것이다. 쌀미음을 준다고 해서 몇 달간 모유만 먹던 아기가 모유처럼 벌컥벌컥 잘 먹지도 않겠지만, 쌀미음이 모유만큼 영양을 골고루 충족시키지도 않는다. 일반식으로의 이행을 위한 첫 단계가 하는 역할은 아기에게 세상에 모유 외의 음식이 있다는 것, 이제부터 이런 것들을 먹게 된다는 것을 알려주고 새로운 음식에 대한 도전을 응원하는 것이다. 낯선 음식이 입에 들어오는 것에 거부감이 있을 수 있다. 어느 날 다짜고짜 쌀미음을 만들어 숟가락으로 입에 넣는 것은 새로운 음식, 먹는다는 것 자체에 거부감을 키울 수 있다. 새로운 음식에 대한 탐색 기간을 주면서, 입에 넣고 소화시키는 데 탈이 없는지 살피는 것이 중요하다.

쌀 두어 숟갈에 물을 부어 한참을 끓인 후 맑은 윗물만을 주는데, 쉽게 만들려면 쌀가루가 익은 쌀물(응이)이 밥공기에 모이도록 빈 그릇을 밥솥에 넣고 짓는 수도 있다. 그것을 손으로 만져보고, 혀에 닿게도 하고 새로운 먹거리에 대한 호기심을 충족하면서 탐구할 수 있게 하는 것은 이후 새로운 음식에 대한 기대감, 새로운 세상과의 만남에 적극적으로 다가가는 의지를 만들 것이다. 처음에는 하루 한 번, 차차 하루 두 번, 세 번으로 늘려간 이유식은 끼니마다 목욕해야 할 만큼 난장이었지만 우리 부부에게는 초록이가 손에 찍어 입으로 가져가는 모든 순간이 경이로웠다. 초록이의 위장이 놀라지 않고, 처음 만난 쌀물을 반갑게 맞이하고 소화시켜주기만을 바랐다.

자연스레 쌀물을 접하고 앞으로 먹게 될 주식은 바로 이 쌀이라는 것을 안전하게 가르쳐주기 위해 1~2주 정도 충분한 시간을 두었다. 다음 차례로 선택한 것은 보리. 쌀에 보리를 조금 섞어 다시 푹 끓이고 그 윗물을 이용했다. 나에게는 보기에도, 맛으로도 별 차이 없었지만, 초록이의 위장은 처음 만나는 맛과 성분이라 소화가 어려울 수 있다. 다시 현미만, 다시 보리를 섞어주면서 맛을 거부하지는 않는지, 트림과 체기, 피부 발진, 변의 변화까지 총체적으로 살핀다. 현미도 보리도 몸이 충분히 적응했다 싶을 때 현미에 다음 곡물을 섞는다.

곡식 중에서도 보리는 신맛, 수수는 쓴맛, 기장과 메조는 단맛, 율무는 매운맛, 검정콩은 짠맛, 차조는 담백한 맛을 가졌다. 맛마다 몸에서 강화하는 기능과 장기가 다르므로 골고루 먹을 필요가 있다. 스스로가 필요로 하는 것을 기민하게 알아차리고 섭취할 수 있는 똑똑한 몸으로 성장하기 위해서는 그렇게 서로 다름을 충분히 느낄 수 있도록 하나씩 천천히 음미하면서 소화기를 길들이는 이유식을 해야 한다. 그래서 이유식의 처음 1~2개월에 특히 신경 쓴 것은 탈 나지 않게 천천히, 예민하게 감응할 수 있게 조금씩 서서히 변화를 주는 것이었다.

곡물 가루 이유식을 본격적으로 시작했다. 발아현미가 좋다는 말을 듣고, 직접 만들어보기로 했다. 현미란 곡식의 씨앗으로 벼라는 식물체로 자라날 가능성을 가득 품고 있는 생명력의 결정체다. 그 생명력이 폭발하듯 터져 나오는 순간이 싹이 나는 발아 과정이니 발아현미는 폭풍 성장 중인 아기의 첫 이유식 재료로 손색이 없다. 현미를 씻어 채반에 두고, 반나절마다 다시 씻고 널어두니 3일째, 현미에서 싹이 났다. 새 부리처럼 뾰족 튀어나온 현미의 싹을 처음 봤을 때, 정말 초록이의 잇몸에서 앞니가 처음 나왔을 때를 본 것처럼 신기했다.

쌀이 살아 있다!

쌀알이 생명이라는 생각을 처음으로 한 날이었다. 쌀알은 벼에서 베어져 나오고 나면 그저 쌀알일 뿐, 살아 있다고 생각해보지 못했다. 그런데 땅에서 벼에서 잘려져 나와 껍질이 벗겨지고 긴 유통과정을 거쳐 냉장고에 있던 현미에 물을 주고 기다려주었더니 생명력을 발동해 싹을 틔운 것이다.

현미에서 싹이 나오자 이내 자랐다. 쌀나물이 되기 전에 아파트 발코니에서 바짝 말리고 방앗간에 가져가 첫 이유식용으로 완전히 빨아달라고 했다. 발아현미 가루를 찾아온 날은 왜인지 아직도 신선하게 기억된다. 방앗간이라는 곳은 내게 별 감흥 없는 다소 구시대적인 장소였는데, 그날 방앗간은 내게 어린시절 명절이면 떡 찾아오던 엄마를 상기시켰다. 내가 엄마가 된 지금, 방앗간은 언제나 그 자리에서 우리를 키우는 엄마의 온기가 되었다.

그렇게 발아현미 가루를 이용한 첫 이유식은 구죽염으로 인체 염도와 비슷한 눈물맛이 되도록 간간하게 만들었다. 모유에 가까운 묽은 쌀물에서 가루를 이용해 점점 걸쭉한 죽이 되도록 했고, 미세하게 빻은 쌀가루에서 거친 쌀가루로 옮겨 갔으며, 차츰 양도 늘려 갔다. 초록이는 15개월까지, 호두는 11개월까지 두 아이 모두 완전모유 수유를 하고 단유 후에도 분유를 먹이지 않았기 때문에 초록이 10~15개월까지, 호두 7~11개월까지 각 6개월 5개월에 걸쳐 이유식을 한 셈이다. 단유 후 영양 섭취는 전적으로 식사를 통해 이루어졌기 때문에 건강한 이유식 이후에는 건강한

밥상 차리기에 열심이었다.

같지만 다른 밥상: 성분론과 기미론

결혼 직후 신혼 때도 요리에 관심이 많았고 즐겨 했지만, 이유식 공부를 한 이후 나의 요리는 완전히 결을 달리하게 되었다. 가장 결정적이었던 것은 영양에 대한 성분론과 기미론에 대한 이유식 강의였다. 예를 들어 찬물 한 잔과 더운물 한 잔을 마신 후를 생각해보면 찬물 한 잔은 상황에 따라 오한과 감기를 유발할 수 있고, 설사를 일으킬 수도 있는 반면 더운물 한 잔은 몸에 땀이 줄줄 흐르게 할 수도 있고 감기를 낫게 할 수도 있다. 나 같은 경우는 식사 중 가스가 차서 생기는 복통을 풀어주는 약이 된다. 실제로 식사는 똑같은 재료와 반찬이라도 누구와 어떤 분위기에서 먹느냐에 따라 두통, 가스 등 체기를 유발하기도 하고 마음이 따뜻해져 몸에는 약이, 마음에는 평생 반추할 힘이 되기도 한다.

그런데 성분론에 따르면 두 가지 물은 에너지를 생산하지 않는 0kcal의 같은 물일 뿐이고, 두 밥상도 똑같다. 내가 과학 교사가 되기까지 음식에 관해 배운 것은 탄수화물, 단백질, 지방 1g이 각각 4, 4, 9kcal의 열량, 즉 에너지를 생산한다는 것이었다. 우리 몸의 70%가 물이라거나 몸에 열이 나면 물을 많이 마셔서 소변 배출을 통해 체온을 조절할 수 있다는 말 또한 성분으로, 기계적·물리적으로 이해한 것이지 우리 몸 전체를 순환시키고 있는 생명 활동이라고 생각지 못했다.

최근에는 파이토케미컬까지 등장했지만 식재료의 온전한 작용을 이해하기 위해서는 성분 분석만으로는 한계가 있다. 기운과 맛을 따져보는 기미론적 접근이 필요하며 결국 기(氣), 미(味), 형(形), 색(色), 성(性)을 모두 고려해야 한다. 그리고 그것은 최첨단의 과학 기술이나 지식이 있어야만 접근할 수 있는 과학자의 전유물이 아니라 자연의 순환을 고려하면 우리 누구나 직관적으로 닿을 수 있는 상식에 가까운 것이고, 그래야 한다.

블루베리의 어떤 성분을 알아서 눈에 좋은 줄 안다기보다, 눈동자와 닮은 모습에서 눈에 좋을 것을 직감적으로 알 수 있는 것처럼 뇌와 틀림없이 닮은 호두가 뇌에, 무가 다리에 좋다는 것을 알 수 있다. 햇빛이 있어야만 비타민D가 피부에서 합성되는데 햇빛이 부족한 겨울에 상대적으로 비타민E가 많이 든 팥을 활용하면 피부를 강화함으로써 비타민D 합성을 촉진할 수 있다. 낮의 길이가 가장 짧은 동짓날에 팥죽을 끓여 먹다니, 우리 조상들의 지혜가 얼마나 과학적인가 감탄했다. 이제 팥에 든 비타민E라는 성분이 우리 몸 안에서 어떻게 작용할 것인가 하는 생각보다, 빨갛게 익은 팥이 태양 에너지를 얼마나 담아 나에게 전해줄지 그 신비가 더 기대된다. 조상들이 그 성분을 알아서 이런 문화를 만든 것은 아니다. 다만 쨍쨍한 햇빛 아래 누렇게 마른 콩깍지 속에서도 발갛고 단단하게 익은 팥의 모양과 색, 맛에서 그것을 알아챘으리라. 내 입장에서는 이미 영양분석학적으로 다 밝혀진 과학 지식이기에 편히 말할 수 있지만, 내 몸도 식재료도 모두 자연의 일부라는 생각과 그들이 닮아 있다는 것은 음식이 우리 몸에서 어떻게 작용하는지를 이해하는 중요한 단서임에 틀림없다.

이제 내게 요리는 몇 칼로리의 고단백 영양식인지는 중요하지 않게 되었다. 바다 건너 먼 나라에서 나고 자란 것들이 긴 유통과정을 거쳐 적정 채광과 온습도라는 과학적 농법을 적용해 키운 채소에 버무려진 요리는 한때 화려한 이미지로 머릿속을 채웠고 꼭 먹어봐야 할 것이었지만, 더 이상 내게 감동을 줄 수 있는 살아 있는 음식은 아니게 되었다.

나에게 살아 있는 음식이란 자연의 기운과 맛을 그대로 싣고 식탁에 올라온 일종의 자연이 만든 예술 작품이다. 농부가 땀과 노동으로 작물을 직접 키워낸 바로 그 땅에서 차린 소박한 밥상이 가장 따뜻하고 힘 있는 식사가 되었다. 그런 밥상 앞에서는 음식과 함께 그곳을 둘러싼 자연이 모두 내게 오는 듯하다. 귀촌 후 직접 텃밭을 가꾸기 전까지는 지인이 정성으로 농사지은 작물을 찾았고, 시골 오일장을 가면 구석 한편 할머니가 직접 따고 캐고 뜯어온 채소를 샀다. 그러면 그 할머니의 집 마당에서 시장까지 보이지 않는 끈이 있는 것만 같았다. 내가 사는 땅 주변에서 나고 자란 채소들은 먼 곳 어디에서 왔을지 모를 마트 채소에 비하면 아는 채소 같았고, 내가 밟고 사는 땅에서 난 채소를 먹으면 땅 전체가 나에게 힘을 주는 것 같았다.

땅은 힘이 있다. 그 땅에서 자란 것들은 그 힘을 전해준다. 땅속까지 쭉 뻗은 제철 토종 우엉 요리를 할 때면 내가 대지와 연결되고 아래로 깊이 뿌리내릴 수 있는 안정적인 우엉의 힘을 상상할 수 있게 되었는데, 그 힘과 에너지가 우엉을 먹는 초록이에게 전달되길 바랐다. 우엉의 담백한 맛과 기운이 초록이의 뿌리 깊은 의연함이 되길 바랐다. 겨울철 시래기를 먹을 때면 제철 무를 수확하고 무청을 처마에 널어 말리는 풍경이 주는 운치를 한 번 먹고, 햇빛 보기 힘든 겨울에 빛 에너지를 축적해서 우리 몸에 고루 담을 수 있다는 생각에 감사했다.

비름나물, 배추나물, 시금치나물은 이파리의 호흡과 광합성을 연상시켜 나의 호흡기, 모발, 피부가 튼튼해지는 상상을 할 수 있었고, 고구마줄기를 먹을 때면 긴 줄기 같은 나의 근육, 혈관이 튼튼해져 내 몸 곳곳이 잘 순환되는 상상을 했다. 감자, 고구마, 양파, 마늘 같은 뿌리채소를 먹으면 뼈가 튼튼해지면서 안정감을 갖게 되고, 토마토, 가지, 오이, 호박 등의 열매채소를 먹으면 근육이 만들어지고 마음이 결실을 맺을 것 같았다. 자연과 나의 유사성을 발견할수록 우리는 연결되었고, 나에게 기꺼이 내어주는 자연을 만날수록 나를 둘러싼 모든 것들에 감사함도 커졌다.

초록이 3세, 이제 말문이 트여 갈 때였다. 친정에서 아버지가 농사지은 완두콩을 처음 수확해 저녁 간식으로 껍질째 쪄서 온 가족이 둘러앉았다. 초록이는 처음으로 김이 모락모락 나는 완두콩을 올려두고 신기하게 쳐다보다 입에 넣더니 "진~짜 맛있다!"라고 말해 온 가족이 깜짝 놀라 웃음바다가 되었다. 초록이는 눈이 똥그래져 신나게 한 접시를 다 먹었다. 그날이 초록이가 '진짜'라는 단어를 입으로 처음 표현한 날이었는데, 나는 '진짜' 맛으로 '진짜'라는 단어의 의미를 이해한 초록이가 대견했다. 자연의 결실에는 이렇게 놀라운 힘이 있었다.

아버지가 농사지은 가을 무를 포대 자루에 담아 발코니에 두고 겨우내 먹었다. 알고 보니 무는 버릴 것이 하나도 없었는데, 뿌리는 육수 우려낼 때, 아래 흰 무는 시원한 탕국에, 위 초록무는 달큰한 생채에 사용했고, 푸른 무청은 시래기가 되었다. 우리는 깍두기와 무생채를 가장 많이 먹었는데 뭇국, 무나물에 얇게 썬 무를 구운 무전, 듬성듬성 썰어 밥과 함께 안쳐 먹는 무밥, 고등어 아래 깔린 무조림까지 무는 겨우내 먹어도 질리지 않았다.

예전에는 감자칼로 시원하게 무 껍질을 깎아 버렸다. 깨끗하게 씻되 특별히 상처나거나 상한 부분, 흙이 박힌 부분은 도려내지만 그렇지 않고서는 껍질을 깎지 않고 모두 먹는다는 지인의 이야기를 처음 들었을 때는 신기하기만 했다. 무를 씻는데도 (무가) 놀랠라 너무 찬 물에 씻지는 말라고, 식재료 하나하나 소중한 생명 다루듯 하며 만날 때마다 식재료의 의미를, 바른 먹거리의 참맛을 알려 준 한 자연육아 엄마가 있었다. 그에게서 모든 것을 보고 따라 배우려 했는데 잔생채기와 그사이에 있을 흙이 자꾸 생각나 선뜻 동하지 않았다.

하지만 어느 부분 버릴 것 없이 귀하게 먹을 수 있다는 말이 가슴에 남아 곱씹게 되었고, 차차 땅과 직접 닿아 성장의 최전선에서 무를 보호한 껍질에게 훈장은 못 줄망정 먹으면 큰일 날 듯이 깎아내 버리는 건 너무하다는 생각이 들었다. 물이건 양분이건 흡수하는 껍질을 예우해줄 필요가 있겠다. 맨발걷기를 하면서 우리가 흙을 실제 이상으로 너무 더러운 것 취급하고 있다는 것을 알았는데 무, 감자, 당근, 고구마, 우엉 등 땅속에서 자란 채소를 먹기 위해 씻으면서 다시 확인했다.

요즘은 제철에 난 좋은 것은 잘 씻고 가능한 한 껍질째 먹으려 하고, 적당히 씻고 적당히 깎아 먹는다. 껍질을 깎더라도 예전처럼 바깥 껍질이 조금이라도 남아 흙을 먹을세라 무자비하게 깎지는 않는다. 채소와 과일은 잎, 줄기, 뿌리, 껍질까지 가능한 전채식을 했다. 무뿐 아니라 버릴 것 없이 모두 쓸모 있는 채소들은 마치 우리 모두가 소중하다는 것을 가르쳐주는 것 같다.

함께하는 집밥 운동

아이들의 가정 건강 관리에 있어 우리 몸의 미생물과 친구가 되는 것이 얼마나 중요한지 알게 되는 과정은 곧 바른 먹거리 집밥의 중요성을 알고 실천하는 집밥 운동으로 이어졌다. 우리집 밥상을 공개하고, 다른 집 밥상을 구경하면서 서로가 "이게 집에서 가능하다

Part 01 자연육아 엄마가 되다

자연스러운 건강 관리

어린이집 입학설명회에 가면 교실마다 공기 청정기 설치, 1인 1수건 사용 지키기 등으로 위생 관리가 철저함을 피력한다. 이런 것도 물론 필요하지만 이것이 최선이라 생각해서는 안 된다는 것을 전하고 싶어 아이의 첫 번째 어린이집에 방문해 이야기한 적이 있다. 1인 1수건이나 소독제를 이용한 위생 관리보다 더 중요한 것은 햇빛을 이용한 자연 채광 소독이고 잦은 환기를 통한 충분한 산소 공급이다. 원 입소 때부터 건강한 집밥과 바깥 놀이를 통한 자연 면역력 증진을 중요시한 것을 아신 원장님께서는 집밥을 통한 가정 건강 관리를 주제로 선생님 포함 학부모님들과 강의 기회를 가져보자 제안하셨다.

우리는 아이를 건강하게 키우기 위해 좋다는 많은 것을 하고 있지만, 지금 어린이들이 내 어린 시절보다 더 건강하다 할 수 있을까. 우리가 아이를 건강하게 키우기 위해 하는 많은 것 중에 사실은 아이의 건강을 해치는 것도 많다. 나 또한 우연한 기회가 없었다면 놓쳤을 것들이기에 같이 아이를 키우는 입장에서 공유하고 싶어 흔쾌히 승낙했다. 집밥과 함께 기본 건강 관리 또한 시대를 떠난 보편적인 삶의 양식인지, 이 시대에 특별히 요구되는 것은 무엇인지 생각해보았다.

세균숲

온 세상이 세균과의 전쟁에 혈안이 되어 있다. 코로나 이전부터도 세균에 대한 살균·소독 위생 개념은 특별했지만 지금 만큼은 아니었다. 마스크와 손소독제로 우리는 세균 박멸의 꿈을 이룰 수 있을까? 아니 그 전에 세균을 박멸하면 정말 우리의 건강을 지킬 수 있을까?

우리 몸 안에는 60~100조 개에 이르는 세포의 10배에 이르는 수백 조가 넘는 수의 세균을 포함한 미생물이 살고 있다. 이렇게 미생물이 동식물과 인간의 몸속에서 군집을 이루며 서식하는 것을 세균숲, 마이크로바이옴(Microbiome)이라고 한다. 눈에 보이지도 않는데 어디에 어떻게 그 많은 수의 미생물이 산다는 말일까?

우선 분명히 할 것은 세균이라고 해서 모두 병을 일으키는 병원균만은 아니라는 것이다. 아이들 학습 프로그램에 자주 등장해서 백혈구와 전쟁을 벌이는 세균은 충치를 유발하고 감염병을 일으키는 병원균들이다. 하지만 반대로 우리가 장 건강을 위해 김치와 요거트를 먹는다고 할 때의 유산균은 착한 세균이다. 그러니 무조건 '세균=병의 원인, 그러므로 세균은 나쁜 존재'라는 고정관념을 버려야 한다.

우리 몸에 존재하는 미생물은 어떤 것이 있고 어떤 일을 할까.

항상 사람의 피부에 살면서 외부에서 유해균이 침입하면 제일 먼

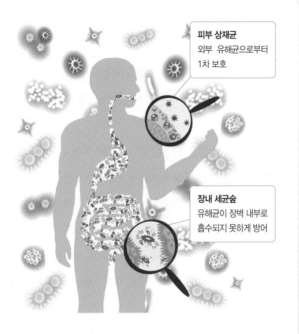

피부 상재균
외부 유해균으로부터
1차 보호

장내 세균숲
유해균이 장벽 내부로
흡수되지 못하게 방어

저 싸우고 몸 속으로 들어가는 것을 막아주어 방어군 역할을 하는 균들이 있는데 이것을 피부상재균이라고 한다. 화장품 광고에서 '피부는 약산성'이라는 말을 많이 듣지만 피부가 약산성인 이유가 피부상재균의 대사 때문이라는 것은 모르는 경우가 많다. 우리 피부가 약산성을 띠는 것 자체가 피부상재균이 열심히 활동해서 외부로부터 병원균의 침입을 막는 화학적 방어막을 잘 만들어 두었다는 뜻이다.

로션, 세제, 손소독제의 사용으로 피부상재균이 제일 먼저 살균을 당하면 인체 보호를 위한 방어군의 역할도 무너진다. 병원균이 많은 병원 같은 특수한 시설에 있는 것이 아니라면 평범한 피부 조건에 멸균 소독을 하려는 것은 다시 생각해보아야 한다. 살균제는 소수의 병원균도 죽이지만 우리를 지켜주는 절대다수의 피부상재균도 같이 죽게 함으로써 인체의 1차 방어막을 스스로 허무는 셈이기 때문이다.

피부 본연의 역할은 탄탄한 조직으로서 외부로부터 내부 장기를 보호하고, 호흡을 통해 노폐물을 방출함으로써 인체를 건강하게 유지하는 것이다. 피부상재균은 이러한 피부 본연의 역할을 훌륭하게 돕는 조력자다. 그런데 위생, 소독, 촉촉한 피부라는 명목으로 계면활성제, 방부제 등을 포함한 로션, 소독제 등을 유아기부터 바르면 피부의 호흡뿐 아니라 피부상재균의 역할도 막음으로써 피부 질환이 발생하기 쉬운 조건이 된다. 그런데 이런 의약외품들이 불과 몇 년 사이 빠른 상업화와 함께 부지불식간에 문화로 자리잡았다.

우리 몸에서 가장 많은 미생물이 존재하는 곳은 입부터 항문까지의 전체 소화기이다. 장은 소화기관이면서도 면역 세포의 70% 이상이 존재하므로 면역학적으로 볼 때 가장 큰 면역 기관이라고 한다. 음식을 통해 소화 기관으로 들어온 병원균이 장벽을 통과해서 세포로 유입될 수 없도록 엄정한 경비와 검문이 이루어지는 곳이 점막 조직으로 이루어진 장벽이다. 병원균이 장에서 뚫고 들어오면 바로 내장의 병이 되기 때문에 장 점막에는 셀 수 없이 많은 유산균(대장균)이라는 방어군이 지키고 있다.

그중 대표적인 것이 김치 같은 우리 전통 발효식에 많이 있는 락토 바실러스균인데, 아군과 적군을 구분하고 표적을 붙임으로써 면역세포들의 활동을 지휘하는 면역 사령관 역할을 한다. 온갖 음식을 통해 온갖 병원균들이 유입되는 곳이 장이기 때문에 다양한 병원균을 물리치려면 우리 몸의 유익한 장내 세균 역시 다양해야 하고 다수여야 한다. 예를 들어 대장에 300가지의 세균으로 구성된 세균숲을 가진 사람과, 70가지의 세균으로 구성된 세균숲을 가진 사람이 있다면 병원균의 살균과 배출에 더 건강하게 대처할 수 있는 사람은 전자다.

그럼에도 불구하고 잦은 항생제의 복용과 식문화의 변화, 세균은 적이라는 식의 위생 개념의 변화로 살균 소독이 생활에 깊숙이 침투해 병원균과 함께 장내 미생물을 죽이고 세균숲을 망가뜨리고 있는 것이 지금의 현실이다.

피부부터 몸속까지, 멸균소독으로 우리는 건강해질 수 있을까?

우리가 아무리 조심하더라도 호흡을 통해 외부와 소통하고 음식을 먹음으로써 에너지를 얻어 살아가는 생명의 근본 방식이 유지되는 한 이질적인 병원성 세균, 오염된 항원을 원천적으로 분별해서 차단하는 것은 불가능하다. 모든 세균이 적은 아니다. 수적 대비로 보자면 아군인 세균이 훨씬 더 많다. 유익균과 유해균의 원천적 감별 대처가 불가능하다고 해서 묻지마 살균이 우리에게 최선의 선택일까?

우리 몸에 세포 수보다 많은 미생물이 있다는 것은 인간의 기본 단위는 세포가 아니라 미생물일지도 모르겠다는 착각마저 들게 한다. 나는 이것(우리 몸에 세포 수보다 미생물 수가 많다는 것)을 근본적으로는 우리는 세균과 공생하고 있고 그래서 상생할 수 있는 방법을 찾아야 한다고 이해했다. 우리 몸 안에 이렇게나 많은 미생물이 있는데, 박멸의 방법과 공생의 방법 중에서 무엇이 자연스러울까. 적을 상정하고 공포와 불안을 양식으로 삼아서는 우리의 근원과 닿을 수 없다. 그것이 내게는 자연스러운 시선이다. 환경 문제의 해결을 위한 방법으로 순환 가능한 생태계적 방식이 선택되는 것과 마찬가지다. 그러므로 멸균 소독이 아닌 그들과 상생할 방법, 체내 상재균과 공생 가능한 체내 환경 변화를 유도하는 방법을 모색해야 한다. 이제는 미생물에 대한 공포와 혐오 전달을 멈추고, 우리 아이들에게 미생물과 친해지는 방법을 가르쳐야 할 때이다.

고?" 놀라고 감동하고 권하고 가르쳐주고 따라 하는 선순환이 일어났다. 갓 지은 따순 밥을 시작으로 급기야 엄마나 할머니가 만들어주신 것을 받아먹는 줄로만 알았던 김치, 된장, 간장, 고추장을 내가 직접 담가 먹기에 이르렀다.

제철 토마토를 삶아 토마토소스를 만들고, 그 소스로 만든 토마토 스파게티는 온 가족이 생애 최고의 스파게티였다고 했다. 채식 깍두기는 삼삼하니 동치미처럼 마시는 국물이 그만이었는데, 늦은 밤 퇴근 후 지친 신랑은 깍두기 국물을 마시고 모든 피로가 가셨다고 지금까지도 두고두고 이야기한다. 밥상에 앉아 눈을 번뜩이며 고사리손으로 집어먹는 두 아들을 보면 그렇게 뿌듯할 수가 없다. 지금 두 아들의 좋은 식성과 건강은 여러 엄마와 함께했던 나의 집밥 운동 덕분이다.

아이를 건강하게 키우기 위해 시작했던 집밥이었는데 내 먹거리를 내가 책임지는 자립의 첫 시작이 되었고, 나와 가족을 기른 진짜 생명 살림이었다. 음식으로 사람을 키우고 살리는 일은 나를 향한 감사와 감동으로 이어져 스스로 충만한 날들의 연속이었다.

장내 세균숲을 잘 관리하기 위한 첫째는 유익균에게 좋은 먹이를 주는 것이다. 섬유질 많은 채소는 비타민 섭취에도 좋지만 무기질을 흡수하는 데 필수적이다. 칼슘이나 철분과 같은 무기질은 유익균이 먹고 뱉어서 특별한 화학 결합 형태를 띠어야만 우리 몸속에 흡수될 수 있다. 미생물이 장벽 세포 속으로 입장할 수 있는 통행권을 만들어주는 것이다. 멸치, 우유, 영양제 등 아무리 좋은 것을 많이 섭취한다고 해도 소화 기관의 통로에 있는 것뿐이다. 몸속으로, 즉 장벽의 세포 속으로 진짜 흡수되기 위해서는 대장균의 도움이 필요하다.

아이들 입맛이 채소를 안 좋아한다는 것은 편견이다. 진짜 채소는 소금 간만 살짝 해서 기름에 구우면 아주 맛있는 것이 많다. 애호박은 군옥수수맛, 연근은 새우맛, 브로콜리와 버섯은 고기맛이 난다. 애호박과 연근은 얇게 썰어 밀가루 튀김 옷 없이 기름에 소금만 뿌려도 재료 본연의 맛을 한껏 느낄 수 있다. 양송이버섯을 대와 분리해서 구워 생긴 물은 컵의 물 마시듯 홀랑홀랑 먹는 재미가 있고, 채소와 버섯을 꼬치에 끼워 먹으면 맛도 좋지만 놀이도 된다. 초록이 4세 생일 선물은 나무 도마였다. 플라스틱 케이크 칼과 함께 버섯, 애호박, 두부 같은 부드러운 재료는 같이 요리하며 놀았다.

월남쌈 샤브샤브는 생채소도 많이 먹고 쌈배추, 청경채, 버섯 등 채소도 실컷 데쳐 먹을 수 있어 좋다. 이런 다량의 채소 섭취는 유익균의 먹이 공급이라는 의미에 더해 대장 청소 효과도 있다. 싸리비로 바닥을 긁어 쓸어내듯이 많은 섬유질이 장벽을 쓸면서 배출되기 때문에 묵은 변을 내보낼 수 있다. 단단한 변이 장을 가득 채우고 있으면 장벽이 양분을 흡수할 수 없다. 변만 봐도 장이 좋은지 안 좋은지 알 수 있는데, 그 변이 장을 채우고 있다고 상상하면 된다. 부패한 냄새나 질감이라면 유해균이 득세한 것이고, 딱딱하고 단단하다면 양분이 장벽으로 가는 길을 차단하고 있으니 영양소의 흡수는 어렵다는 뜻이다.

오늘은 좀 딱딱해 보이니 내일은 물을 많이 마시자든가, 질펀한 것이 나쁜 균이 힘이 세진 것 같으니 찬 음식을 자제하고 따뜻하게 먹자든가, 어제 김치를 많이 먹어 오늘은 변이 빨개졌다든가 등 변이 둥근가, 긴가, 굵은가, 딱딱한가, 냄새 나는가 변 품평회는 우리의 일과였다. 하루는 작은 콩알 같은 블루베리를 얼마나 허겁지겁 집어먹었는지 초록이 변에 블루베리 알이 그대로 나온 적이 있다. 안 씹고 삼킨 것도, 그렇다고 그 형태 그대로 배출된 것도 신기해 둘이 앉아 한참을 들여다보다 내일은 블루베리가 초록이 몸속으로 잘 들어가도록 꼭꼭 씹어먹자고 손가락 걸고 약속했다.

요즘은 겨울에 수박이 나고, 딸기는 겨울이 제철이라 할 정도로 제철이란 말이 무색해졌지만 건강한 집밥의 기본은 제철 음식이다. 계절의 변화와 그 리듬에 따라 우리에게 가장 필요한 것이 가장 알맞을 때 주어지는 것이다. 여름이면 수박, 오이, 열무 물김치가 더위로 힘든 몸을 식혀주고, 겨울이면 탱글탱글한 귤과 부사 사과가 햇빛의 빈자리를 비타민처럼 채워주고, 김장김치와 깍두기가 몸을 덥혀준다. 지금은 먹을 것은 넘쳐나지만 하우스 작물의 당도와 수익률에 밀려 햇빛과 땅 온전한 자연의 힘으로 키워진 기운찬 음식은 오히려 구하기 어려워졌다. 자연의 리듬과 에너지를 담은 음식과 멀어진 만큼 우리 몸도 원초적 자연의 힘과 멀어지는 게 아닐까.

땅에서 비, 바람, 해 자연으로 난 진짜 채소는 아이들이 더 잘 먹는다. 초록이와 호두는 텃밭에서 오이나 당근을 보면 따고 뽑고 싶어 안달이다. 우리 아이들이 당근이나 오이 스틱을 경쟁적으로 먹는 것을 보면 놀라는 사람들이 많은데, 제철 노지 채소는 그만큼 양보할 수 없는 맛을 가지고 있다.

봄이 오면 봄나물이 봄 향기를 싣고 온다. 근래 엄나무순(개두릅)에 크게 빠졌는데 냉이는 캐고 쑥은 뜯고 아라 엄마*에게 봄나물을 배우고 그 매력이 한층 풍성해졌다. 덕분에 고추장 비빔밥이 아닌 생된장 비빔밥도 알았다. 밥에 생된장과 생마늘 빻은 것(간 것 말고) 조금, 참기름이나 들기름을 넣고 봄나물을 취향껏 비벼 먹으면 세상 부럽지 않은 맛을 알 수 있다. 나는 봄나물이래 봐야 돌나물밖에 몰랐는데, 아라네 봄나물에 생된장 비빔밥을 알게 된 뒤로는 그것이 인생 밥상이 되어 해마다 봄이 기다려지는 이유가 되었다. 여름이 다가오면 과일 세계가 열린다. 딸기, 산딸기, 블루베리를 시작으로 옥수수, 감자, 고구마에 이어 가을이 되면 포도, 감, 밤… 겨울까지 맛의 향연이 이어진다. 특히 산딸기, 블루베리, 초당옥수수, 홍시는 냉동해두고 아이스크림으로 먹으면 건강한 자연 간식 별미가 따로 없다.

뭐니 뭐니 해도 제철 밥상 대표는 가을무다. 무는 소화, 호흡, 해독

---

* 아라네는 귀농운동본부에서 부부의 연을 맺고 주왕산 아래 터를 잡아 세 아이를 키우는 풀스런 농부 가족이다. 영덕에서 났지만 영덕을 떠나온 내게 아무 연고 없이 지도를 펼치고 영덕으로 갔다는 아라네가 처음에는 신기했다. 아라 아빠가 직접 지은 훈김 있는 흙집에서 아라네 가족을 만나고 돌아오는 길은 우리 부부에게 삶과 집, 가족이란 무엇인지 물음을 품고 오는 길이다.

등 다방면에 좋은데 최고의 장점은 흔하다는 것이다. 제철 음식을 알고부터 우리집 만추의 낭만은 포대 자루에 가득 담긴 무가 되었다. 지금 생각해보면 초록이의 건강은 두 살 어릴 때부터 많이 먹은 무 덕이 아닐까 싶다. 항상 부엌에 있던 엄마와 함께 깍두기나 무생채를 만들면 감자칼로 껍질을 벗기고, 통에 옮겨 담고, 양념을 섞는 등 한자리 차지하고 같이 앉아 1인의 몫을 거뜬히 했던 것이 거부감 없이 맛나게 먹을 수 있었던 비결이 아니었을까.

장내 미생물의 다양성을 지키는 방법은 좋은 유산균을 직접 주는 방법도 있다. 유익균이 가득한 전통 발효 음식, 된장, 간장, 고추장을 잘 활용할 수 있다.

콩을 삶아 메주를 만들고, 이것을 물, 소금 한데 섞어 풀어두면 공기 중 미생물이 들어가 발효가 시작된다. 100일 지나 콩만 걸러내면 된장이 되고, 거른 물은 간장이 된다. 콩, 물, 소금을 각자 따로 두면 썩어서 몇 년씩 둘 수 없지만, 셋이 합쳐지고 효모들이 춤추면 맛나고 유익한 음식이 되는데 세월이 지날수록 맛이 깊어진다. 안동 종갓집에 백 년 넘게 이어져 온다는 씨간장, 씨된장은 긴 시간을 이어온 힘이 있다. 천연 발효 빵을 만드는 장인도 집안 대대로 내려오는 수십 년 된 효모(르뱅)를 이어간다. 긴 역사와 함께 살아낸 발효식은 그래서 강하다.

요리 장인 엄마가 만든 채식 깍두기를 맛보고는 반색하니 쉽다며 설렁설렁 알려준다. 나도 한 요리 한다고 했지만 가벼운 반찬이었지 깍두기 같은 김치류 앞에 잔뜩 겁을 먹으니 시간 내어 직접 가르쳐준다 했다. 좋은 것 주고 싶어도 못 줄 때가 많은데, 달라는 말이 오히려 반갑다며 식재료와 도구를 갖추어 온 가족이 우리집을 방문했다. 그때가 초록이 돌도 되기 전이었다. 수유하랴 사진 찍으랴 설명하면 받아 적으랴 직접 만드랴 정신없이 마칠 때쯤 우엉들깨탕을 만들어주었다. 모유 수유에 육아에 매일 피곤에 절어 있던 때라 늘 그런 이야기를 하니 밥 한 상 차려주고 싶었다고 했다. 다시마는 국물을 내고 버리는 줄만 알았는데 채 썰어 넣어 함께 먹는 것도 처음이었지만 우엉과 떡국떡이 들깨와 이룬 조화에 깜짝 놀라고 따뜻한 정성에 감동했다. 이 모든 것이 나 한 명을 가르치고 우리 가족의 양식을 만든 것이라는 데 대해 더 많은 이들에게 전해질 수 있도록 알리는 것으로 보답하겠다고 약속했다. 내가 들은 모든 것을 담아 기록으로 남겨 나도 필요할 때마다 찾아보는 레시피를 만들고 공유했다.

채식 깍두기 담그기는 내게 김치 담그는 두려움을 거둬준 역사적인 사건이었다. 집에 오는 손님들에게 내가 담근 것이라며 밥상을 차릴 때마다 힘이 났다. 나도 할 수 있다는 생각이 내가 해야겠다는 의지로 나아갔고 백김치, 보쌈용 겉절이를 지나 김장까지 갔다.

집밥 운동의 본격적인 시작은 고추장 담그기였다. 우리의 맏언니가 고추장을 담그자고 제안하면서 재료 장보기부터 모든 것을 상세히 알려줄 테니 따라 할 사람은 붙으라 했다. 그렇게 전국의 얼굴도

모르는 엄마들이 모였고, 랜선 고추
장 운동이 시작되었다.

장을 담그는 것은 문화인
데, 문화에는 의식이 있고
그 의식을 통해 더욱 공고히
전달된다. 장 담그기가 우리
의 문화로 자리매김할 수 있도
록 맏언니가 축문(기도문)을 준비
했다. 멀리서도 고추장 담기 하는 엄마들이 각자의 자리에서 이 축
문을 큰 소리로 읽고 마음을 준비하여 시작하도록 했다. 나는 그 축
문을 보면서 내가 이 자리에 이 모두와 함께 할 수 있는 것에 얼마
나 감사했는지 모른다. 나에게 어떻게 살 것인가를 물었을 때 이렇
게 살고 싶다고 말 할 수 있는 몇 가지 장면 중 하나다. 우리 맏언니
의 고추장 축문을 소개한다.

━━━━━━━━━━

을미년(乙未年) 경술월(庚戌月) 정사일(丁巳日)을 맞아 지금부
터 무오일(戊午日)까지 양일간에 걸쳐 엄마들이 모두 함께 고
추장을 담기로 한 바 인간보다 더 먼저 이 지구에 존재하며 영
양과 생명이 가득한 지구를 만들어온 미생물계의 여러 존재들
과 발효라는 지혜로운 조리법을 만들고 물려주신 우리 조상님
들께 고하옵니다.

정성스런 마음과 정갈한 손길로 약식동원(藥食同源)의 의미를 새기며 온 힘을 기울여 장을 담고자 하나니 우리의 고추장에 깃드시어 시간이 지날수록 더욱 달고 깊은 맛을 만들어주시고 이 장으로 지은 음식을 먹으며 우리 가족들이 더욱 건강한 몸을 가지게 하시고 장을 만들어낸 자연의 지혜로움 또한 배우게 하여주시기를 간절히 소망하옵니다.

우리 엄마들이 마음 모아 드리는 염원(기도)입니다.

요즘 세상에 하잔다는 언니나 하겠다고 따르는 엄마들이나 서로가 신나는 황당함으로 가득했다. 그렇게 물꼬를 튼 장 담그기 운동은 된장으로 이어졌다. '우리 함께'에 의미를 두며 각 가정의 된장을 조금씩 모아 달 밝은 밤에 합방식도 치렀다. 맏언니는 그렇게 전국의 된장을 모아 우리 모두의 새로운 씨된장을 만들어 각지로 다시 뻗어가게 했다. 전국의 엄마들이 된장으로 이어져 하나가 되었다. 김치녀, 된장녀라는 말은 바로 우리를 두고 한 말로, 언어의 역사는 새롭게 쓰여야 했다. 2022년 코로나를 지나 된장을 담그는 날에는 축문이 업그레이드되었다.

천리를 돌고 돌아 긴 시간 정화된 물과
태고로부터 햇빛을 받아 안아 만들어진 소금과
땅의 힘에 사람의 노력을 모두 모은 메주를 준비해서
불과 흙으로 빚은 옹기에 고이고이 모시려 합니다.

이 장으로 건강을 찾는 사람들이 생기고
이 장으로 정이 넘치는 이웃이 생기고
이 장으로 많은 유익한 효모가 다시 한 번 우리의 친구가 될 수
있도록
도와 주시기를 간청합니다.

내가 직접 만든 장으로 밥상을 차리면 힘이 났다. 내 장을 예쁘게
담아 나누고 싶은 사람들과 나누는 것은 더할 수 없는 기쁨이었다.
같이 만들었는데도 나누어 묵히면 집마다 장맛이 다른 것도 신기했
고, 사 먹는 것과는 비교되지 않는 깊은 맛도 놀라웠다.

맛나게 만든 나의 고추장과 된장으로 쌈장을 만들었다. 고기는 소
화 시간이 길어 장내 부패로 가스가 만들어지는 등 불리한 점이 많
은데 육식 위주 식사 시대에 쌈장을 겸해 먹으면 강력한 유익균을
공급함으로써 보완할 수 있다. 된장에 고추장 좀 섞고, 다진 마늘, 통

깨, 땅콩 등 고소한 견과류 갈아 넣고 매실청 같은 당류도 추가해 단맛을 내어 한 통 만든다. 먹을 때 필요한 만큼 덜어서 참기름이나 들기름을 섞어 먹는다. 맛있게 만들어놓으면 찐 양배추만 있어도 젓가락으로 쌈장 콕, 심지어 쌈 없어도 밥에 쌈장 콕 하는 맛에 두 아들이 밥을 아주 잘 먹었다. 된장, 고추장을 기본 양념으로 이용하면 모두 약선이 된다. 집에서 직접 담근 한 번도 끓이지 않은 재래 간장에 찍어 먹는 김과 이런 간장으로 하는 요리 역시 마찬가지다.

당이 발효되면 술, 술이 더 발효되면 식초가 된다. 결국 식초균은 균 중에서도 가장 강력하다. 항아리에서 몇 년을 기다린 천연식초를 구해 평소 요리에 섞어 쓰면 여름철 식중독, 장염 걱정도 덜 수 있다.

하지만 유익균의 주입보다 중요한 것이 미생물에게 좋은 장 환경을 유지하는 것이고, 그 첫째는 배를 따뜻하게 하는 것이다. 기분 좋고 즐겁고 감사하게 먹는 것이다. 집에서도 동화책을 펼쳐 세워 집을 만들고 그 안에서 소풍 온 듯 즐기며 식사를 할 수 있다는 것, 김으로 밥을 싸 먹는 것도 온갖 모양을 만드는 놀이가 될 수 있다는 것, 반 접은 김밥을 책이라고 했더니, 그 사이에 멸치를 끼워 책갈피라더라는 아이들의 이야기는 늘 반갑고 감사했다. 집밥은 맛 좋고 즐거웠다. 쌓이는 밥그릇만큼 우리도 식구(食口)가 되어갔다.

클릭 한 번이면 한 끼가 간단히 해결되는 세상에서 느림의 미학, 발효식 집밥은 돈으로 지불하고 얻을 재화이지 직접 빚기에는 미련한 가치 같기도 하다. 하지만 서른이 넘어 두 아이의 밥상을 책임진 엄마가 된 지금 나를 키운 우리 엄마의 밥상을 떠올려보면 철저한 위생 관리나 균형 잡힌 영양 식단이 아니다. 김이 모락모락 나는 된장찌개 옆에서 요리하던 엄마의 뒷모습, 어떤 맛일까 카스텔라가 어서 익기를 고대했던 기다림, 김장 배춧잎 사이로 소금 뿌리던 모녀의 컬래버, 갓 구운 김과 밥 한 그릇의 고소함이 생각난다. 먹는다는 건 분위기를 먹는 것이고, 정감을 나누는 것이고, 추억을 만드는 것이다. 그것이 때로는 나를 살게 하는 힘이 되기도 한다.

내가 차린 집밥의 힘으로 아이들이 건강하게 크길 바란다. 그 유·무형의 건강함은 밥을 짓는 나의 정성, 부엌의 생기, 따뜻한 집밥의 온기로 전해질 것이다. 대자연 안에서 보이지 않는 그 모든 분위기를 일구어 전해주는 효모에게 고마움과 함께 오늘도 잘 부탁한다는, 친하게 지내자는 인사를 한다.

➕ 함께 보면 좋은 자료

《날것도 아니고 익힌 것도 아닌》, 2018, 마리크레르 프레테리크, 생각정거장
《음식의 영혼, 발효의 모든 것》, 2021, 샌더 엘릭스 카츠, 종이책
《229가지 자연의 맛 선재 스님의 사찰 음식》, 2011, 선재 스님, 디자인하우스
《당신은 무엇을 먹고 사십니까》, 2016, 선재 스님, 불광출판사
《무엇을 먹을 것인가》, 2020, 콜린 캠벨·토마스 캠벨, 열린과학

Chapter

02

땅

<u>03</u> 귀촌

마을

"한 아이를 키우려면 온 마을이 필요하다."

초록이가 걷고 말을 시작하자 아프리카 속담의 지혜가 절실히 와 닿았다. 나는 육아휴직 중이었고 신랑은 시간적 여유가 많았다. 초록이의 첫 2년 우리 세 가족은 집 앞 넓은 대학 캠퍼스와 산책로를 마당 삼아 한 몸처럼 먹고 자고 놀며 함께했다. 그렇지만 힘들었다. 우리 또래 아이를 키우는 30대 친구들은 더 했다. 부부 중 한 명은 일하고, 한 명이 육아를 전담하는 경우 말 그대로 독박육아, 차마 안부를 묻기도 미안했다.

예전에는 아이를 더 많이 낳았고, 아버지의 육아 참여는 더 적었는데 왜 지금 엄마들이 더 힘들다고 할까. 핵가족화와 함께 육아 동지가 없다는 점을 꼽아 본다. 삼대가 한집에 살던 시절 엄마가 밥을 하면 손주는 조부모와 함께 시간을 보낼 수 있었다. 집마다 담장이 낮던 시절 엄마가 아프면 이웃집 엄마가 죽 한 그릇, 반찬 한 접시를 나누며 집안을 살펴주었다. 오늘날 독박 양육자는 쉼은커녕 일도 마음 편히 할 수 없다. 아이를 살피며 청소를, 밥을 해야 하니 아플 수도 없다. 온전한 쉼이 없는 생활은 심적 여유를 앗아가 퇴근길의 지친 배우자와 배려 깊은 대화마저 어렵게 한다. 아무리 할 일이 많고 쉴 틈이 없더라도, 동네 아이들이 저들끼리 어울려 놀고 엄마들이 모여 자기의 이야기를 나눌 수 있다면 농사든 빨래든 김장이든 재미가 될 수 있다.

아이를 기르는 양육 동료가 부부 외에 더 없다는 것도 부담이다. 엄마가 밥할 때 손주가 조부모와 함께 시간을 갖는다는 것은 단순 돌봄을 넘어선 의미가 있다. 조부모만이 줄 수 있는 정서적 안정과 지혜가 있기 때문이다. 일상에서 접하는 생로병사 희로애락의 다양한 면들이 아이를 키운다. 조부모, 삼촌, 이모, 사촌, 조카, 이웃 각각이 만드는 삶의 장면이 다르다. 그 모든 터울 안팎에서 아이는 사회로 나갈 어른에 대한 신뢰를 쌓고 살아갈 힘을 얻는다. 내가 누렸던 할머니, 할아버지, 삼촌, 친구 엄마와의 추억을 초록이는 갖지 못한다는 것이 안타까웠다. 우리 부부가 만들어내는 세상이 아이가 보는 세상의 전부라는 것에 책임감이 무거웠다. 우리 가족은 단란하고 행복했지만, 이 환경이 아이의 더 넓은 물리적·정서적 세상을 차단하고 있다는 생각을 지울 수 없었다. 아이에게는 더 다양한 경험, 풍요로운 관계, 경계 없는 넓은 세상이 필요했다.

시작은 우리가 사는 아파트 바로 아랫집이었다. 우리 부부와 비슷한 연령의 부부가 초록이와 생일이 겨우 2개월 차이 나는 첫째 아이를 키우고 있었다. 아이가 돌이 지나도록 같은 아파트 같은 라인에서, 윗집 아랫집 사이에 한 번도 마주친 적이 없다는 사실이 놀라웠다. 아이가 걷기 시작하자 산책 횟수가 늘어나면서 드디어 만난 것이다. 공동육아가 시작되었다. 친구가 생기고 나서야 그간 우리가 고립되어 있었다는 것을 알게 되었고, 힘들었던 이유를 알 수 있었다. 내가 아픈 걸 혈육은 몰랐지만 아랫집은 알았다. 생일 케이크 초를 함께 불고 음식을 나누어 먹을 친구가 생겼다. 윗집도 만났다. 초록이에게 동네 누나와 이모가 생겼다. 우리집 풍경이 전부였던 초록이는 친구네 집 창을 통해 세상을 볼 기회가 생겼다. 이모와 삼촌이 만든 가정, 또 다른 분위기를 타 볼 기회가 생겼다.

어느 날 아파트 생활에 대한 다큐멘터리를 보았다. 엘리베이터 안에서 매일 마주치지만 가벼운 목례를 하고는 수 초, 수 분에 이르는 시간 아무 말 없는 사이. 아파트 같은 라인에 사는 사람들 사이다. 대략 얼굴을 알고 어디 사는지는 알지만 이름도 모르고 "안녕하세요."까지인 사이. 흔히 우리 삶의 목적은 행복이고 사람 사이의 관계가 그 핵심이라고 한다. 엘리베이터 안 몇 초간의 뻘쭘함, 어색한 침묵을 편안하고 따뜻한 관계의 시간으로 만들면 내 인생이 훨씬 설레지 않을까. 우리가 더 행복하지 않을까. 우리 시대는 초록이에게 쌍문동 골목 문화를 줄 수는 없지만, 아파트 라인 문화를 줄 수 있겠다는 생각이 들었다. 이미 위층, 아래층 음식 나눔 심부름을 시키면서 아파트도 하나의 마을이 될 수 있음을 보았다. 엘리베이터를 기다리고 타는 몇 분을 더 적극적으로 맞기로 했다. 인사하고 말 트기가 쉬웠던 또래 아이를 키우는 엄마들 먼저 인사하고 아파트 같은 동, 우리 라인의 밴드를 만들었다.

온 마을의 역동적인 삶의 풍경을 내 아이에게 주고 싶다는 것은 당시 나의 필요고 욕망이었다. 문화는 공감대가 형성된 공동체 안에서 시작될 수 있다. '마을 공동체의 필요를, 지금 우리 라인 다른 사람들도 가지고 있을까?' 다른 사람들은 내 마음과 같지 않을 수 있다는 예단이 나를 주춤하게 했다. 마을 전체를 아이에게 선물하고 싶다고 말했지만, 내 마음은 책에서 본 이상적인 따뜻한 공동체를 그리고 있었다. 안전이 보장된 아름다운 장면만 주고 싶었던 욕심도 있었다.

우리의 옛 마을은 멀리서 울타리 너머로도 넘볼 수 있을 만큼 열려 있었고, 울타리 밖으로 절로 흘러나오지만 어느 정도 물리적 거리로 경계도 확보되어 있었다. 아파트에는 현관문이라는 5cm 철벽이 있다. 우리 아파트에서 그 철벽의 문을 여는, 다큐멘터리의 프로젝트와 같은 추진 동력은 내가 되어야 했다. 이 마을에 가치를 두고, 이 마을이 가장 필요한 사람은 나였기 때문이다.

이상적 마을 공동체를 꿈꾸었지만 동력은 부족했다. 우리집 현관을 차별을 두고 열고 싶지도 않았지만 모두에게 열 용기도 없었다. 나도 어린아이를 키우며 심신의 체력 소모가 많았기 때문에 뜬금없다거나 오지랖이라거나 완전한 무관심이라는 모든 피드백을 거뜬히 수용할 만큼 심지가 굳지 못했기 때문이다. 주저하던 사이 아파트 라인 밴드는 안 쓰는 물건을 나누고, 음식을 나누어 먹을 이웃을 찾는 몇 가구만의 밴드에 그쳤고, 나는 나의 시도에 의미를 두며 일상을 받아들이고 만족하는 듯했다.

운동회

둘째가 태어나 걷기 시작했고, 첫째는 5세가 되어 병설유치원에 입학했다. 초록이가 교사와 아동 비가 1:7인 4세(만 2세) 어린이집을 떠나 5세(만 3세) 1:16인 유치원에 간 것이다. 아이들이 가득한 유치원 교실 복도를 지나가니 벌써 학부모가 된 듯했다. 학생들이 교사로부터 배우는 것이 전부는 아니지만 연령이 어릴수록 담임 교사와 심신의 연결 시간을 가질 기회가 많을수록 좋겠다고 생각했고, 그러려면 교사 1인당 담당 아동수가 더 적으면 좋겠다고 생각했다. 현재 각 시·도교육청이 제시하는 유치원 학급당 정원은 초과 인원 지침에 따라 더 늘어날 수 있지만 평균은 만 3세 16명, 만 4세 22명, 만 5세 25명이다.

병설유치원에 입학한 봄, 유치원 운동회 날이었다. 초등학교 운동회와 같은 날 진행되어 운동장 이쪽저쪽에서 두세 학년이 동시에 다른 종목 경기를 치르고 있었다. 인원수는 많고 시공간의 제약이 있는 도심 학교에서는 자연스러운 모습이었다. 5세인 초록이는 50m 달리기 경주 한 번, 부모님과 함께하는 다른 행사 한 번을 끝으로 스탠드에 앉아 형님들의 운동회를 구경하며 오전을 보냈다. 오후까지 이어진 초등학생과 달리 유치원생은 점심 식사 후 남은 시간 유치원 교실에서 보내거나 자율 하원하는 것으로 첫 운동회가 끝났다.

그날 전교생이 운동장에 쏟아졌고 학부모들도 많이 참여해서 음악 소리, 아이들의 목소리로 시끌벅적 왁자지껄 신나는 축제의 장이었다. 아이들은 교실 안에서 가둬두었던 끼와 재능을 마음껏 뿜었다. 쿵쾅거리는 심장을 따라 어린 시절 나의 운동회도 소환되었다. 그날의 에너지는 남달랐으나, 아쉬움이 남았다.

스탠드에 앉아 있던 오전 내 초록이의 마음은 누구와, 무엇과 닿아 있었을까?

너무 많은 정보는 결국 아무것도 남기지 않는다. 과부하에 걸리지 않기 위해 우리가 처리할 수 없는 과량은 흘려보내야 한다. 명동거리 수많은 인파 속에서는 지나친 사람도 어떤 간판도 기억하지 못하겠지만, 한적한 시골길 작은 구멍가게 하나는 깊은 상상과 함께 기억으로 남는 것과 같다. 나는 초록이에게 넓은 세상을 주고 싶었지만, 그것이 기억도 못 할 복잡하고 크기만 한 세상은 아니다. 시간이 흐른 후에도 가슴에 남아 있는 자기만의 보물같은 세계이다. 크든 작든 마음이 연결되어 충분히 머무른 후에야 내 것이 된다. 충분히 머무르고 떠나고 다시 자기 내면의 세계와 연결할 수 있는 힘이 되는 공간을 주고 싶다는 생각이 올라왔다.

초록이의 운동회 날을 떠올리면서 내가 그리는 학교라는 공간을 다시 생각했다. 숨 가쁘게 뛰고, 충분히 숨돌릴 수 있는 초록이의 시간이 되는 운동회다. 누구네 누나가 달리는지, 누구네 동생이 울고 있는지 서로를 살펴 응원하고 응원받을 수 있는 공동체의 운동회다. 푸른 하늘 아래, 나무 그늘 아래 가만 쉬기도 할 수 있는 평안이 있는 운동회다. 그러다 변화무쌍 구름을 보고 토끼라느니 기차라느니 서로가 맞다며 깔깔 웃을 수 있는, 자기만의 보물이 가득 숨겨진 여백이 있는 운동회다. 한 사람 한 사람의 얼굴, 사건 하나하나가 머리에 가슴에 충분히 머물 여유가 허락되어야 한다. 그래야 전력투구부터 쉼까지 그 모든 것이 초록이의 것이 되고 초록이가 된다. 나는 그 운동회 날을 계기로 서로가 연결됨과 동시에 서로의 사이로 숨이 들여유가 있는 작은 학교 공동체를 꿈꾸게 되었다.

대단지 아파트가 새로 들어선 신도시를 제하면, 도심을 벗어날수록 학교가 작아졌다. 우리 지역도 외곽에는 이쪽저쪽으로 면 지역이 있었고, 다행히 경산은 면 단위마다 초등학교가 하나씩은 있었다. 유치부부터 초등까지 다 합쳐도 전교생이 100명이 안 되는 학교는 운동장에 들어설 때부터 시내 학교와 느낌이 달랐다. 우레탄, 인조 잔디 없는 마사토 운동장은 내 어린 시절의 초등학교를 떠오르게 했다. 학교의 역사만큼 오래된 큰 나무들은 특유의 한적하고 여유로운 분위기를 만들었다.

우린 드라이브 삼아 틈나는 대로 인근 작은 초등학교를 찾아다녔다. 해 질 녘 아름드리나무와 노을의 조화가 만드는 시골 초등학교는 한 폭의 그림이었고, 시간을 멈추게 했다. 우리만 있는 운동장은 맨발걷기에도 딱이었다. 발끝부터 내 오감을 열고 한적함을 온몸으로 맞아보면, 텅 빈 줄 알았던 운동장이 인사를 한다. 나뭇가지와 잎사귀들이, 바람이 앞다투어 환영해준다. 정중동이 이 시공간을 다 장악한다. 조용하고 한적한데 힘이 있다. 이 설명하기 힘든 힘을 한 번 맛보고 나니 우리집에 돌아오면 이상했다. 낮에 본 풍경과 밤에 집으로 돌아오며 보는 전경이 너무 달라 괴리감이 느껴졌다. 한적하지만 힘이 있는 그 운동장을 우리의 앞마당으로 삼을 수 없을까.

이사, 쉽게 마음을 정하지 못하는 사이 호두는 커갔고 발걸음에 힘이 생겼다. 걷기 시작했을 뿐인데 내가 아파트에 산다는 것에 죄책감이 들기 시작했다. 나는 이 생명의 신성을 지켜주고 키워주는 보호자가 되고 싶었다. 두 다리로 일어서고 뛰는 모든 성장의 단계마다 가장 기뻐하고 축하하고 응원하는 사람이 될 줄 알았다. 날개를 달아주진 못할망정 방해는 안 할 줄 알았는데 층간소음이라는 죄목을 달고 아이를 등지고 돌아서 불안한 마음을 가까스로 숨기는 엄마가 되어 있었다. 나의 모순을 빨리 해결하고 싶었지만 자연출산 때와 마찬가지로 다수와 다른 선택 앞에 불안한 나를 다시 마주했다.

귀촌. 조금 극단적인 사람들의 선택이라 생각했던, 정확히는 남의 얘긴 줄 알았던 내 관심 밖에 있던 먼 단어가 들어왔다. 번잡함 말고 한적함을 아이에게 주고 싶고, 내가 누리고 싶다는 마음에서 시작된 귀촌의 꿈은 그간 접어두었던 '자연'에 대한 낭만을 깨웠다. 문 만 열면 마실 수 있는 맑은 공기, 맘껏 뛰어놀 수 있는 마당, 매일 흙을 밟고 만지며 직접 가꾸어 먹을 수 있는 텃밭. 교외 전원주택의 꿈이 매일 새롭게 점점 울창하게 피어났다.

그러나 대한민국에서 부동산은 너무 큰 자산 변수였고, 새 터전을 찾기는 쉽지 않았다. 경제적인 문제를 차치하더라도 난관은 많았다. 청정한 자연을 누릴 줄 알았지만 본격적으로 집을 보러 다니니 처음 눈에 들어온 것이 공장과 비닐하우스였다. 공장에서 나온 물건을 쓸 줄만 알았지 이렇게 공장이 많은 줄 몰랐다. 지방 중소 도시 외곽 지역은 한 길 건너 하나씩 공장이었다. 도심으로 유통의 편이와 땅값을 고려한 적정 지역인 것이다. 늘 다녔던 길인데 눈에 띄지 않다가, 내가 그 땅에 들어가 살려고 마음먹으니 눈에 띄었다는 것도 뜨끔했다.

농촌의 누렇게 익은 한적한 황금 들판을 기대했지만 밭은 비닐하우스로 덮여 있었다. 아스팔트를 떠나왔지만 대지는 제조 공장으로,

비닐하우스라는 식물 공장으로 우는 것 같았다. 도심과의 접근성도 놓치고 싶지 않았지만, 이왕 귀촌하는 거 식물 공장도 제조 공장도 없는 청정 마을로 가고 싶었다. 그러려면 더 인구가 적고 도심과 거리가 먼 곳으로 가야 했다.

드디어 지구의 맨살이, 논과 밭의 들판이 나타났다 싶으니 그간 보지 못했던 축사가 있었다. 고기도 좋아하고, 소고기가 유명한 지역이라 각종 맛집을 다녀도 보았지만 10분, 20분 거리에 축사가 있다는 생각은 해보지 않았다. 운영 중인 축사는 냄새를 남겼고, 사람들이 떠난 지 오래되어 흔적만 남은 축사는 마을의 미관을 해쳤다. 문제는 여기가 끝이 아니었다. 고릿한 시골 냄새는 퇴비 냄새라고들 했지만 근처에 음식물 처리장이 있었고, '쓰레기 소각장 추가 설치 반대', '유기견보호센터 반대' 등의 검고 붉은 현수막들은 동네의 몸살을 적나라하게 보여주었다.

생각해보면 한 가구가 매일같이 만들어내는 쓰레기가 얼마인가. 그 많은 시민이 만들어낸 쓰레기가 어디로 가겠는가. 아파트에 살면서 매일같이 내다 버리면서도 내가 쓰고 버린 물건들이 어디로 가는 줄 몰랐는데, 그게 다 여기 와 있었다. 온라인으로 귀농·귀촌 가정의 정보를 검색하던 중, 자연으로의 회귀를 꿈꿨던 곳에서 매일같이 'OO 설립 반대 투쟁'으로, 한 고비 넘으면 또 다른 고비가 찾아온다는 목이 멘 소리가 이제 내 눈과 가슴에 들어온 것이다.

지리산 자락으로 귀농한 자연육아 엄마 보보스(bobos)*가 생각났다. 반달곰을 지키고, 산악열차 반대 시위를 하고 청원 글을 날렸던 게 이거구나. 관광지에서 해상, 산악 케이블카를 타고 사진 찍고 즐길 줄만 알았지 청정 마을을 고향으로 삼고 있는 원주민들의 입장에서 생각하지 못했다는 것을 그제야 알았다. 자기 마을이라 생각하면 참여 의식은 이렇게 달라졌다. 옛 할머니댁의 정취를 가진 마을을 찾으며 시골에 대한 환상을 가지고 귀촌을 부르던 나는 정신이 번쩍 들었다. 이제 와서 물러설 수도 없다. 이런저런 것 다 치우고, 초록이와 호두가 이 너른 운동장의 주인이 되어 뛰놀 수 있다면 그것으로 충분하지 않나. 자기 발로 대문을 나서 걸어 등교하는 뒷모습, 하교와 함께 가방을 벗어 던지고 골목 친구를 만나 놀러 나가는 모습을 그리면서 씁쓸한 가슴을 달래보려 했다.

다 감수할 수 있다, 감수해야 한다 생각했는데 진짜 문제는 따로 있었다. 작은 학교 주변 집을 알아볼 겸 주말이면 나들이를 갔는데, 최소한 그 학교 근처에서는 아이들이 우르르 왁자지껄하리라 생각했다. 도심의 놀이터와 운동장은 아이들의 바쁜 학원 스케줄로 비었다고 하지만, 이곳 운동장은 다르리라 기대한 것이다. 한적함에 매

---

* 경남 하동으로 귀촌한 세 아이 엄마다. 평화를 가진 채 지리산 산악열차 반대 1인 시위를 꾸준히 하는 용기도 인상적이었는데 지역 사회에 대한 관심과 애정으로 지금은 지역 신문《오! 하동》을 만드는 일에 참여하고 있다. 하동에 살면서 하동의 일은 모르면서 서울에 일어난 일에는 훤한 것에 대한 문제 인식이 출발이었다고 한다. 나도 내가 선 이 마을을 더 살뜰히 보아야겠다는 다짐을 한다.

료된 운동장이었지만 갈 때마다 이상하리만치 조용했다.

시골 동네에는 아이들이 없었다. 어쩌다 아이를 마주쳐 반가운 마음에 물어보면 열이면 열 할머니댁에 놀러왔다고 했다. 딱 한 번 그 동네에 살지는 않았지만 그 학교를 다니는 아이를 만난 적이 있는데 처음으로 우리에게 먼저 인사를 건네는 부모를 만난 날이었다. 나는 그때쯤 이미 차를 타고 부모와 함께 말쑥하게 차려입고 온 아이들은 그 동네 아이들이 아님을 눈치챘기 때문에 먼저 인사를 건넬 이유도 의지도 다 잃은 상태였다. 그분은 시내에 살면서 아이들을 이 학교에 보내고 있는데 아주 만족하고 있다며 우리는 어디 사는지 묻고, 우리 동네에서도 오는 아이가 있다는 등의 정보를 주었다.

실정을 제대로 알아보아야겠다 싶어 마음에 둔 학교 병설유치원에 연락하고 상담 약속을 잡았다. 한 해 동안 이루어지는 유치원 교육 활동 프로그램 자체는 초록이가 다니는 시내 유치원과 대동소이했다. 다만 인원수의 차이에서 바쁘게 지나가는 견학이냐, 한 명씩 조금 더 머무르는 집중된 경험을 할 수 있느냐가 다르다면 다른 것이었다. 또 시내에서 꽃꽂이나 작은 화분 가꾸기로 자연을 맛보기로 체험했다면, 이곳은 학교 정원이나 텃밭 등 진짜 흙을 만지고 자연에 더 가까운 환경이었다.

동네에 아이들이 얼마나 있는지 재원 아이들의 실정을 물어보고 나서야 심히 조용한 학교를 이해할 수 있었다. 시골 학교에는 학교 근처 걸어 다닐만한 곳에 사는 아이가 거의 없었다. 면 단위에서는 면사무소나 초등학교가 있는 '번화가'보다는 통학버스가 2~30분씩 돌아야 하는 마을 굽이굽이 돌아 진짜 시골에 드문드문 마을을 지키는 몇 가정이 있었다. 그렇다고 해도 면 소재 학령인구는 전교생의 50% 안팎이었고, 폐교 위기에 처한 학교에 자유학구제*를 도입함으로써 인근 시내 아이들로 부족한 학생수를 충원하고 있었다. 그나마도 유치부에서 초등학교 저학년에 해당하는 이야기다. 초등학교 3학년부터는 다시 시내 큰 학교로 빠지면서 고학년이 되면 학생수가 급격히 줄었다.

더 좋은 것을 가질 수 있겠다는 설렘으로 시작한 새 터전 찾기는 의도적으로 또 무의식적으로 외면했던 우리 사회의 불편한 진실을 하나씩 마주하면서 더없이 불편한 시간이 되었다. 글로만 배운 지나친 이농으로 인한 도농 간의 격차, 지방 소도시 시골 지역의 고령화, 초등학생부터 시작된 학력 경쟁까지. 한때는 우리 사회의 정점이었을 공간이 쓸모가 다하고 빛바랜 시골에는 노인들만 남아 한적함을 넘어 적막함이 감돌았다.

시골 나들이를 다녀온 날이면 우리 사회의 빛과 그림자를 아침저녁으로 확인하면서 그렇게 쓸쓸할 수 없었다. 머리가 지끈한 날들이 이어졌다. 이사를 마음먹자 쓰레기 소각장도, 공장도, 적막한 동네도 남 일이 아닌 내 일이 되었다. 이 많은 쓰레기가 어디로 가는지

* 작은 학교 학구를 큰 학교 학구까지 확대·지정하되 큰 학교에서 작은 학교로만 전입이 가능한 한 방향 학구제

생각지 않고 살 수 있던 한 달 전이 그리울 지경이었다. 그러면서도 지금까지 이 시골의 가치를 알고 마을의 구석구석을 지키는 사람들이 있다는 사실이 나를 절망으로만 남지는 않게 해주었다.

이러지도 저러지도 못하고 마음만 복잡하던 중 공동체 주택을 접하게 되었다. 도심에 직장이 있고, 생활권을 두고 있는 사람들은 조합원을 결성해 공동체 주택을 지어 마당, 텃밭, 층간소음, 땅값 문제를 한번에 해결하기도 했다. '소행주', '산뜰' 등 몇 사람들로 시작한 이상은 물리적·정서적인 유대가 있는 현실의 마을을 구현해냈다. 30년 전에 몇 가구로 시작한 성미산은 이제 1000가구에 달하는 마을이 되었고, 먼 얘기인 줄만 알았으나 부산, 대구 등 알아볼수록 가까운 곳에도 공동체 주택이 있었다. 마음 맞는 사람들의 절실한 노력이 지금의 도심 문화 속에서도 마을 교육 공동체를 만들었다.

좀 더 의미 있게 이웃과 소통하고 관계 맺는 것의 중요성을 내가 사는 바로 이 자리에서 시작할 수 있음을 이제 막 알게 되었다. 가정을 넘어 아이를 키울 수 있는 마을을 막 꿈꾸기 시작한 내게 책《공동체 주택이 답이다》는 한 장 한 장이 설렘이었다. 책을 읽고 지역 공동체 주택 모임을 몇 차례 함께 했다. 모임의 주최 가정은 지금의 우리처럼 아이들이 어릴 때 공동 육아를 꿈꾸며 시작했다. 어느새 세 아이가 청소년이 되었지만 저소득층 아이들을 위한 교육 기회 제공 등 공동 커뮤니티 공간 활용을 두고 마을이 함께 키우는 마을 교육 공동체의 비전을 가지고 있었다.

여러 가지 매력에도 불구하고 우리 부부는 도심에 생활권을 두고 있지 않았고, 무엇보다 학교와 가정 모든 생활에서 '여백'을 갖기를 원했다. 아쉽게도 몇 차례의 미팅을 끝으로 공동체 주택 고민은 접었지만, 그분들과의 만남을 계기로 학군, 부동산으로서의 집을 넘어 집이 갖는 정서적 가치에 대해 깊이 생각해볼 수 있었다. 우리에게 집은 어떤 의미일까, 나는 어떤 집에 살고 싶나. 서로가 꿈꾸는 집과 삶에 대한 대화가 매일 이어졌다.

고향

신랑과 나는 집과 고향에 대한 개념에서 확연히 다른 몇 가지가 있었다. 영덕에서 태어나 포항에서 학창 시절을 보냈고 고등학교 때부터 기숙 생활을 했던 내게 대학 진학은 물론 어른이 되면 부모님과 헤어져 사는 것은 당연했다. 실제로 이후 대학, 사회생활, 결혼까지 별 제한을 두지 않고 연이 닿는 대로 지역을 오갔다. 반면 태어난 후로 서른이 넘도록 부모님과 한집에서 산 신랑은 연로한 부모님 곁을 떠나는 것을 경계했고, 대학을 졸업하고 사회생활을 시작하고서도 경산 자인 본가를 떠날 생각이 없었다.

우리에게 고향이 어떤 의미일까를 이야기하다 발견한 한 가지 사실은 고향이 어디냐는 물음에 신랑은 당시 부모님이 살고 계셨고 자신이 결혼 전까지 살았던 본가를, 나는 영덕 창수의 할머니댁을 떠올린다는 것이었다. 신랑에게 자인은 자연스러운 고향이었지만,

나의 고향으로 창수를 떠올린다는 것은 내가 생각해도 이상했다. 엄밀히 말하면 창수는 부모님의 고향이고 6·25 피난 후 할아버지의 정착지이지 나의 고향은 아니다. 해봐야 어린 시절 방학 한 달씩, 커서는 명절에나 들르는 곳일 뿐이었다. 그런데 왜 나는 창수를 고향처럼 생각할까. 실제로 심란한 밤의 꿈이나 태몽까지 창수를 배경으로 한다는 것을 깨달았다.

고향이라는 단어는 거주한 시간이라는 물리적 개념을 넘어선다. 말 그대로 '꿈에 그리는 고향'이다. 고향은 내가 어디에서 왔는지, 나의 근원을 찾을 때, 나에게 소속감과 안정감을 주면서 나를 품어주는 곳이다. 아주 어릴 때부터 해외에 입양되어 좋은 환경에서 자랐지만 혈육을 만나기 위해 다시 한국을 찾는 사람들을 보면 우리가 뿌리를 찾는 것은 정체성 확립의 시작이라는 생각이 든다. 나의 몸이 눈에 보이지도 않는 점보다도 작은 유전자에서 시작되어 이만큼 컸다는 것을 생각하면, 그 유전자의 출처나 전수 과정이 신기해서 상상에 빠져들곤 한다. 우리의 무의식은 강하게 뿌리를 찾고, 그 뿌리를 단단히 붙잡고서야 안심하고 살아갈 힘을 얻는다. 말 그대로 뿌리는 생명이 살아가도록 지탱하는 근원이니, 그 뿌리가 튼튼히 내려야 하기 때문이 아닐까.

나의 뿌리를 추적하면 할머니댁이 떠오른다. 할머니댁은 내가 기억하는 처음부터 그곳이었고 지금도 그곳이다. '고향'은 시간적으로 변함없는 물리적 공간이 기본이다. 고등학교를 막 졸업하고 대학에서 만난 사람이 고향이 어디냐고 물으면 영덕에서 태어났지만 포항이 내 마음의 고향이라고 했고, 첫 직장으로 다시 포항에 돌아갔을 때도 마찬가지였다. 그런데 서른이 지난 지금은 영덕이라고 말한다. 내가 살았던 포항의 그 아파트는 학창 시절을 다 지낸 아파트이긴 하지만 우리를 보내고도 몇 집을 더 떠나보냈을 그 아파트엔 더 이상 우리 가족의 흔적이 없다. 추억마저 해가 갈수록 흐려져 할머니댁은 여전히 나의 할머니댁이지만, 그 아파트는 더 이상 나의 아파트가 아니다. 벌써 이사 갈 생각을 하고 있는 것을 보면, 우리가 사는(살았던) 이 아파트도 나의 포항 아파트처럼 초록이에게 결국 잊혀질 것이라는 생각이 들었다.

신랑과 나는 고향에 대한 애착도 달랐다. 나의 고향 할머니댁은 정말 지치고 피로할 때 내 무의식이 먼저 찾는, 그래서 꿈으로 확인하는 고향이었다. 누가 물을 때에야 의식적으로 찾으면 생각해내는 곳이지 나의 의식이 먼저 할머니댁을 떠올릴 일은 거의 없었다. 내가 살았던 아파트는 유년 시절을 다 보내고도 까마득히 잊혔다. 반면 신랑은 운전 중에 지나가는 버스를 봐도 "이 버스를 타면 우리집을 지나 어디까지 연결되어 있어.", "우리 아파트 발코니는 자인을 향하고 있어서 기분이 좋아." 몸도 마음도 항상 고향 가까이에 있었다.

그 이유에는 함께한 시간이 있다. 단, 몸과 마음이 누군가와 무엇과 연결된 시간이다. 학창 시절 내가 살았던 아파트 동네에서 실제로 내가 발로 밟고 다닌 땅이 얼마나 될까. 도시 아파트 속 수많은 사람과 복잡한 상가 사이에서 나와 연결된 것은 무엇이었을까. 신랑은 집과 성당을 둘러싼 작은 시골 마을이 모두 앞마당이었다. 반경 1km 내에 안 밟고 다닌 땅이 없을 것이고, 마주치는 웬만한 동네 어른들도 다 안다. 한적한 시골에서 무엇이 그의 것이었을까 보다는 무엇이 그의 것이 아니었을지 묻는 것이 오히려 자연스럽겠다.

내가 우리 친척 대소가가 다 모여 있는 할머니댁 마을을 기억하는 것과 신랑이 비록 마당도 텃밭도 없는 읍내 번화가 상가 주택일지언정 자신의 고향집을 떠올리는 정서는 닮아 있었다. 그것을 보면 고향집이라고 꼭 시골의 마당 있는 집이어야 하는 것은 아니다. 하지만 커서도 언제든 떠올리면 마음이 따뜻해지는 집, 세상 풍파에 지쳐 갈 곳 잃은 때 그 자리를 지키고 있어 돌아갈 수 있는 그런 마음의 고향집을 아이들에게 주고 싶다는 데 우리 부부는 동의했다.

젊은이들이 떠나 휑하게 느껴질 법도 한 시골 고향을 가까이 둔 삶에 외려 감사해하고, 자식들에게 그 고향을 더 가까이 보여주려 하며, 자신도 수시로 음미하는 신랑이 일면 부럽기도 했다. 가끔은 저렇게 고향에 대한 애착이 크니 고향 땅이 그를 따뜻하고 힘 있는 사람으로 지켜주는 게 아닐까 싶기도 했다. 그런 고향의 힘, 땅의 힘을 초록이에게 주고 싶었다. 그것은 당시 명확히 설명할 수는 없었지만 아파트는 될 수 없다는 결론에 이르게 했다. 현관문을 열면 땅이 있고, 언제든 들고 날 수 있는 여백을 끼고 있어야 했다.

언젠가 떠날 집이 아닌 영원한 내 터전을 잡으면, 그 땅 위 삶은 주인 의식이 남다를 것이다. 그것은 이웃에 대한 태도도 달리 할 것이다. 이웃 하나하나가 내 삶의 동행자라면, 애정을 기반으로 한 공동체가 될 것이다. 이런 마을에서는 교사만이 가르치는 사람이 아니라 아이가 만나는 모든 이웃이 아이의 선생님이 되고, 마을 전체가 교육 공동체가 된다.

초록이를 키우면서 교육 환경에 욕심이 많이 났다. 발도르프 학교나 마을 교육 공동체 소식을 접하면 이사 가고 싶은 마음도 들었다. 실행하지 못한 것은 경제력을 포함한 이사의 어려움도 있었지만 그보다는 내 자리를 탓하며 남의 자리를 부러워하는 것을 더 이상 하고 싶지 않았기 때문이 크다. 여기가 마음에 안 든다는 이유로 도피를 선택해서는 같은 이유로 그곳에서도 행복할 수 없을 것이다. 내 자리의 주인은 나다. 꽃 자리에 선 사람이 아니라 내가 있는 자리를 꽃 자리로 만드는 사람이 되고 싶었다. 그 자리가 어느 자리건 내가 선 모든 자리가 꽃 자리인 줄 아는, 감사심 있는 사람이 되고 싶었다. 내가 그런 사람이 되어야 초록이도 그런 사람이 될 수 있을 것 같았기 때문이다. 그런데 이제 여기가 부족해서 피하려는 게 아니라, 그곳이 좋은 이유가 생겼다. 그곳에서만 줄 수 있는 것을 꼭 갖고 싶었다.

초록이가 커서도 언제든 돌아갈 수 있는 고향집, 그렇게 오래 머무를 우리의 터전을 갖고 싶었지만 최적의 집을 고르다가는 영영 이사를 못 할 것 같았다. 새 도로가 어디를 가로지르는지, 무엇이 들어서는지 등 10년도 안 되는 사이 동네가 변한 모습을 알아 가다보니 앞으로 10년, 20년 후를 가늠하기는 내 능력 밖임을 인정해야 했다. 그때는 또 그때 필요한 다른 좋은 것이 주어질 것이다. 내 몫을 넘어선 먼 걱정은 덜어내고, 지금 원하는 것에 집중하기로 했다. 반 년간의 지난한 탐색 끝에 우연히 시골 작은 학교 옆, 마당이 넓은 주택을 찾을 수 있었다. 일단 살아보고 2년, 4년 후는 그때 생각하기로 했다. 그렇게 우리는 시내에서 가장 멀리 떨어진 면 단위로 기약 없는 귀촌을 했다.

몇 년 전 아파트 라인 밴드를 만들었을 때처럼, 나는 지금 이 집에서 마을 교육 공동체를 다시 꿈꾼다. 동네에서 말은 안 했지만, 나는 우리집을 둘러싼 일곱 집이, 일곱 집을 둘러싼 마을 전체가 초록이와 호두를 함께 키우는 마을 공동체라고 생각한다.

실제로 두 돌 무렵 말문이 트이기도 전 이 마을에 온 호두는 이사 온 지 한 달이 안 되어 주변 집 탐색을 끝내고 동네 문안 인사를 드리며 사탕을 득하는 사랑꾼이 되었다. 네 살이 되자 스스로 이웃집 문을 두드리고 들어가 간식도 얻고 밥도 먹고 제 발로 놀러 다니기 시작했다. 더러는 티비를 보며 눌러앉기도 했다. 데리러 가도 한참을 구슬려야 일어서는 능청꾼이 되었다. 다섯 살인 지금은 평소 간식을 잘 챙겨주는 아저씨에게 커피 마시러 오라며 초대도 하고, 반찬을 잘 나누어주시는 아주머니에게 수확한 양파가 많다며 나누어 먹자고 보답도 한다.

이웃들은 트럭이든 뭐든 차가 들어설 때마다 우리 아이들이 보이면 너도나도 자동차 주의 안전교육을 했고, 아이들은 자동차가 보이면 골목길 가장자리에 붙어 멈추었다. 석류, 살구, 오디 등 집마다 다른 과실은 계절마다 우리에게 오는 선물이 되었다. 무엇보다 우리 부부가 늦잠을 자든 아프든 기꺼이 우리 아이들에게 밥 한 끼 챙겨줄 수 있는 이웃 어른이 있어 감사하다.

자연에서 똑똑한 아이로 키우기

부모라면 누구나 아이를 잘 키우고 싶고 이왕이면 똑똑하게 키우고 싶다. 나 역시 교육 환경에 관심이 많다. 아이들을 좀 더 자연 친화적으로 키우고 싶어 귀촌했다고 하면 사람들이 놀란다. 우리는 세속적 욕망을 버린 선인도 아니고, 학력을 포기한 것도 아니다.

도심에서 영어유치원을 보내는 부모나, 학군으로 이사를 하면서까지 공부 환경을 만들어주려는 부모나 우리는 아이를 똑똑하게 키우겠다는 욕망 안에 닮았다. 똑똑한 아이로 키우겠다는 의지가 강해서 오히려 시골로 이사를 감행했다고도 할 수 있다. 다만 어떤 아이를 똑똑하다고 생각하는지, 어떻게 하면 똑똑한 아이로 키울 수 있는지에 대한 이해가 다른 것이다.

아이를 똑똑하게 키우기 위한 많은 육아서가 있었지만 내 기억에 남은 것이 있다. 4~7세 무렵 아이들의 경우 폭발적인 에너지를 발산해서 한글, 한자, 영어 등을 놀라운 속도로 익히기도 하는데, 이때 부모가 '우리 아이가 천재가 아닐까?' 공부에 재능이 있다고 착각해 특정 영역의 교육에 집중하는 경우가 종종 있다고 한다. 이 심신의 총체적 성장기에는 전반적인 고른 성장에 집중해야 커서 각 기관이 제 기능을 본격적으로 발휘할 수 있다. 집짓기에 비유하면, 땅 다지고 초석 올리고 기둥 쌓고 있을 시기에 2층 다락방 벽지 무늬나 커튼 색깔 고르기와 같은 내부 인테리어를 하면 사상누각이 되는 것과 같다는 것이다.

머리(지능), 가슴(감성), 배(신체)가 골고루 발달되어야 하는데 머리가 똑똑한 것을 너무 인정하는 우리 사회 분위기는 유아동 시기부터 머리의 발달을 요구하고 있다. 나 또한 우리 아이든 학교의 학생이든 영특함을 볼 때 무조건반사처럼 반갑고 기쁜 반응이 즉각 일어나는 게 사실이다. 내가 사회화된 방식, 머리의 발달을 최상으로 치는 것을 아이에게 전수하지 않도록 항상 의식하려고 했다. 그래서 문자 교육은 이르지 않게, 가능한 한 늦게 시키고 싶었다. 아이들은 어릴 때부터 어린이집을 갔기 때문에 내가 아니어도 저절로 그 이상이 이루어졌고, 때문에 나는 가슴과 배의 발달을 더 신경 써서 전체의 균형을 맞추려고 했다.

어떻게 똑똑하게 키울 것인가에 대해 우리 부부의 양육 기본 방침은 자기주도적으로 놀게 함으로써 스스로 생각하고 방법을 궁구하게 하고, 몰입해서 무언가를 할 때는 방해하지 않아 집중력을 높여주는 것으로 삼았다. 아이의 눈에 띄어 흥미를 끄는 것, 그래서 손을 뻗고 탐색하면 위험한 것이 아니고서는 대부분 허용하고 응원했다.

처음에는 우리도 집에 있는 서랍, 싱크대 문 등에 잠금장치를 달았었다. 얼마 지나지 않아 아이가 가는 길을 다 제지하는 것이 너무 불편해졌고 집에서부터 막히면 언제 세상을 탐색하나 싶었다. 우리는 잠금장치를 떼고 옷장, 거실장, 싱크대, 책상 서랍 등 아이가 기고 서고 열 수 있는 모든 수납장을 열고 꺼내며 놀도록 했다. 대신 위험하거나 망가지면 안 되는 것들은 미리 손이 닿지 않는 곳으로 옮겼다. 집중해서 서랍 속 물건을 꼼꼼히 살피고 있을 때는 오히려 우리가 방해되지 않게 조용히 자리를 비켜주기도 했다. 신발장에 기어가 신발을 가지고 거실로 들여와도, 베란다에 나가서 호스로 마른빨래를 적셔도 우리가 나중에 치우면 되는 단순 어지러움이 문제되는 일이라면 막지 않고 충분히 놀 수 있도록 두었다. 궁금한 것을 손으로 직접 해결해보아야 더 궁금한 것이 생기고, 직접 해결할 의지가 생긴다고 믿었다. 그래서 간혹 안전에 문제가 되거나, 우리집이 아닌 곳에서 "안 돼."를 말해야 하는 순간에 힘을 실었다. 여러 가지 재량권을 주어야 꼭 통제가 필요한 순간에 쓸 수 있다.

집 밖을 나갈 때 장난감을 챙겨 다니지 않았는데 새로운 공간에서는 새로운 만남으로 놀길, 주어진 어떤 것이라도 상상력을 발휘해 탐색하길 바랐기 때문이다. 솔밭에서는 놀이터와는 다른 흙과 벌레를 보고 솔밭의 자갈, 솔방울, 솔가지로 놀 방법을 찾을 수 있어야 한다. 놀이의 대상을 플라스틱 장난감이나 목적이 정해진 교구로 한정하지 않고 우리집 모든 사물, 자연 전체로 삼길 바랐다. 아이가 어떻게 장난감에 만족할까. 나는 더 스케일 큰 아이로 키우고 싶었다. 넓은 운동장, 마당, 산과 들 자연을 다 내주고도 더 큰 세상 전체를 주고 싶었다.

심심한 시간, 멍하니 천장을 보면서 쉬는 시간, 자기가 할 일을 창조적으로 개발할 시간을 주는 것도 중요하게 생각했다. 궁리하는 시간이 곧 두뇌가 살아 활동하는 시간이라고 생각했다. 아무것도 안 하는 것도, 가만히 땅에 앉기만 해도 좋았다. 아이만의 그라운딩을 응원했다.

나는 똑똑한 아이로 키우고 싶은 것이지 시험을 잘 치고 성적을 잘 받는 아이로 키우고 싶은 것은 아니다. 똑똑해서 공부도 잘하고 시험도 잘 쳐서 성적도 잘 받는다면 그것은 그것대로 반가운 일이다. 그렇지만 성적을 잘 받는다고 해서 똑똑하다고 할 수는 없다. 내게 똑똑하다는 것은 자신과 세상이 어떻게 교류하고 있는지 의식할 수 있는 지성이다. 우리 사회의 많은 사람, 특히 머리가 발달해 사회적으로 전문성을 갖고 안정적인 지위에서 인정받는 사람들일수록 더욱 정작 자신이 무얼 원하는지 모른 채 '세상이 원하는 대로' 살았다고 뒤늦은 고백을 한다. 나는 우리 아이가 세상이 원하는 껍데기를 이고 제 삶을 살지 못하는 것을 원치 않는다. 자신이 원하는 것이 무엇인지 알아야 세상에 휩쓸리지 않고 세상을 탈 수 있다.

자기 삶을 살려면 자신이 어떤 사람인지를 알아야 한다. 그 첫째는 자기 몸의 감각을 깨우는 것이고 둘째는 가슴, 자기 몸과 마음을 연결하고 그런 자신을 타인과 세상에 연결하는 것이다. 그 바탕 위에 머리가 발달해야 이 모든 것을 통합적으로 이해하고 판단할 수 있는 사고의 힘이 생긴다. 그런 의식 수준을 위해 오감을 깨우고 우리의 잃어버린 본성을 되찾는 것, 머리, 가슴, 배의 무너진 균형을 잡아 주는 것이 이 시대의 부모로서 나의 과제라고 생각했다.

나는 그 방편을 자연 가까이에서 찾기로 했다. 내가 누구인지는 나에게 물어야 한다. 복잡한 세상에서 나의 목소리를 듣기 위해서는 내 목소리가 들릴 공간이 필요하다. 세상이 조용해야 하고, 내 안의 소란이 사그라들어야 한다. 내 목소리가 피어날 공간이 있어야 진짜 내가 나타날 것이다. 나의 본능은 자연에 답이 있다고 했다. 자연에서 놀고, 쉬고 머물다 보면 닮을 것 같았다. 그런데 놀다 보니 자연이 우리는 이미 온전한 존재였다고 말해주었다. 자연은 밖에서 소모되어 돌아온 우리를 끊임없이 가득 채워주었다. 이 땅에 두 발로 깊이 뿌리박고 바로 서서 그 힘으로 온 세상에서 편안하고 자유롭게 춤추는 똑똑한 사람이 되길 바란다.

우리집 시골 풍경

인연

귀촌 전 시아버지의 고향이 이 지역이라는 것은 알았지만 정확히는 몰랐다. 시아버지가 돌아가시고 서류를 정리하는 중에 출생신고된 주소가 눈에 띄었다. 우리집에서 직선거리로 100m가 안 될 법한 곳이었다. 가족 산책 길에 둘러보기로 했다. 새 주소로 바뀐 것을 보면서 이쯤이려니 추정하는데 감나무가 눈에 띄었다. 신랑은 어릴

작은 학교를 찾아서

대도시 중심을 벗어난 읍면지역 학교

학교 홈페이지를 방문하면 전교생수, 학년당 학급수·학생수(시골 작은 학교는 보통 한 학년이 한 학급) 등 학교 규모를 포함해 학교 특색 사업을 알 수 있다. 요즘 초등학교의 경우 많은 곳에서 1인 1 악기를 시행하지만 작은 학교로 가면 1인 2~3악기, 전교생이 오케스트라 단원, 승마, 골프, 서핑까지 교과 외 예체능 활동에 중점을 둔 곳이 많고 이런 것들은 대도시에서도 접하기 어려운 것들이다. 교육격차 문제를 말할 때 시골 작은 학교를 떠올리기 쉽지만, 부모의 경제력과 사회적 지위에 따른 사교육 격차를 제외하면 오히려 지금은 중소도시 도심의 과밀 학급 교육 환경이 가장 열악하다고 보는 것이 교사들 사이에서 일반적인 평이다.

자유학구제나 학교 스쿨버스 운행에 따라 이사를 하지 않고 도심에서 외곽 지역 작은 학교로 다닐 수 있다. 동네로 거주지를 옮기려면 자주 찾아다니면서 마음에 드는 동네를 찾고 분위기를 익히는 것이 먼저다. 귀농·귀촌 선배들은 임대 주택으로 시작할 것을 권한다. 살아보면 도심으로 돌아가고 싶을 수도 있는데 시골 주택은 사고팔기가 쉽지 않아서다. 직접 살아봐야 동네 실정을 알고 진짜 살고 싶은 땅이나 집을 찾게 될 수 있는 이유도 있다. 시골에는 빈집이 많지만 매물은 많지 않다. 어르신 떠난 집 자녀들이 은퇴 후 돌아올 생각이 있고, 마을 토박이들은 외지인을 경계하기도 한다. 지역 신문을 이용하면 부동산 정보를 얻을 수 있다.

농촌 유학

코로나를 계기로 자연친화적 생태교육으로의 전환으로 시골 유학이 떠오르고 있다. 우리 지역은 그나마 전교생이 몇 십 명이라도 되고 다양한 교육 활동 홍보로 시내 학생들을 끌어들여 올 수 있어 나은 편이나 도서 산간 지역 유초등 전교생이 10~20명인 곳은 해마다 폐교의 위기를 넘느라 곤혹을 치른다. 아이들에게 살아 있는 자연이라는 교육의 장을 돌려주기 위해 오랜 시간 고민했던 사람들은 농촌유학센터를 만들고 시골 학교로의 유입으로 자연에서 모든 존재가 함께 살아가는 교육을 만들고 있다. 가족 체류(귀농·귀촌), 농가 홈스테이, 센터 중점 등의 형태로 농촌 유학이 가능하다. 작은 학교를 살리기 위해 시작된 농산어촌 유학은 생활 인구는 물론 지자체·마을과 연계해 주택과 일자리를 제공하는 방식으로 정주 인구의 유입을 도모하고 있다. 작은 학교는 자연환경은 물론 작은 규모가 갖는 강점이 있어 전남의 경우 서울과 MOU를 체결하여 농촌 유학을 확장했다. 아직은 교육보다 (귀농인 유입이 시급한) 농림축산식품부의 관심이 더 커 보이고 타지역보다 전남(인구 소멸 위기)과 서울(인구 과밀) 교육청의 관심이 높아 보인다. 교육부와 전국 각 시·도교육청은 대단위 예산이 오가고 일했다고 내세우기 좋은, 그러면서도 다수를 향해 있는 문명의 교육 사업에 비하면 깊이 고민하고 여러 곳과 협력해야 해 번거로우면서도 당장은 소수를 위한 다소 비효율적으로 보이는 이런 사업에 주목해야 한다. 이런 작은 학교가 사장되어가는 시골 마을의 문화 허브가 되고, 교육 이상을 실현할 수 있는 마을 공동체의 구심점이 될 수 있다. 공교육의 정상화뿐 아니라 우리 사회 전체가 균형 있는 공동체로 거듭나기 위해 꼭 필요한 지점임을 시민사회 전체가 주목하길 기대한다.

때부터 아버지가 감나무에 올랐다 떨어져 다친 상처가 있다는 것, 당신 댁에는 감나무가 세 그루 있어서 다른 집보다 배를 덜 곯았다는 이야기를 자주 들었다고 했다. 초록이와 호두에게 이 집에서 할아버지가 태어나셨다고 이야기를 하는데 집을 둘러싸고 있는 감나무 세 그루를 보는 감회가 새로웠다.

이곳으로 이사 오기 한 달 전 시아버지께서 선종하셨다. 몇 달에 걸친 고민의 끝에 주말이 지나면 날 밝는 대로 계약하기로 최종 결정한 상태였는데 그 주말에 돌아가신 것이다. 그곳으로 이사를 하려고 마음먹기까지 갈등도 많았고 용기도 필요했는데, 결국 장례로 연기되면서 시간을 갖고 다시 고민하기로 했다. 이사는 쉽지 않았다. 내가 나섰을 땐 신랑이 한발 물러선 것 같았는데 내가 지쳐 물러서려 하자 신랑이 다시 용기를 내었다. 우연히 지금 있는 동네에 빈집을 발견했는데, 그간 너무 외진 곳이라고 제쳐두었던 곳이었다. 오랜 고민 끝에 지친 덕분인지 이번에는 '뭐 어때' 가볍게 선택지에 올렸다. 그리고 한 달 만에 우리는 이곳으로 왔고, 다시 한 달 후에 이 동네가 시어른의 고향이었다는 것을 알았다.

2년이 지나, 초록이의 초등학교 입학을 하루 앞두고 온 가족이 산책을 나섰다. 초등학교 운동장 한가운데 있는 나무를 둘러싸고 가족이 손을 맞잡았다. 초록이 할아버지가 입학했던 초등학교에 초록이가 다시 입학하게 되었다. 이 나무에 가만 손을 얹으니 초등학생이었던 할아버지와 연결되는 것 같았다. 사람은 육체로만 사는 것은 아님이 분명하다. 우리 마음속에 시어른이 다녀간 것 같았다. 나무에게 그때 할아버지를 맞아주었던 것처럼, 우리 초록이를 환대해 주길 부탁했다. 그때 할아버지를 지켜주었던 것처럼, 이 넓은 운동 장에서 초록이가 안전하게 한껏 뛰어놀 수 있도록 지켜달라고 나 무에게, 모래에게, 담장에게 그 자리를 지켜온 모두에게 감사와 부 탁을 전했다.

좌절

이사할 집을 찾을 때 첫 번째 조건은 '초등학교 입학을 앞둔 초록 이가 혼자 걸어서 등교할 수 있는가'였다. 아이의 신성이 가려지지 않게 키우는 데는 그의 능력을 믿고 기회를 주는 것이 필요하다. 나 는 8세에 1km 떨어진 초등학교에 혼자 등교했다. 아무리 자동차가 많아지고 세월이 변했다고 해도 8세의 인지 능력은 주위를 살피고 1km 왕복은 할 수 있다는 것을 증명하는 셈이다. 그래서 도심에서 5 세에 병설유치원에 처음 입학했을 때도 기회가 닿을 때마다 집에서 학교까지 같이 걸어 오가길 자주 했다. 3년을 그렇게 다니면 8세에 는 충분히 혼자 다닐 수 있을 것이라 생각했다.

이사를 와서 처음 몇 달간 매일같이 초록이는 킥보드, 호두는 세 발자전거를 타고 온 가족이 동네 산책을 했다. 이쪽저쪽으로 다니며 앞으로 가게 될 초등학교, 또 앞으로 엄마 심부름을 하게 될 마트까 지 동네 탐색을 꾸준히 했다. 여기에서 길을 건널 때는 서서 주변을 살펴야 한다든가 어려움이 생기면 여기를 찾아가라든가 하고 알려 주었다. 마침 초등학교 주변으로 주민센터, 은행, 파출소 등이 다 모여 있어서 저축, 택배, 전입 신고 등 마을 사회 학습에도 그만이었다.

초록이 7세, 동네를 빠삭히 익혔다. 신랑은 이제 600m 떨어진 마트에 동생 손을 잡고 과자를 사 먹으러 다녀올 기회를 주자고 했다. 가고 오는 길과 이럴 땐 이렇게, 메모장까지 준비해서 떨리는 마음으로 보냈더니 신나서 금세 다녀왔다. 하루는 잘 다녀오는지 뒤를 따라가 보겠다고 했더니, 신랑은 초록이가 자기를 그렇게 믿지 못하는 것을 싫어한다고 만류했다. 그래도 어떻게 다녀오는지 한 번은 봐야 한다며 들키지 않게 조심하겠다고 약속하고 뒤따라 나섰다. 신이나 집을 뛰어나가는 형제에게 서로 손을 꼭 잡고 다니라 신신당부했는데, 집 떠날 땐 두 몸이었던 아이들이 우리집 시야 밖에서는 고사리 같은 두 손을 얼마나 꼭 잡고 있던지 멀리서도 두 아이의 긴장과 용기와 모험이 전해져와 뭉클했다. 하지만 한적한 시골길에 엄마 차를 들키지 않을 방법이 없었다. 주위를 두리번거리던 호두는 형에게 엄마 차를 알렸고, 형은 쑥스러운 듯이 동생 손을 잡고 있다 머리를 긁적였다. 엄마 어디 가냐고 소리치는 아들에게 어디 간다고 하고는 옆에 차를 세우고 돌아오길 기다렸다. 마트를 돌아서 나온 아이들은 여전히 손을 꼭 잡고 가고 있었고, 이미 다 들켰겠다, 태워줄까 물으니 둘 다 됐다고 엄마 먼저 가라고 집에서 보자고 했다. 다 컸다.

그렇게 과자 쇼핑 자립을 맛본 아이들은 점점 익숙해져 다음 과제가 필요한 시점이 왔다. 아이들에게 빈 병을 팔아 간식을 구하도록 했다. 장했다. 그것마저 해내자 아이들의 성장도 놀라웠지만, 우리 마을을 믿고 아이를 보낼 수 있음에, 지금 같은 시대에 기꺼이 낸 나의 용기에 모든 것이 감사했다. 지역사회와 함께하는 마을 교육 공동체의 꿈에 한발 가까워진 듯 고무되었다. 그러다 사달이 났다.

아이들이 신나게 나간 지 얼마 되지 않아 초록이가 집에 뛰어왔다. "엄마, 호두가 마트에서 쉬 쌌어." 이어 마트 총각 손에 쫄쫄 따라오는 호두가 보였다. 총각 얼굴에 화가 있다. 아차, 심부름이 익숙해져 내 핸드폰 번호 메모를 챙겨주지 않은 것을 후회하면서 '주인 아주머니가 연락처를 아실 텐데 전화주셨으면' 하는 마음이 들었다. 화를 삼킨 총각이 한마디 했다.

"제가 오늘은 정말 화가 나서 여기까지 왔습니다. 아직 애들끼리만 이렇게 올 나이가 아닌 것 같은데 이건 좀 아니지 않습니까."

매장에 실례했으니 당연히 죄송한 마음이 들었지만, 우리 부부는 총각이 크게 화난 것에 대해 이게 무슨 상황인가 한참 생각해야 했다. 그때 이웃 어르신들이 우리가 아이 키우는 방식을 두고 했던 말들이 떠올랐다. 그분들에겐 우리 또래 자녀가 있었고, 초록이와 호두 같은 손주들이 있었는데 아무도 우리처럼 아이를 키우지는 않아 기함하셨다고 했다. 처음에는 어르신들도 우리를 의아하게 보면서 웃을 때가 많았지만 시간이 지나면서 잊고 있었던 예전 당신들이 아이를 키웠던 방식인 만큼 우리를 이해하고 긍정해주셨다. 하지만 지금 시대는 우리 같은 부부를 방임으로 해석했다. 마트 총각이 호두의 실례를 계기로 용기 내어 쓴소리한 것이다.

처음에는 그간 마트 아주머니와 쌓은 신뢰를 무너뜨린 총각이 원망스럽기도 했지만 곧 현실을 인지했다. 아이를 낳고 키우는 우리가 만났던 3~40대 대부분, 친구들까지도 어쩌면 말하지 않았을 뿐 그와 비슷한 생각을 했겠다는 생각에 이른 것이다. 200m 거리의 초등학교, 600m 거리의 마트는 우리 부부가 시대와 현실을 감안해서 결정한 초록이를 위한 과제였다. 이것은 우리 부부만의 용기나 판단에만 의존하지 않는다. 온 마을이 우리 아이를 키운다는 사실을 받아들이고, 이 마을 전체가 우리 가족의 든든한 울타리라는 신뢰가 있어야만 우리도 아이를 세상으로 보낼 용기를 낼 수 있다. 긴 시간 아이들에게 마을을 눈도장 찍어가며 안전하고 따뜻하게, 마을에서 만나는 어른들에 대한 신뢰를 쌓기 위해 들인 공이 물거품이 된 것처럼 느껴져 한동안 우울했다.

하지만 덕분에 아이를 세상으로 한 걸음 내보내는 것이 부모인 우리에게도 큰 용기가 필요했다는 것을 알았다. 말 한마디에 쉽게 무너져서는 마을 공동체라 할 수 없다. 우리 공동체의 다른 생각을 확인할 수 있었던 기회, 갈등을 대하는 자세를 배우는 기회로 삼기로 했다. 우리 생활을 다시 점검할 때였다. 아이들과 손을 잡고 이곳저곳 다니면서 마을을 더 넓히고 다졌다.

풍경

또 해가 지났다. 화장실에 놀러 온 귀뚜라미 소리를 듣고 처서가 왔다는 것을 알았다. 학교에 가서 땅에서는 귀뚜라미 등에 업혀 오고, 하늘에서는 뭉게구름 타고 오는 게 뭘까, 질문을 하고는 아이들에게 나는 어제 우리집 안에서 귀뚜라미 소리를 들었다고 자랑했다.

동요 〈가을이 오면〉에 따르면 자연은 한 해를 거르지 않고 밤이 익고, 감이 익고, 벼가 익고, 단풍이 드는 순서를 지킨다. 이사 온 지 세 해에 접어드니 '이제 감이 익을 때가 되었는데' 나에게도 계절감 이라는 것이 생긴다.

우리 마당에서 매일 보던 아이들이 때가 되면 맺어주는 과실을 먹는 것은 시골살이의 큰 기쁨 중 하나다. 시내에 살던 때는 간식거 리를 주문하기 바빴는데, 이제는 한적한 가을 저녁 달빛 아래 이웃 들과 마당에 서서 알알이 풍성하게 열린 왕대추를 먹고, 단감을 따 먹는 것이 최고의 간식이 되었다. 올해는 이사 올 때 심었던 단감나 무가 자라 3년 만에 처음으로 단감 두 개를 맺었다. 아침 댓바람에 달려 나간 초록이와 호두가 단감(원래 있던 나무)을 따오면 온 가족 이 맛나게 먹는다. 우리 밭 배나무가 주는 배는 약도 종이도 없이 자 라 작고 볼품없지만 초록빛을 띠고도 물이 줄줄 흐르는 배 맛이 일 품이다. 첫해는 익을 때까지 기다리다 모조리 새 밥이 되어버렸지 만, 이제는 초록빛을 띠어도 달고 맛나다는 것을 알아 제법 먹을 때 를 알게 되었다.

봄이 왔음을 가장 먼저 알려주는 것은 우리집 마당의 매화꽃과 출 근길에 보이는 벚꽃이다. 우리 마을 초입에는 빨강머리 앤이 지나갔 다면 환상적이라고 했을 벚꽃길이 있다. 벚꽃이 지면 복사꽃이 피 고, 붉은 자두꽃과 하얀 배꽃이 보인다. 첫해는 신이 나서 밭에 즐비 한 매실을 거둬 대형 항아리에 매실청을 담갔다. 아이들과 매실을 열심히 주워 담근 것은 이후 2년이 지나도 다 못 먹을 만큼 많다. 살아보니 내가 필요로 하는 것은 내가 탐했던 것보다 훨씬 적었고, 땅은 내가 생각했던 것보다 훨씬 많은 것을 내게 주었다.

이사 온 후 처음 비가 온 날 깜짝 놀랐다. 지붕이 무너질 듯 퍼붓는 빗방울 소리가 무시무시해서 봄비가 아니라 태풍인가 싶었다. 비가 오니 '비가 오는구나' 생각하는 나를 보고, 여태 비가 안 왔던가, 새삼 의아했다. 얼마지 않아, 그간 아파트에서 창문을 꼭 닫고 있어서, 태풍이 아니고서는 비바람을 느낄 새가 없었다는 것을 알았다. 창문만 열면 바깥이 되는 집에서는 아침저녁으로 찬바람이 드는 것도, 비가 오는 것도, 자연의 영향을 우리가 얼마나 많이 받고 사는지 느낄 수 있었다.

밤늦게 일을 마치고 귀가하는 길, 가을밤은 높고 달은 밝았다. 분명 달은 매일 떠 있었을 텐데 왜 이제야 눈에 들어올까. 이렇게 멋진 하늘을 매일 볼 수 있는 것은 시골 사람만의 유산이다. 암만 봐도 보통 멋진 달이 아니다. 달밤에 대한 외경심이 무언지 모를 감사와 경배를 일게 한다. 경건하게 집에 돌아오니 신랑이 저녁 산책 길에 있었던 이야기를 해준다.

호두와 자전거를 타고 동네 산책을 하는데 예전 시어른이 살았던 집 감나무에 감이 익어 바닥에 떨어져 있더란다. 배수로 쪽으로 떨어진 감 하나가 온전한 것이 보이니 호두가 그것을 주워달라고 해서 "그건 더러워서 못 먹어." 하고는 돌아섰더니 한참을 가도 자꾸 마음에 걸렸다고 한다.

신랑이 어릴 적부터 다녔던 성당에 큰 살구나무가 하나 있다. 미사 시간이면 성당 곳곳을 돌아다니는 호두에게, 살구 시즌은 바쁜 때였다. 하루는 주말 오후에 다들 떠나간 성당에서 여여하고 있는데, 호두가 떨어진 살구를 주워 먹으러 다니다 성당 땅의 경계가 내리막으로 끝나는 이웃 담장과의 틈 사이에 떨어진 살구가 모두 모여 있는 노다지를 발견했다. 주워달라는 호두의 요구에 신랑은 그것은 주울 수 없고, 주워도 더러워서 못 먹는다고 무심히 뱉고는 쉬고 있는데 이웃 형제님이 호두의 채근을 듣고는 국자를 찾아와 긴 팔로 땅에 넙적 엎드려서는 살구를 주워주신 일이 있었다. 그 살구를 담아 야구장에 놀러 가서 호두는 내내 맛나게 먹었다.

그날 무언의 감화와 반성이 깊이 남아 있다고 고백했던 신랑은 결국 산책 길을 다시 돌아가 떨어진 감을 주웠단다. 평소 같으면 바로 옆에 있는 마을회관 화장실 문이 잠겨 있는데 마침 열려 있어 감을 깨끗이 씻을 수 있었고 같이 나누어 먹으니 호두가 참말로 달고 맛나다고 좋아했다 한다. 돌아가신 아버지 생각을 하며 눈시울을 붉히는 신랑을 두고 그래서 오늘 밤 달이 참 밝았나 보다며 우리집, 우리 마을에서 우리가 받는 것들을 생각했다. 이사 오기 전, 매일 밟고 다니는 땅에서 주는 힘을 느끼고 싶다고 생각했던 그것을 만난 것 같았다. 오늘도 달이 참 밝다.

꼬꼬

2020년, 이사한 지 며칠 되지 않아 사회가 여기저기 멈추기 시작했다. 덕분에 온 가족이 매일을 함께 하는 뜻밖의 호사를 누렸는데 마당이 넓어 땅 파며 종일 놀아도 시간 가는 줄 몰랐다. 주택은 집마다 동물을 키웠다. 초록이와 호두는 매일 순회하면서 동물들과 먼저 친해졌다. 우리집을 기준으로 시계방향으로 청계와 백봉 가족, 초롱이와 이슬이(개), 나비와 돌쇠(고양이), 깜이와 깜돌이(고양이), 가온이(진돗개), 미루(개)까지 한 바퀴 돌고 오면 우리도 동물을 키우자고 한다. 평생을 책임져야 한다는 것은 엄두가 안 났지만, 마침 넓은 닭장이 있었고 우리도 키워보고 싶었다. 아이들이 밥을 주며 생명을 키우는 것도 좋고, 아침에 눈 뜨면 내복을 입은 채 닭장에 가서 달걀을 찾아올 초록이와 호두를 생각하니 벌써 신이 났다. 무엇보다 닭의 수명이 다해 운명하면, 그간 말로만 했던 책임지는 육식을 드디어 할 수 있겠다는 생각에 뿌듯했다. 우리 가족은 닭을 키우기로 했다.

시골 생활에 익숙하지 않은 우리가 걱정된 이웃들은 여러 가지 조언을 해주었다. 양계장에서 퇴출된 폐계를 한 달만 키우면 다시 알을 얻을 수 있다. 아니다, 병아리부터 사서 키워야 신선한 계란을 먹는다. 닭은 청계, 백봉이 최고다. 아니다, 토종닭은 날기 때문에 닭장에 천장을 만들어야 해서 손이 많이 간다. 닭이 계란을 낳기 시작하면 다 먹기 힘드니 닭은 다섯 마리만 사라, 계란 팔러 장에 가는 수가 있다. 즐겁고 신나는 토론이 이어졌다. 처음 이사 간 마을에서 닭이야기로 이웃들과 친목도 다지고 정보도 얻었다. 우리는 딱 열 마리를 키우기로 하고 갓 병아리를 벗어난 중닭으로 수탉 한 마리, 암

닭 아홉 마리를 장에 가 사 왔다.

　닭 열 마리를 사놓고, 신랑이 출근한 첫날이었다. 야맹증이 있는 닭의 특성상 해가 지면 닭은 그 자리에 망부석이 된다고 했다. 금방 사 온 어린 닭이 큰 일교차에 얼어 죽지 않도록 지붕 있는 닭장 칸에 넣어야 했다. 펄펄 날아다니는 닭을 어린 두 아들과 함께 어찌하지 못해 쩔쩔매다 이웃 어른께 찾아가 도움을 청했다. 날이 저물면서 닭은 움직임이 느려졌고, 살그미 다가가 날갯죽지 아래를 덥석 잡은 할머니는 당시 6세 초록이에게 쥐여주며 닭장에 넣으라고 하셨다. 초록이는 처음에는 놓쳤지만 이내 눈을 번뜩이며 의지를 다지더니 집중해서 할머니를 따라다니며 몇 마리나 잡아 닭장에 넣었다. 엄마가 되어 차마 소리 지르며 펄쩍 뛸 수 없어 눈을 질끈 감고 평생 처음으로 아들을 본받아 닭을 잡았다. 날갯죽지 아래가 어찌나 뜨끈한지 살아 있는 동물임을 실감했다. 나중에 알아보니 닭 체온이 40℃ 정도 된다고 했다.

　처음 키워보는 닭에 신경이 많이 쓰였다. 아침저녁으로 닭들이 잘 있는지 가서 살피고 물을 갈아주었다. 열 마리의 닭들이 행여 먹을 것 때문에 싸울까 싶어 넘치게 채워주었고, 저녁을 먹고 음식이 남으면 아낌없이 닭들에게 주었다. 미리 사료를 준비하지 못한 날 신랑은 밥솥에 새 밥을 해서 주기도 했다. 여름에는 닭장에 그늘막을 쳐주고 물을 뿌려주었고, 겨울에는 비닐을 쳐주었다. 결과적으로 1년 만에 열 마리를 모두 떠나보냈는데 신랑은 아직도 추운 겨울 따뜻하게 닭장에 백열등 하나 못 달아준 것을 미안해한다.

여름에 장마철이 오니 추적추적 비가 오고 3일 후면 닭이 한 마리씩 죽었다. 우리 닭장에서 지붕 있는 자리는 한 평이 안 되었고, 닭들이 비를 많이 맞았다. 이웃들은 장마가 시작될 때 항생제를 먹여야 한다고 했는데 내심 우리 닭은 사랑으로 키워서 항생제가 없어도 건강하다는 자신이 있었다. 결국 닭이 세 마리쯤 죽었을 때 신랑은 항생제를 사서 사료에 섞어주었다.

닭 일곱 마리가 남고 가을이 오자 이웃들의 성화가 시작되었다. 더 살려두면 고기가 질겨서 못 먹으니 닭은 지금 잡아먹어야 한다고 했다. 신랑은 이웃들에게 "우리 닭은 애완 닭이에요. 얘들은 자기 수명대로 살 거예요." 했고, 나 또한 "우리는 자연사한 닭만 먹을 거예요." 했다. 우리가 어떻게 키웠는데 건강하고 쌩쌩한 아이들을 잡아먹을 수는 없는 일이다. 처음 닭을 키우기로 했을 때는 닭을 먹을 생각이 있었지만 막상 현실은 생각과 달랐다. 나는 《무탄트 메시지》에서처럼 자연이 불러 때가 되어 운명하는 닭과 마음으로 통신하고 감사한 마음으로 먹을 것을 기대했다. 처음 영문도 모른 채 죽어간 닭을 이웃이 손질해주어 삼계탕을 만들었는데 이웃들은 다 먹지 않으려고 했다. 어찌 죽었는지 모르니 께름칙하다는 것이다. 닭을 잡아먹는다는 말은 완전히 살아 쌩쌩한 닭을 잡아 최고의 신선도로 먹는 것이었다. 나는 우리 닭이 시중 마트에 파는 어떤 닭보다 신선할 것이고 건강한 닭이라고 생각했지만 막상 내가 키웠던 닭을 앞에 두니 마음이 영 불편했다. 신랑도 마찬가지였다. 매일같이 문안을 올린 닭에 차마 숟가락이 가지 않는다고 했다. 첫 번째 닭을 처음이자 끝으로 우리는 책임 있는 육식을 포기했고, 이후 죽어간 닭은 더 이상 요리하지 않고 가까운 천가에 산짐승의 먹이가 되도록 자연으로 돌려보냈다.

한 마리만 수탉인 줄 알았는데 커 가면서 세 마리가 수탉임이 밝혀졌고, 매일 닭을 살피던 신랑은 그들 간의 암투에 머리를 싸맸다. 암탉 두 마리를 너무 괴롭히는 수탉을 보고 걱정하던 중 고충을 겪던 닭이 시름시름 앓기 시작하자 그 닭을 격리해 마당 나무에 묶어 두고 회초리로 겁도 주고 괴롭히지 말라는 훈육이 이어졌다. 그러나 고쳐지지 않았고, 괴롭힘당한 암탉 한 마리가 골골하더니 죽었다. 결국 이웃 어른께 문제의 수탉과 그 때문에 병든 또 다른 닭까지 세 마리를 잡아 드시길 부탁드리고 우리는 집을 비웠다.

집에 돌아오니 이제 세 마리만 남은 닭장은 찬바람만큼이나 휑했다. 닭에게 실망하고 있던 즈음 드디어 알을 낳기 시작했다. 골프공만한 계란을 발견하고 주인댁에 소식을 알리니 이 정도는 초란이 아니라고 이미 알 낳기 시작한 지 제법 되었겠다고 했다. 여기저기 숨겨 낳았을 것이라고 풀섶을 잘 찾아보라고 했다. 닭장을 뒤져 네 알을 더 찾았다. 본격적인 대란의 시대, 우리 가족은 다시 신바람이 났다. 닭장에 계란이 있으면 기분이 좋았다. 아직 자리를 못 정한 닭은 닭장 너머 남의 밭에 낳기도 했는데, 거기서 계란을 찾아온 신랑은 보물찾기에 성공한 아이마냥 기뻐했다. 그리고 우리 닭이 낳은 계란을 성스럽게 먹었다. 나는 날계란을 끝내 먹지 않았는데, 대신 목에 좋다니 학교 소리 선생님께 자랑스레 한 알씩 들고 가 전하는 것으로 먹는 기쁨을 대신했다.

행복도 잠시 겨울이 찾아왔고, 결국 겨울 끝에 다시 봄이 왔을 때 닭은 한 마리만 남았다. 마지막 닭은 *꼬꼬*라고 이름도 붙여주었다. 닭장은 허술했고 닭도 이제 집에 적응했는지 매일 닭장 밖으로 나와 애완 닭의 위상을 뽐냈다. 아침만 되면 유유히 마당을 산책하더니 어느 날부터는 우리집 덱(deck)에 올라와서 놀았다. 집 안으로 들어오려는 건 막으셨지만, 덱까지는 허용했다. 신랑은 덱에서 닭과 같이 일광욕을 즐기며 커피를 마셨다. 충실한 *꼬꼬*는 매일 계란을 열심히 낳아서 먼저 죽은 아홉 마리가 낳은 계란보다 훨씬 많은 알을 우리에게 주었다.

*꼬꼬*를 만난 지 1년쯤 된 날, 학교에 있는데 *꼬꼬*가 죽었다는 소식이 왔다. 신랑은 닭장에서 처참히 찢긴 *꼬꼬*를 발견하고 마음이 너무 안 좋았으며, 우리집을 그토록 들어오고 싶어 했던 *꼬꼬*가 마음에 밟혀 안아 들고는 안방, 화장실까지 우리집 안을 한 바퀴 돌아 보여주고 천가에 보내주었다고 했다.

마지막 *꼬꼬*는 왜 죽었을까, 살쾡이나 너구리가 배고파서 산에서 내려와서 잡아먹은 걸까 이웃들과 이야기가 오갔다. 그리고 한 달이 지난 어느 날, 잠자리에 누운 네 살 호두가 묻는다. "엄마, 우리집 *꼬꼬*는 너부리(너구리)나 살캥이(살쾡이)가 물어 갔지?" 호두에게도 *꼬꼬*가 갑자기 떠난 게 이상한가 싶다. 다시 몇 달이 지난 어느 날 자려고 누웠는데 호두가 또다시 물었다.

"엄마, 너부리나 살캥이는 엄마가 없어?"

"엄마가 있지. 너구리나 살쾡이도 다 가족이 있지."

"근데 왜 배고파서 꼬꼬를 잡아먹었어? 너부리 엄마가 밥 안 줬어?"

꼬꼬의 흔적이 다 사라졌을 만큼 시간이 지난 날에 꼬꼬를 기억하는 호두를 보니 내가 아이들에게 주는 것을 다시 돌아보게 된다. 이사 온 첫해 열심이었던 것 두 가지가 텃밭 가꾸기와 닭 키우기였다. 돌아보면 꼬꼬가 죽고 며칠을 힘들어한 신랑에 비하면 나는 '우리가 닭 키운다'고 자랑하고 싶은 마음이 앞섰고 닭들을 알뜰히 살피지 못했다. 신랑도 나도 마당 있는 시골 집에서 살아보기는 처음이라 뭔가 설레고 신이 나는 마음에 동물을 키워보기로 겁 없이 시작했지만, 이제 다시 무언가를 키우지 않아도 될 만큼 고생과 보람과 아쉬움을 다 지나 보냈다. 여전히 가끔 꼬꼬 이야기를 하는 호두를 보니 우리가 준비되지 않은 채 꼬꼬를 맞고 보냈다는 생각이 든다. 이제라도 꼬꼬 기일을 챙겨서 우리만의 의식을 치러야겠다.

시골에선 고라니, 두꺼비, 귀뚜라미, 반딧불이도 종종 본다. 주인 없는 고양이지만 동네 터줏대감들이 있고 앞마당에 자주 나타나니 고양이를 키우고 있는 것 같은 착각도 든다. 처음 이사 오고 문만 열면 마당으로 이어지는 것이 신기해 나도 아이들도 온종일 들락날락했다. 우리집을 본 이웃은 그러다 집에 쥐 들어간다고 문 꼭 닫고 다니라 했다. 요즘 세상에 무슨 쥐냐고 웃었는데 다음날 거실을 가로지르는 쥐를 보았다. 놀랐지만 침착하게 이성을 잡고 "우리가 이사

와서 반갑다고 인사하러 왔나 봐." 아무렇지 않은 듯 말하고는 이웃에게 도움을 요청했다. 곧 이웃은 양파망 자루 하나와 세탁소 옷걸이를 달라더니 순식간에 잠자리채를 만들었다. 주택에 사는 이웃들은 맥가이버처럼 필요할 때마다 집에 있는 어떤 것으로도 재료를 삼아 뚝딱뚝딱 만드는 재주가 있다. 우리는 형광등, 안정기 갈아 끼우기밖에 못해 방충망이 찢어질 때나 덱이 어두울 때 이웃들의 도움을 많이 받았다. 그날도 이웃의 도움으로 여기저기 쥐끈끈이를 설치하고 새끼 쥐까지 잡았다.

머리털처럼 다리가 많은 그리마는 지금도 종종 등장하고 어느새 모기와 파리는 적응이 되었는데 지네는 아직까지 볼 때마다 놀라고는 한다. 습한 여름이면 지네를 피할 수 없다. 이사 와서 가장 유용하게 쓴 것은 시내에서 좀체 쓸모없었던 잠자리채였다. 파리도 모기도 날벌레들도 잠자리채로 쓱쓱 손쉽게 해결되었다. 무엇이 되었든 아이들에게 살아 있는 모든 것들은 따뜻한 기억으로 남았으면 좋겠다. 최소한 자연 안에 동등한 생명체로서 마주해서 이 땅은 우리만의 것이 아니라 우리 모두의 것임을 알았으면 좋겠다.

동물농장

이사를 하고 얻은 가장 큰 하나는 신랑이 유년 시절을 보낸 성당에 온 가족이 다시 간 것이다. 지금은 다들 떠나 평균 연령 70에 이르는 시골 성당에서 신랑은 동네 누나를 만났다. 그 집 한 아들, 미카엘 덕에 교회학교의 명맥을 겨우 유지했던 시골 성당은 우리 가족의 입성으로 청년회와 교회학교의 부활을 맞았다. 석 달 후 노엘라와 베르다가, 1년 후 엘리사벳과 보나가 더해져 몇 년 사이 무학년제 학습 공동체이자 다섯 가족의 육아 공동체로 성장했다. 특히 이 공동체의 맏언니 노엘라(12세)는 시내에 살면서도 자연과 사람과 친구가 되고 그들을 이어주는 능력이 탁월해서 막내 호두도 매일같이 "오늘도 노엘라 누나 와?"라며 묻는다. 아이들이 뛰노는 소리는 희미해져 가는 많은 것들을 깨우고 살리는 힘이 있었다.

그곳에서 홀스타인 젖소를 키우는 동물농장 선생님을 만나 시골 생활이 더욱 풍성해졌다. 동물농장답게 입구부터 거위가 깍깍대며 맞아주고, 피터(말)와 밍순이(개)까지 만나면 구수한 분변 냄새의 살아 있는 농장을 체험할 수 있다.

동물농장에서 얻어 온 우유는 꼬순 맛이 달랐다. 우유를 좋아하지 않는 나도 맛나게 먹고 농장에서 직접 가져온 우유라고 자랑스럽게 소개하는데 기함을 하는 사람도 있다. 영양이 얼마나 있든 공장에서 살균 처리한 것이 신뢰가 간다고 입도 안 댄다. 마트에서 사 먹는 우유가 다 농장에서 나온 것인데 농장은 불결하고 공장은 위생적이라는 말은 어딘가 모순이다.

다행스럽게도 호두는 그렇지 않은 것 같았다. 나는 마스크가 없으면 농장 안에 들어서지도 못했지만 호두는 아무렇지도 않게 "오늘은 냄새가 좀 많이 나네?" 하고는 종횡무진 혼자 잘도 다닌다. 정말로 피눈물의 수유를 했던 나는 젖 짜는 곳은 차마 들어서지 못했지만 호두는 베드로 선생님을 따라 실장님을 따라 농장 이곳저곳을 누비며 잔심부름에 말동무가 되어 제법 의젓한 일꾼이 되었다. 그래서 호두가 받아오는 우유는 금유처럼 감사하게 한 방울도 흘리지 않고 먹는다. 호두는 우리집에서 가장 책임 있는 우유식을 하는 사람이자, 벌써 노동하고 식사하는 의젓한 자연인이다.

차를 좋아하는 호두에게 포터, 건초를 옮기는 호이스트, 우사 바닥 관리용 트랙터, 젖소 똥 치우는 스키드로더 일명 '스끼다'까지 탈 수 있는 농장은 최상의 놀이터다. 하루는 호두가 신나서 집에 쫓아 들어오며 소리 질렀다.

"엄마, 똥 치우는 것도 타고 베드로 선생님 트럭도 타고 트랙터도 탔어! 나 오늘 전부 다, 다, 탔어!"

젖소 백 마리가 있는 농장에서 송아지는 늘 나고 자라는데, 특히나 아이들 축일에 태어나는 송아지는 선물로 주기도 하신다. 받아봐야 키우지 못하는 우리는 말로 받는 것이 전부지만, 라파엘 호두는 대천사 축일에 태어난 송아지를 선물 받고 신이 나서 펄쩍 펄쩍 뛰었다. 능숙하게 송아지 젖병을 들고 우유 주기 심부름을 하더니 시무룩하니 눈치를 보며 소근거린다. "똥 치우는 거 타

고 싶은데…. 나는 우유 주는 것보다 똥 치우는 게 더 좋은데…" 결국 축일인데 어쩌겠냐며 베드로 선생님은 한밤중에 호두가 제일 좋아하는 스끼다를 태워 똥을 치우셨다.

아이 넷을 키워낸 농장 부부는 어른으로서 아이들을 아이답게 맞아주니 아이들이 항상 찾는다. 아이를 키우는 집과 만나면 우리집 아이와 그 집 아이를 분별하는 묘한 긴장이 있다. '아이들이 그렇지'라고 수용할 수 있는 선이 집마다 다르고, 맘충이라는 사회적 시선이 더해져 서로 간에 신경 쓰이는 게 많다. 그런데 동물농장에 같이 있는 동안 우리의 육아 방식이나 아이들의 자질과 교육에 대한 어떤 품평 없이 아이를 아이로 보는 시선에 안전한 따뜻함을 느낀다. 그 울타리를 중심으로 3년을 함께 하고 나니 이제 다섯 가정이 모인 육아 공동체가 어떤 모임보다 편안하다. 네 아이 내 아이 구분하지 않고 만날 수 있는 시선이 내가 얻은 가장 큰 선물이다.

물

1990년대, 어렸을 적 할머니댁에서는 싱크대에서 나오는 물을 바로 먹을 수 있었다. 당시는 정수기나 생수가 보편화된 때가 아니었고 물은 끓여 먹는 것이었다. 그런데 할머니는 "우리는 깨끗한 지하수가 나오기 때문에 그냥 먹으면 된다. 여기서밖에 못 먹는 귀한 물이니 좋은 물 많이 먹어라." 하셨다. 어린 나이였지만 땅속 물을 퍼

올린 게 깨끗한 줄 어찌 알고 먹는단 말인지 내심 미심쩍었다. 썩 내키지 않았지만, 먹을 물이 그것뿐이라 그냥 먹었는데 우리집 싱크대에서 나오는 물과 달리 유난히 차가웠던 게 기억난다. 물 마시면서 "시~원~하지?" 묻는 할머니나 삼촌이나, 이건 온도가 낮아서 시원한 것이지 물맛이 다른 게 아닌데 왜 물맛이 다른 것처럼 말하실까 의아했었다. 물을 틀 때마다 나는 모터 돌아가는 소리도 뭔가 낙후된 시설처럼 느껴져 의심쩍기만 했다.

세월이 지나 먹거리의 중요성을 알게 된 때 도심에 살면서 근교 절에서 물을 떠다 먹는 선생님을 만났다. 우리도 드라이브 삼아 말씀해준 곳으로 한 시간 거리를 달려 가보았는데, 신랑은 진짜 물맛이 다르다며 깜짝 놀랐다. 그분이 청정 산골로 이사한 후에 댁을 방문한 적이 있다. 싱크대에 수도꼭지가 둘 있었는데 원래 지방 상수도로 연결된 일반 수돗물 수도꼭지가 하나, 선생님이 깊은 골짜기 바위 사이에서 흘러나오는 깨끗한 물을 찾아 직접 호스를 연결한 것이 다른 하나라고 했다. 산골이 깊어 오염원이 없어 물이 깨끗한데 얼마 전 군에서 공무원이 나와 소독한다고 염소를 풀고 갔다고 했다. 그 공무원은 진심으로 주민들을 위해 일하고 있다고 생각하겠지 싶어 아무 말 못하고, 결국 높은 곳 깨끗한 수원을 찾아 호스를 연결해 다른 물을 먹는 방법을 찾았다고 했다.

내가 조금 철이 들어 할머니댁에서 설거지를 할 수 있을 만큼 컸을 때였다. 나는 할머니의 설거지가 못마땅했다. 그릇이나 냄비에는 밥풀이나 고춧가루가 묻은 때도 있었는데 흐르는 물이 아닌 양

Part 01 자연육아 엄마가 되다

푼에 물을 받아두고 거기서 헹구고 설거지를 마칠 때도 있었다. 기똥차게 깨끗한 설거지로 할머니께 한 수 보여드리고 싶었다. 주방 세제로 거품이 이글거리는 설거지를 제대로 하려면, 할머니는 야단이셨다. 이런 것은 그냥 물로만 해도 된다고, 수세미를 뺏어 들고 나를 밀어냈다. 할머니와 유일하게 실랑이한 것이 이 세제 사용 문제였다. 세제 얼마나 한다고, 수도비를 아끼려고 그러시나, 위생 개념이 너무 없는 게 아닌가 도무지 말이 안 통한다며 답답해하다 "이렇게 더러운 그릇에 나는 밥 먹기 싫다고!" 악다구니를 쓴 날이 있었다. 할머니는 한숨을 쉬며 말씀하셨다.

"이 물이 전부 논으로 밭으로 가고, 그 물로 농사지어 쌀을 먹고, 다시 우리가 먹을 물이 되는 건데 세제를 이렇게 쓰면 이걸 우리가 다시 먹게 되잖나(되지 않나)."

할머니의 삶의 양식을 마구 비난한 데 대한 죄송함과 왠지 모를 슬픔이 느껴지는 한숨 때문이었는지 희한하게 그 말이 나에게 들어왔다. 그 말로 내가 바로 바뀌진 않았지만 이후로는 내가 설거지를 안 할지언정 거품이 퐁퐁 나게 해야 한다고 할머니를 가르치려 하지는 않았다. 그리고 20년이 훌쩍 지나 내가 엄마가 되고 그 말을 했던 할머니의 마음을 이해하게 되었다. 이제는 고기 기름이 묻은 것이 아닌 한 대부분의 설거지는 흐르는 물에 씻는 것으로 마친다.

가끔 밖에서 사람들이 그냥 물로 헹구기만 해도 될 것에 거품이 이글이글하게 설거지하는 것을 보면 그때 생각이 난다. 깨끗이 씻지 못하고 그릇에 남아 있을 세제 생각에 음식 담아 먹기가 께름칙하다는 것이 할머니와의 다른 점이다. 그릇에 묻은 음식 조금이 어쩌면 일으킬지 모를 세균 번식과 감염에 대한 두려움이 우리의 많은 것을 바꾸었다는 것이 새삼스럽다. 거품 나는 설거지를 하는 그 사람은 내가 예전에 그랬던 것처럼 스스로 위생 개념이 있어 더 잘하려고 한 것이 분명할 것이라 어떤 말도 할 수 없다. 저 많은 세제는 다 어디로 갈까. 그렇게 오염된 물을 소독하기 위해서 또 소독제(염소, 불소)를 넣고, 수돗물을 마실 수 없는 지경에 이르러 정수기를 마련하고, 생수를 배달시킨다. 내가 사용한 물이 흘러 배추를 키우고, 사과나무를 키우고 돌고 돌아 다시 내게 온다. 우린 왜 그것을 모르는 사람처럼 살고 있을까. 생각해보니, 할머니댁에서 설거지할 때 세제를 많이 사용한다고 핀잔을 듣지 않게 된 때는 지방 상수도가 들어선 이후이다.

아주 어렸을 적, 할머니 마을에는 우물이 있었다. 이미 집마다 간이상수도가 들어온 상태였기 때문에 낙엽이 동동 떠 있는 흔적만 남은 우물은 어딘가 쓸쓸했다. 마을 사람들이 모두 그 우물에서 물을 길어 먹었다니 상상이 안 되었다. 우리 할머니댁에는 지하수원이 있어 모터를 이용해 필요할 때마다 끌어올려 쓸 수 있었다. 집 주변의 논과 밭은 오빠와 나의 놀이터로 뒤안(뒷마당의 방언)을 오가며 노는 것이 일이었다. 거기서는 주방과 화장실에서 사용한 물이 흘러나오는 폴리염화비닐(PVC) 관이 보였다. 설거지며 빨래며 집에서 사용한 물은 집 밖으로 나와 주변 땅속으로 스며들었고, 논밭으로 흘러나가는 것도 눈으로 볼 수 있었다. 뒤안에 있는 연못이라기에도 작은 웅덩이에는 개구리가 있었는데 사용한 구정물이 들어가는 걸 보며 개구리의 건강을 걱정했던 기억이 있다.

지금에 와서 나와 할머니의 차이가 무엇일까 생각해본다. 내가 사용한 물을 내가 다시 먹는 것이 일차원적으로 인지할 수 있는 삶 속에서는 함부로 낭비하고 오염시키지 않는다. 할머니는 마당에 땅을 파서 지하수를 퍼 올려 먹었고, 집에서 사용한 물이 다시 집을 둘러싼 땅속으로, 우리가 농사짓는 논밭으로 흘러 들어가는 것을 직접 보았다. 아파트에서 30년을 사는 동안 잊고 지내다, 근래 귀촌하고서 뒷마당에 있는데 집에서 사용한 물이 쪼르르 흘러나가는 PVC 관이 보이니 아차 싶었다.

시멘트 속으로 수도 시설이 감추어지면서 물의 순환을, 물이 자연이라는 것을 까마득히 모르는 사람처럼 살고 있다. 물이 나를 살리는 생명이라는 것을, 물이 내 주변을 끝없이 순환하고 있다는 것을 느낄 새 없이 물은 계량기와 요금 통지서의 숫자로만 남았다. 보기에 마음이 불편한 것들, 불편한 진실을 우리가 일부러 더 꽁꽁 숨기고 사는 건 아닐까.

고등학교 통합과학 교과서에는 물의 순환이라는 단원이 있다. 물의 순환에 대해 배우는 것이 어디 이뿐이겠는가마는 우리는 정말 책으로만 배우고 있다는 생각이 든다. 배울 필요도 없이 할머니처럼 그냥 그렇게 살면 될 일인데. 삶이 되지 못한 앎을 들고 학위를 받고 직장을 얻은 것이 괜히 부끄럽다.

환경부의 2020 상수도 통계에 따르면, 전국 광역·지방 상수도 공급이 전체 인구 대비 99.4%, 1일 1인당 물 사용량은 295L, 전국 평균 수도요금은 1톤당 718.9원으로 물 1톤 생산 원가 976.6원의 73.6% 수준이다. 1인이 1일 사용하는 생활용수량 295L=0.295톤에 대한 수도요금은 얼마일까. 0.295톤에 719원을 곱하면 대략 212원, 한 달 30일 기준으로 6,362원, 4인 가정 평균 대략 35.4톤, 25,500원이다. 2020 GWI(Global Water Inteligence) 통계에 따르면, 주요 해외 국가의 물 1톤당 평균 수도요금은 한국의 두 배가 넘는 1,700원이다. 한국보다 영국은 4.1배, 미국은 3배 높다. 혹시 우리는 너무 싸서 귀한 줄 모르고 펑펑 쓰고 있는 건 아닐까. 아니면 너무 귀한 줄을 몰라서 이렇게 싸게 매기지는 않았을까.

생산 원가에도 못 미치는 값싼 수도요금으로 상수도의 자본 수입은 부족하고 교부세, 보조금까지 10조 원이 넘는 세입에도 많은 부채를 안고 있다. 그래서 경제적으로, 또 정치적으로 수자원 관리부터 수도요금까지 실질적으로는 지방자치단체에 많이 의존하고 있다. 지자체가 자체적으로 운영하는 지방상수도는 시설과 인구 규모, 취수원과의 거리 등에 따라 생산 원가가 달라지고, 또 생산 여건이 비슷하더라도 지자체별 요금정책에 따라 수도요금에 차이가 발생한다. 그래서 시설 규모가 크고 급수인구가 많은 특별·광역시에 비해 지방 시·군·구 지역의 수도원가가 높게 형성된다. 우리나라 어디도 주요 해외 국가 수도요금 평균에 미치지 않지만, 성남시와 단양군의 수도요금은 5배 차이가 난다. 뭔가 이상하다.

물이라는 자원은 인류에게 필수 불가결의 요소이고 누구에게나

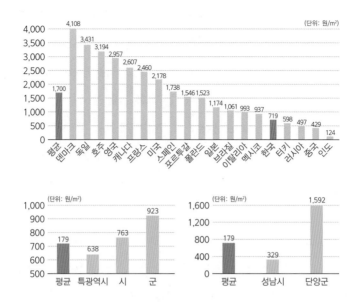

■ 주요 해외 국가 수도요금 현황(2021 GWI 통계 기준)

주어진 자연이다. 국가는 이런 공공재인 물을 시민 누구나 쉽게 접근할 수 있도록 해야 한다. 처음에는 그 이유로 국가가 부채를 안더라도 모두에게 좋은 물을 공급하려고 했을 것이다. 그런데 우리나라 수도요금이 세계적으로 싼 것과 우리나라 안에서 지자체별로 이렇게 차이가 나는 것은 단지 그 이유가 작동한 결과만은 아닐 것이다. 그럼에도 불구하고 물은 어디서나 구할 수 있고, 수도요금은 5배 차이에도 비싸지 않아서 피부에 와닿지 않는다.

국가가 민생을 위해 무언가를 주도적으로 추진할 때는 국민에게 깨끗하고 안전한 물을 공급한다는 공공성의 명분이 있다. 상수도뿐 아니라 전기, 통신, 가스도 마찬가지다. 보다 안정적이고 윤택한 의식주를 위함이 있고, 생존과 안전의 욕구를 넘어선 단계에서 말 그대로 편의를 위한, 도시 미관을 해치지 않기 위한 행정이 있다. 그중 하나가 각종 관로·선로를 땅속으로 안전하게 묻는 것이다. 우리는 쾌적함을 얻었지만, 동시에 이 모든 에너지와 자원을 사용하는 데 대한 거리낌을 잃었다.

시골로 이사 온 후, 여름 하늘이 최고의 미술 작품이라는 것을 알게 되었다. 그 형용할 수 없는 저녁노을 앞에 섰는데 전깃줄이 보였다. 느티나무 마당에 누워 나무와 하늘을 즐기고 있으니 얼기설기 얽힌 전깃줄이 눈에 들었다. '저 전깃줄만 없었으면!' 나도 편리는 누리되 예쁜 것만 보고 싶었다. 문득 아파트에 사는 지난 시간 전깃줄을 본 기억이 없다는 것을 알았다.

대규모 전력 소비지의 경우 전력 손실을 막기 위해 최대한 고압으로(229kV) 전기를 당겨온다. 아파트 단지 내는 안전과 미관을 위해 땅속으로 선로를 묻어놓았다. 발전과 송전은 과학 교과에서 수시로 수업하는 내용인데 집 마당에서 전깃줄을 한참 바라보고 나서야 우리가 발전소를 짓고, 전력을 공급하고 공급받고 있다는 것을 실감했다. 경산에서는 인근 청도, 영천으로 조금만 벗어나면 드높은 산새를 따라 송전탑이 늘어선 것을 볼 수 있다. 시내에 살 때는 여간해서 볼 일이 없고 시외로 벗어날 때도 눈에 들어오지 않았는데 시골로 이사를 오고, 내가 사는 마을이라고 생각하니 집을 나서면 보이는 송전탑이 눈에 따갑다. 특히나 청도로 나들이를 떠나면 보이는 송전탑은 '밀양할매'들을 떠올리게 해 더욱 가슴 아프다.

밀양할매는 밀양 송전탑 건설 반대 투쟁에서 맨 앞줄에 섰던 어른들이다. 울산 울주군 신고리원전 3·4호기에서 생산한 전력을 북경남변전소로 보내기 위한 90.5km에 걸친 161기 송전탑 중에서 밀양시 5개 면을 지나는 69개 송전탑이 있는데 그중 4개 면을 지나는 52개(81~132번)의 초고압 745kV(기존 고압 송전탑은 345kV) 송전탑 건설 반대 운동이 있었다. 나머지 구간의 공사가 완료되고도 이 구간에서는 공사와 중단을 반복하다 결국 2014년 6월 박근혜 정부의 행정대집행이 이루어지면서 공권력이 투입되어 경찰 수백 명이 천막농성장을 뜯고 할머니들을 끌어내는 모습이 생중계되었다. 다수의 시민을 방패로 국가가 개인을 황폐화시킨 사례는 많다. 그런데 그중에서도 나는 밀양할매나 영화 〈월성〉의 황분희 할머니처럼 한평생을 살아온 삶터에서 평안하고자 하는 한 개인의 보편타당하고 소박한 꿈이 다수의 욕망 앞에 심지어 정부의 이름으로 짓밟힌 분들에 대한 부채감이 있다.

송전탑은 발전소에서 만든 전기를 소비지까지 수송하기 위한 것이다. 전기 소비량은 사람이 많은 서울·경기 수도권 지역이 압도적이지만 전력 자급률은 각각 6.8%, 60.1%에 불과하다. 그 전기 부족분을 발전소가 몰려 있는 부산, 경상, 강원에 의존하여 끌어 쓴다. 그래서 장거리 송전을 위한 765kV 초고압 송전탑은 강원 334개, 경남 123개 등 지방에 85%가 집중되어 있지만 경기는 251개, 서울과 인천에는 하나도 없다. 전선을 땅에 묻는 지중화 비율은 경남, 강원이 1~3%인데 반해 서울은 90%에 이른다. 다시 말해 전기 생산은 지방에서 하고 사용은 주로 수도권에서 하는데, 지방에서 수도권으로 전력을 수송하는 과정에 지방 땅에서는 고압 송전탑을 지어 수송하고 수도권으로 진입하면 땅속으로 묻는다는 뜻이다.

대한민국 전체를 봤을 때는 수도권과 지방의 괴리지만 조금만 들여다보면 곳곳에서 일어나는 문제의 꼴이 같다. 경산만 하더라도 가장 인구가 적은 시골 구역에 시내의 소비를 위한 공급(논밭, 공장)과 시내의 소비물을 처리하기 위한 시설(음식물 처리장, 쓰레기 매립장)이 들어선다. 인구 밀집 지역의 영리와 편의를 위한 관공서와 기업의 결정은 우리 모두의 자연과 인구 희박 지역 주민들을 배제하고 이루어진다. 당사자이지만 당사자가 못 된다.

고도의 위험을 안고 있는 원자력 발전을 포함해 전기도 수도도 마찬가지다. 소비자와 생산자의 괴리는 분열을 낳는다. 보편복지를 위해 시작된 것으로 보이는 것조차 철저히 자본주의다. 우리는 이미 너무 멀리 와버린 건 아닐까.

우리가 밟는 땅, 사는 땅, 이 땅의 진짜 주인은 땅 위의 모든 생명이고, 우리가 갖는 모든 것은 그 생명으로부터 왔다. 그래서 이 땅에서 내가 원하는 것은 정중하게 구해야 하고, 얻었을 때는 감사하게 받아야 하며 다시 돌려줄 것을 생각해 귀하게 써야 한다.

집을 짓는다면 그 집을 터로 삼던 지렁이에게 미안한 데서, 그 집까지 흘러오는 물을 보며 생명을 주는 자연에 감사한 데서 시작해야 한다. 아무리 세상이 달라졌어도 최소한 마음은 거기에서 시작해야 한다. 그런데 지금은 직접 삽질을 하고 집을 짓다가 지렁이가 잘려 나가는 걸 보게 되는 사람이 거의 없다. 스스로 생명을 해하지 않았으니 세상의 생명에 빚을 지고 산다는 것을 알 수 없다. 이 집에 물을 어떻게 댈지 수원을 찾고 고생해보질 않았으니 자연이 물을 주고 있다는 것도 잊고, 물은 쓴 만큼 돈을 내고 있다는 것으로 당연한 정의를 실천 중인 줄 안다. 등기부등본을 포함한 각종 신고 서류와 자재비, 인건비 등 재산권을 행사하기 위한 절차에 매몰되어 처음부터 그것을 위해 태어난 사람처럼 살고 있다. 소유권, 재산권이 너무 강조된 나머지 우리가 어디서 왔는지, 우리 옆에 또 다른 어떤 생명이 있는지 자꾸만 잊는다. 결국 지불만큼 당연한 공정성만 남았다. 이런 철저한 자본주의적 사고가 상식적이고 합리적 사고로 추앙받고 있는 게 현실이다. 여기에는 모두 내어주는 자연에 대한 감사함도, 마구 사용하는 데 대한 부채감도 없다.

밀양의 수년에 걸친 싸움은 사건의 본질을 잃고, 아픔만 남겨 함께 아이들을 키우며 울고 웃었던 마을을 찢어놓았다. 밀양 땅의 초고압 송전탑 결정에 밀양할매들은 전문가도 결정권자도 아니었기에 사건의 당사자였지만 당사자가 아니었다. 그로부터 10년이 지난 지금도 밀양 마을공동체는 여전히 회복되지 못했고, 전국 곳곳에서 초고압 송전탑 건설로, 또 다른 주제로 밀양 사태, 밀양할매는 재현되고 있다.

가장 안타까운 것은 그 사이에 길 하나를 두고 세월을 함께했던 이웃과 찢어졌다는 것, 사람을 잃은 것이다. 내가 맺었던 인간관계 하나가 사라지는 문제가 아니라 우리가 사랑과 연민이 가득한 인간이라는 것, 우리의 본성을 잊고 잃은 것이다. 우주의 역사 안에서 인간의 한 생애 100년은 찰나와도 같다. 찰나의 순간에 불과하지만, 함께 울고 웃던 시간을 빛과 사랑으로 키우기보다 욕망, 독기, 투쟁으로 남긴다는 것은 온 우주에 대한 실례다.

자연의 모든 동물은 자기가 먹을 만큼 사냥하고, 필요한 만큼의 집을 짓는다는데 우리 인간은 그게 왜 어려울까. 자신에게 필요한 만큼을 감사히 쓰고, 쓴 것에 책임을 지는 자급자족의 삶을 선언했던 많은 사람이 결국 포기하고 돌아오는 모습을 본다. 그들의 다짐과 삶이 실패했다는 뜻이 아니라 머리가 말하는 대로 가슴도 발도 함께 하기는 힘든 세상이라는 뜻이다. 농사를 중심으로 한 단순하고 느린 사회에서는 가능했지만, 지금처럼 복잡하고 빠른 세상에서는 불가능하다. 내 집을 내가 짓고, 내 입을 옷을 내가 짓고, 내 먹을 것을 내가 농사짓고 요리하는 삶이 얼마나 가능할까. 이 단순한 자급자족을 위해서도 당장 '구매'부터 시작해야 하는 사회이다. 그럼에도 생산자와 소비자의 일치, 구매와 소비와 폐기 책임이 일치하는 단순한 삶을 꿈꾼다. 이 땅에서 내가 만나는 모든 것이 생명으로부터 왔음을 알고 생명과 함께 생명으로 사는 삶을 위해 내가 할 수 있는 것을 생각해본다.

✚ 함께 보면 좋은 자료

《오래된 미래》, 2015, 헬레나 노르베리-호지, 중앙북스

《월든》, 2011, 헨리 데이비드 소로, 은행나무

《공동체 주택이 답이다!》, 2018, 김은재, 에스(S)

04 맨발걷기

맨발걷기가 학교에?

2018년 봄, 오랜만에 만난 소이 엄마*가 '맨발학교'에 푹 빠져 있다고 했다. 우리는 자연육아 커뮤니티에서 만나 함께 맨발로 진행된 캠프에도 참여했을 정도로 맨발걷기의 좋은 점에 대해서는 이미 공감대가 있었다. 부산 교육청에서 강사를 초청해 유치부 학부모를 대상으로 한 강연이 인상 깊어 근래 학교 마사토 운동장을 찾아다니며 맨발걷기를 꾸준히 하고 있다고 했다. 요는 맨발걷기가 좋은 줄은 알고 있었지만, 그 강의를 듣고 나니 훨씬 더 좋더라는 것이었다.

소이 엄마가 전해준 강의 내용에 따르면 학교 관리자나 교사를 대상으로 연수가 이루어지고 있고, 그 가치를 알아본 학교장과 교사가 돌아가서 그 학교 전체 혹은 담당한 반에 적용하는 사례가 늘고 있다고 한다. 한 학교에서는 담임 선생님의 재량으로 그 반 아이들만 맨발걷기 활동을 하고 있었는데, 학교에 독감이 유행하면서 전체적으로 결석생이 늘어날 때 맨발걷기를 시행한 반만 결석생이 없어

---

* 소이네 가족은 부산에 사는 생활 비건이다. 소이 엄마와의 만남으로 내 관심 밖에 있던 채식이 내 생활 안으로 들어왔다. 음식을 대하는 마음이 곧 생활 태도이고 세계관임을 깨닫는 길에서 만난 첫 귀인이다.

맨발걷기가 면역력 증진에 효과가 확실하다고 소문나면서 학교 전체에 도입한 사례도 있었다고 한다. 눈이 번쩍 뜨였다.

자연출산을 시작으로 남들과 다른 선택 앞에 공연히 '내가 이상한가?' 자기 점검하는 날이 늘어났다. 친했던 친구나 심지어 가족들도 같이 있으면 스스로 조금 이상한 사람이 된 것 같기도 하고, 멀어져가고 있는 것 같아서 마음이 편하지는 않았다. 아이들과 가족이 다 함께 만나는 자리는 같은 자연출산 가정을 만났을 때가 가장 편했다. 관심사가 기본적으로 비슷하니 생활 양식도 비슷해서 대화가 편했다. 무엇보다 같이 있으면 내가 유난이 아니라는 것이 안심이 되었다. 맨발걷기도 그중 하나였는데, 우리끼리는 "여기 맨발걷기 하기 좋겠다! 맨발로 걸어볼까?" 자연스럽게 말할 수 있었지만, 우리 밖에서는 할 수 없었다. 생각해보면 자연출산을 시작으로 수년에 걸쳐 나의 인식도 조금씩 바뀐 것이고, 나 또한 2015년 맨발 캠프 때는 맨발걷기를 처음 접한 때라서 잠깐 벗었다가 이상한 느낌에 곧 다시 신발을 신었다. 처음 듣는 사람에게 얼마나 생소할지, 이상하게 받아들여질지 충분히 짐작된다. 삽시간에 이해받을 방법도 없으니 말하지 않기를 선택하게 된다. 맨발걷기뿐 아니라 취향, 선택, 감응까지 자연스럽게 표현하지 못하는 것들이 늘어나면서 외로움, 소외감도 알게 모르게 쌓였던 것 같다.

그런데 맨발걷기를 공교육에 도입하고 있다고? 얼마나 반가웠는지 모른다. 이게 더 확장되어 맨발걷기가 대중화되면 최소한 놀이터에서 우리 아이들이 신발 벗고 놀게 두어도 이상한 눈초리는 안

받겠구나 싶었다. 우리 아이만이 아니라 갑갑한 신발을 벗어 던지고 시원하게 뛰어놀 아이들이 더 늘어난다고 생각하니 우리 지역에도 하루빨리 맨발걷기가 대중화되길 바랐다. 지성이면 감천이라던가. 얼마 되지 않아 유치원에서 안내장이 왔다. 경산교육지원청에서 '인공지능시대 자연지능 깨우기'라는 주제로 유치부 학부모를 대상으로 연수를 한다고 했다. 나는 강의 설문조사 의견 수렴란에 맨발걷기 강의를 요청하겠다는 일념으로 참석에 동그라미를 했다.

고대한 강의 날, 자리에 앉아 연수 책자를 펼쳤는데 맨발걷기가 있었다. 얼마나 기쁘던지, 나는 강의 내용을 하나도 놓치지 않기 위해 집중했다. 연예인 뺨치는 입담과 집중력이 있었고 동시에 깊이와 감동이 있었다.

연수가 끝나고 소이 엄마에게 연락했다. 맨발걷기 강의를 들었는데 좋은 줄 알았지만, 그렇게 좋은 줄 몰랐다는 게 무슨 말인지 알겠다고, 나도 딱 그 마음이라며 공감의 기쁨을 한참 누렸다.

경산 관내 유치부 학부모를 대상으로 한 연수였으나 참석자는 언뜻 봐도 기십 명, 그중 우리 유치원 학부모는 손에 꼽을 수 있을 것 같았다. 나만 알기에는 너무 아쉽다는 생각에 내용을 정리해서 파일로 만들었다. A4 양면 한 장이 되도록 정리해서 강의에 참석하지 못한 같은 이웃 엄마들과 공유하고 다른 학부모들과 공유할 수 있을까 싶어 아이 병설 유치원 선생님께도 전달했다. 긍정의 답을 듣고 난 며칠 뒤, 이웃 엄마에게서 내가 보낸 자료가 초등학교 가정통신문 알림에 떴다고 들었다. 실제로 얼마나 많은 학부모가 읽었을지는 모르지만 우리 동네에 '맨발걷기'라는 단어를 한 번 들어는 보았을 아이들, 부모가 늘어났다는 생각에 기뻤다. 한 번 들어두면 두 번째는 들어본 것이 되고, 세 번째는 아는 것이 된다. 문화는 그렇게 익숙해지면서 만들어진다.

나의 의견을 학교에 전달하고, 그것이 검토되어 시행된다는 것이 신선했다. 내가 마음을 내고 있으면 학교 교육에 참여할 방법이 다양하다는 생각이 들었다. 실제로 학부모 연수에 참여할 때는 전혀 계획에 없던 일이고, 내가 사전에 상상해보지도 않았던 일이다. 내가 좋아하는 빨강머리 앤의 말대로, 생각대로 되지 않는다는 것은 생각지도 못했던 일이 일어난다는 것이었다.

자연을 학교 안으로 들이는 것, 많은 방법이 있겠지만 맨발교육으로 시작할 수 있지 않을까 생각해보았다. 맨발학교를 접한 교장, 교사, 전문직 교육자들이 각기 자신의 자리로 돌아가 이를 보급하기 위해 노력하고 있다. 내가 처음 맨발걷기를 접한 후로 5년이 더 지났고, 그새 공립학교에서 성공적으로 안착한 사례가 책으로도 출간되었다. 몇 년 사이 우리 지역 초등학교에서 맨발걷기 산책로와 발 씻는 시설까지 갖추어지는 변화도 지켜보았다. 누가 시켜서가 아니라 우리 교육에 이것이 꼭 필요하겠다 싶어서 방법을 찾고 있다. 맨발교육의 필요성을 느낀 장학사가 지역교육청 단위의 학부모 연수를 기획한 덕에 나도 맨발걷기에 빠질 수 있었던 것처럼 관심 있는 교사나 교장이 있는 곳에서는 학교 특색 사업으로 학교 전체 0교시나 중간놀이 시간 등 맨발 운동장 시간을 만들 수 있다. 꼭 운동장이 아니라도 초등학교의 경우 방바닥 교실도 많아서 맨발의 감각을 느끼며 둘러앉아 느낌을 이야기하는 형태도 가능하다.

대구의 한 초등학교에서는 '별이 빛나는 밤에'를 모토로 밤이면 주민들에게 학교 운동장을 개방해 온 가족이 맨발 산책을 즐겼다고 한다. 요즘처럼 아이들이 실내 생활, 미디어 노출이 심한 때에 전신을 사용할 수 있는 체육 교육은 물론이고, 스마트폰이 아니라 가족과 함께 이야기를 나누고 이어 꿀잠까지 잘 수 있는 세 마리 토끼를 잡는 교육이다.

특히 유아는 모래사장에서 종일도 놀 수 있을 만큼 가르쳐주지 않아도 흙과 절로 친구가 된다. 세계 유수의 유아 교육은 놀이를, 특히 자연에서 놀기를 강조하는데 우리 아이들의 유치원이나 어린이집 환경을 생각하면 아쉬움이 많다. 그래서 인근 단설 유치원에서 모래 놀이터를 만들기 위해 리모델링을 한다는 소식이 반갑다. 역시나 사업에 앞서 학부모의 인식 개선을 위한 맨발걷기 강의가 선행되었다고 한다. 실제로 학교에서 맨발교실을 추진하기 전에는 학부모 강의를 먼저 한다. 한 번 강의를 듣고 나면 대다수 적극적으로 동의하고 동의한 학부모만 시행하는데, 하다 보면 좋은 점을 발견해가면서 참여 인원이 늘어간다고 한다. 이렇게 서서히 인식의 전환을 맞고 파급되어 문화로 자리 잡기를 기대한다.

일반적으로 학령이 올라갈수록 맨발걷기가 어려워 중·고등학교의 경우 학교 전체적으로 운영하기보다는 맨발걷기에 관심 있는 교사 개인의 소관으로 다루어지는 경향이 있다. 공부하다 머리 식힐

때 스마트폰이 아닌 "잠깐 맨발걷기 하고 오자."라며 운동장에 나갔다 오거나, 교사와 학생 일대일 상담을 같이 맨발로 운동장을 걸으며 할 수 있다.

복직하면 맨발걷기를 학교에 들이고 싶었는데, 고등학교에서는 어려움이 있었다. 한동안은 학교 전체가 리모델링을 하느라 근 2년을 운동장 없이 살았고, 이제 최고의 마사토 운동장이 생겼는데 나보다 덩치가 큰 아이들의 신발을 벗기기는 쉽지 않다. 지금은 간혹 점심시간에 동료 선생님과 혹은 혼자 맨발로 운동장 변두리를 걷는다. 급식실에서 나오는 아이들, 축구 하는 아이들 눈에 나의 맨발이 발견되면 "선생님, 맨발이에요? 왜요?" 눈이 동그래져 묻는다. "응, 시원해서." 나는 지금 맨발걷기를 하는 사람으로서 학생들의 눈에 보여지는 단계에 있다. 동시에 "오늘은 운동장에서 맨발 놀이를 해보자."고 했을 때, 17살의 고등학생들이 무심하게 "에바에요."라고 하지 않고 한 번 따라나서 보겠다는 마음이 들게 하려면, 사전에 무엇이 필요할지 구상하는 단계에 있기도 하다. 나의 느린 구상이 주변의 관심과 동참 의지로 탄력을 받고 함께 실행에 옮길 수 있기를 바란다.

놀이터

나는 우리 아이들에게 물려받은 옷, 헌 옷을 잘 입혔다. 옷에 묻을 수 있으니 조심하라고 당부를 거듭하는 것은 천성을 방해하는 것 같아 교육적으로도 내키지 않았지만, 주의를 계속 주거나 바로 달려가서 옷을 닦아주는 것은 나의 천성과도 맞지 않았다. 예쁜 새 옷에 얼룩이 생기면 내심 아까워서 속이 부글거리니 헌 옷을 입히는 편이 훨씬 마음 편했다. 가끔 사진을 보면 패션 테러리스트 가족 같아서 아쉽기도 하지만 사진보다는 나도 아이들도 애먼 걱정 없이 실컷 노는 게 더 중요했다. 가계 경제에도 보탬이 되고, 지구 전체로도 쓰레기가 줄어드니 얼마나 좋은가. 덕분에 아이들이 아무리 흙바닥에 굴러도 나는 마음 편히 지켜볼 수 있었다.

북유럽의 유아 교육은 자연에서 힘껏 놀게 하는 데 적극적이다. 덴마크의 휘게 육아나 핀란드 교육 이야기를 들어보면, 한겨울에도 보디수트를 입고 눈구덩이를 구르고 비가 오면 우비를 입고 빗속에서 논다. 지금 우리나라는 감각 교육이라는 이름으로 문화교실이나 사진을 찍기 위한 이벤트성 체험이 있는 정도지만 그곳은 어떤 기상 조건에서도 야외 활동을 할 수 있도록 씻는 공간, 여벌 옷 등 놀수 있는 문화와 제도가 마련되어 있다. 심지어는 영유아의 경우 한겨울 영하의 날씨에 유모차에서 낮잠을 재울지언정 야외 활동 시간을 준다. 대자연 속에서 아이들이 누려야 할 시간을 절대적으로 확보하는 모습에서 자연이 스승이라는 철학을, 어린이는 신체 오감을 발달시키는 것이 우선 과제임을 새삼 생각해본다.

반면 우리나라에서는 덥거나 춥거나 비가 오면 실외 활동을 못하고, 이제는 미세먼지까지 추가되었다. 아이들은 키즈 카페, 슬라임 카페, 레고 카페를 다니며 어쩌다 실외 공원이라도 가면 멋지게

Part 01 자연육아 엄마가 되다

차려입고 사진 찍기 바쁘다. 부모들은 아이가 흙만 만지면 '지지'를 외치고 털어내기 바쁜데 요즘은 흙 있는 놀이터마저 찾기 어렵다.

다행히 우리가 살던 아파트 주변에는 모래 놀이터가 있는 공원이 있었다. 300년 된 보호수 버드나무가 아이들을 지켜주듯 그늘을 만들어주었고, 우리는 그 아래에서 쉴 수 있었다. 나는 당시에 한참 아파트 놀이터가 플라스틱 미끄럼틀과 우레탄으로 덮인 것을 못마땅해했는데 한여름이면 폐고무 냄새가 나서 더 싫었다.

요즘은 미끄럼틀을 포함해서 자연친화적 나무 놀이터가 생기고 있지만 바닥은 여전히 우레탄이다. 내 어린 기억에 놀이터는 미끄럼틀과 그네가 전부였지만, 우리는 흙바닥을 파서 소꿉놀이도 하고, 풀잎을 찧어 병원놀이도 하고, 땅따먹기를 하는 등 시간 가는 줄 모르고 잘 놀았다. 특히 미끄럼틀은 제법 높이가 높았지만 좀 커서는 손잡지 않고 거슬러 오르기도 하고 술래잡기를 하면 '탈출'이라며 꼭대기서 뛰어내리기도 잘했는데 지금은 그런 미끄럼틀을 찾아볼 수 없다. 너무나 안전하고 정해진 목적(걸어 지나가서 내려오기) 외에는 달리 방법이 없는 미끄럼틀이 대부분이다.

10년 전, 영국 지방 도시에서 동네를 거닐다 공원을 발견했는데 생전 처음 보는 초대형 터널 미끄럼틀이 있었다. 우리나라에서는 극기 훈련장에서나 볼 수 있을 법한 클라이밍 벽과 어른인 나도 엄두가 안 나는 정글짐도 보았다. 순천 기적의 놀이터가 영국에서는 10년 전에 동네마다 있던 보통의 놀이터인 셈이다. 위험할 수 있지만, 아이들은 그 안에서 조심하고 집중하고 창의력을 발휘해서 논다. 조금의 위험함을 감수하고 용기 내고 도전하면서 배우는데 우리는 왜 그런 놀이터를 주지 못할까.

우리 놀이터가 너무 재미없다고 느낄 때쯤 우레탄의 유해성도 많이 알려졌는데 흙 놀이터로 돌아가자는 반향이 없는지 궁금했다. 마침 공원 관리 일을 하는 이웃을 만나 물을 기회가 있었다. 나는 부모들이 안전에 대한 걱정이 많아서 낙상 사고에 대한 우려로 폭신한 우레탄을 흙보다 선호하는 줄 알았다. 그리고 그 이유로 지금까지 놀이터나 학교 운동장이 우레탄으로 덮인 것으로 생각했다.

그런데 흙이 더 안전하다는 것이었다! 우레탄은 단지 몇 센티미터이고 그 아래로는 시멘트이기 때문에 완충은 흙이 더 잘 된다고 한다. 그런데 왜 우레탄 놀이터가 이렇게 많이 생겼을까. 그 이유는 놀라웠다. 바로 민원 때문이었다. 흙먼지가 날려서, 옷이 더러워져서 흙 놀이터는 민원이 들어온다고 했다. 겨우 그 이유 때문에 우리 아이들에게 자연 놀이터를 돌려주지 못한다고?

실제로 맨발걷기 강의만큼 인상 깊었던 것은 강의 후 질의응답 시간이었다. 이렇게 중요하고 좋은 것인데, 교육부에서도 일하셨다면서 왜 학교가 우레탄*을 깔게 두었으며, 이 좋은 것을 왜 모든 학교에

---

* 교육부의 운동장 교체공사 관련 수요조사 결과, 우레탄 트랙이 설치된 초·중등학교 2,763개교 중 64%인 1,767곳에서 납이 기준치를 초과했으며, 이후 환경부 용역 연구에서 학교 우레탄 트랙의 79%는 교체가 필요하다는 결과가 나왔다. 그럼에도 이 중 1,459개교에 달하는 대부분의 학교가 다시 우레탄으로 교체를 원했으며 216개교는 마사토, 69개교는 천연잔디, 6개교는 인조잔디를 쓰겠다고 했다. 마사토 운동장을 원하는 사람들은 중금속, 환경호르몬, 휘발성 유기화합물로 이루어진 우레

서 시행하지 못하는지 질책에 가까운 질문이 있었다. 이어진 답변은 '정책'적으로 주어진다고 하루아침에 변하지 않는다는 것, 인식의 전환과 함께 '문화'로 자리 잡는 것이 중요하다는 것이었다. 정책으로 주어지는 순간, '위에 누가 바뀌더니 뭘 하라고 해 가지고…' 당장 교사들부터 '업무'로 인식하게 되고, 지금은 부모들도 흙은 위험하고 더럽다고 생각하지 맨발로 흙을 밟는 것이 좋다고 생각하지 않기 때문에 학교에서 시행해도 부모들의 협조가 없다는 것이다. 오히려 항의 민원을 받을 수 있다고 했다.

학교가 직장인 나에게 몹시 와닿는 답변이었다. 예산이 없어 추진하지 못하는 일도 있고, 예산이 있지만 일할 사람이 없어서 못하는 일도 있는데, 예산이 있고 일할 사람이 있어도 그 가치를 받아들일 문화가 없어 하지 못하는 일도 있었다. 무언가 새로운 변화를 원한다면 인식 개선을 시작으로 문화가 바뀌어야 한다는 것을 가슴에 담게 되었다.

탄과 인조잔디는 노후화와 함께 비산먼지가 되어 아이들의 호흡기를 통해 인체에 유입될 수 있으며 땅속으로 스며들어 결국 토양을 오염시킨다고 말한다. 반면 우레탄 교체를 원하는 사람들은 축구 농구를 할 수 있는 환경이 더 좋고, 흙먼지 또한 호흡기에 좋지 않다고 말한다.

위험이란

나는 흙이 더러워서 위험하다는 생각을 거의 해보지 않았다. 놀이터에서 놀고 온 아이들에게 손 씻으라고 하는 것은 당연했다. 손에 흙이 묻거나 얼룩이 묻은 채 무엇을 먹는다는 건 감염의 위험을 논하기 전에 찜찜해서 음식 맛이 떨어진다. 집안일을 하다 보면 먼지가 풀풀 날리거나 옷에 때가 묻기도 한다. 가끔은 기계를 만지면서 기름때가 타기도 하는데 이런 경우는 비누로 꼭 씻도록 한다. 엄밀하게 말하면 더러운 손에 묻은 균이 들어와 감염병을 일으킬 것을 막는다기보다는 인체 내에 있어선 안 될 물질이 신체로 유입되는 것을 막기 위해서다. 한마디로 무엇이 묻어 씻는 것은 당연하다고 생각한다.

흙 한 숟갈에는 1억 마리가 넘는 미생물이 있다는데 그중에는 우리에게 도움이 되는 것도 많다. 내 눈에는 손과 흙으로 보이지만 미시 세계에서는 손바닥 상재균과 흙 속 미생물 간의 만남이 전쟁을 치른다. 그리고 인수냐 합병이냐, 공격이냐 항복이냐 결정된다. 상재균의 방어 체계가 뚫리면 감염이 되는 것이고, 뚫리지 않으면 전투 경험을 쌓은 것이다. 이렇듯 면역 체계는 미생물 간의 끊임없는 교류를 통해 발달한다. 여러 차례, 다양한 미생물과의 접촉 경험이 결국 자연 면역력을 기르는 방법이다. 여기에 비추어보면 평소 흙놀이를 자주하고 미생물에 노출 경험을 쌓는 것이 다양한 미생물과의 접전 경험을 늘리는 일상 백신이 되는 것이다. 평소에 소독제, 물티슈, 소독티슈 등으로 미생물과의 접촉 경험을 원천 차단하고 피부상재균까지 죽이는 것보다 가볍게 경험하게 해주고, 물로 깨끗이 씻어내는 방법이 자연스럽지 않은가.

흙먼지와 우레탄 비산먼지 중 무엇이 더 위험할까. 흙먼지는 미세먼지가 아니라 거대먼지다. 뿌옇게 눈앞에 날리는 것이 보인다. 눈을 감고 입을 다문다. 입과 코로 들어가더라도 우리 몸은 호락호락하지 않다. 가래를 만들고 기침을 해서 뱉는다. 나는 정말 위험한 것은 우리가 마시는 줄도 모르고 마시고, 눈에 보이지도 않으면서 영향을 주는 중금속, 환경호르몬, 화학 미세먼지라고 생각한다. 그 성분 하나하나가 얼마나 유해한지 증명하는 논문을 보아야 믿을 수 있는 것이 아니다. 흙먼지는 지구의 역사와 함께 있던 것이다. 인류의 역사가 방증한다. 인조잔디와 우레탄 운동장의 모든 유해 요소에 관해서는 아직 밝혀진 것이 미진하다.

우레탄 운동장이 만들어진 지 10년이 되도록 안전 점검 기준 자체가 미비했기 때문에 우레탄 운동장의 유해물질 검출 파동 또한 2016년에 처음 나타났다. 교육부의 운동장 교체공사 관련 수요조사 발표 후 우레탄에 대한 KS(한국산업표준) 기준에는 중금속 4종(납, 수은, 카드뮴, 육가 크로뮴)만 포함되어 있다는 문제가 지적되었다.

중금속은 신경계 손상 및 지능 발달을 저해할 수 있다. 노후화된 우레탄을 본 적이 있는가. 여기에서 유해물질이 과연 중금속 4종뿐일까. 이때 프탈레이트가 빠진 것이 지적되었는데 이것은 플라스틱의 성형과 가공을 쉽게 해주는 가소제로 환경호르몬의 일종이다.

환경호르몬은 동물이나 사람의 몸속에서 호르몬처럼 작용해서 인체의 호르몬 분비 체계를 교란한다. 주로 플라스틱이나 폴리염화비닐 가공품에 사용되어 벽지나 바닥재 등 건축재, 식품 포장재, 장난감, 플라스틱 용기 등 일상생활에 광범위하게 사용되고 있어 오늘날 현대인의 생활 속에 항상 노출되어 있다고 해도 과언이 아니다. 특히 여성의 경우 성호르몬 관련 영향이 큰데 어린 시기 성조숙증부터 성인이 되어 난임이나 자궁 관련 질환의 발병이 급증한 것과 무관하지 않다.

정부는 곧 '유럽 어린이 제품 안전 기준'을 검토해 우레탄 트랙 유해물질 관리대상을 4종에서 25종으로 확대했으나, 학교 우레탄 트랙 유해물질 전수조사를 할 때까지도 학교 밖 공원 및 아파트 놀이터에 대해서는 기준이 없어 검사를 하지 못하는 실정이었다. 우리는 새로운 화공품의 산업화로 빠르게 상업화되고 있는 사회에서 안전에 대해서는 방심할 수 없음을 확인했다. 제품 개발에서 상용화로 이어지는 빠른 산업화는 이를 충분히 검증하고 고찰할 시간을 허락하지 않았다.

인조잔디와 우레탄이 학교, 놀이터, 공원 산책로를 덮어갈 때는 당연히 안전성이 검증된 것으로 생각했을 것이다. 과학이 발전해 편의 시설 개발이 빠르니 좋은 세월이라고 생각했을지 모른다. 사업을 주도했던 사람들도 체육 시설의 선진화에 기여하고 있다는 자부심으로 앞다투어 따라가기 바쁘지 않았을까. 2002년 월드컵 이후 우리 아이들에게 잔디 구장을 줄 수 있다는 마음에 벅차기도 했을 것이다. 우레탄 운동장의 보급과 유해물질 검출 파동 사이 10년, 문제가 속속 드러나는 중에도 운동장 교체 수요조사에 새로운 우레탄으로의 교체가 대다수의 응답을 차지했다는 결과 앞에 다시 질문해본다. 과연 흙이 우레탄보다 위험할까.

맨발걷기와 뇌

아이들이 맨발로 뛰어놀던 시대에는 자폐, ADHD, 아토피와 같은 병이 지금처럼 많지 않았다. 아프리카에는 자폐*가 없다고 한다. 지금 초등학교는 수업에 집중하기 힘든 아이들로 교실이 몸살을 앓고 있다. 우리 부모님 세대는 아토피라는 것 자체를 인지도 못할 만큼 드물었다. 현대에 들어 아이들의 발병률이 급증한 병들을 보며 우리 아이들에게 흙이 가까이 있었다면 어땠을까를 생각해본다.

아이들에게 흙을 돌려주자는 것은 단순히 병을 예방하기 위한 소극적 의미가 아니다. 흙과 자연은 건강한 몸과 마음, 심신의 발달에 필요하다. 팔다리 신체 뼈와 근육의 발달은 직접 운동함으로써 발달시킬 수 있다. 성장기 유아동·청소년 시기에 체육이 중요한 이유가 그것이다.

---

* 우리나라 자폐 발병률 2009년 4647명 6.2% → 2017년 11422명 12.8%(정서·행동 장애를 포함하면 급증)

2007년, 교육인적자원부는 예체능 교과에 대해 2009년부터 우수·보통·미흡이라는 3단계 절대 평가로 내신 평가 체제를 바꾸기로 했다. 이후 방과 후 시간이면 볼 수 있었던 미술 학원, 피아노 학원 가방을 들고 동네마다 삼삼오오 다니던 초등학생의 모습을 거의 볼 수 없게 되었다. 그 상황에서도 태권도·유도·검도 등의 체육 교육이 살아남은 것은 다행이 아닐 수 없다. 그런데 그 이유가 고등학생이 되어 책상에 앉아 끝까지 공부할 수 있는 힘은 체력에서 나오기 때문이라고 말한다. 체력이 좋아 책상에 오래 앉아 있을 수 있으면 공부를 잘할까? 우리의 뇌는 팔다리처럼 직접적인 자극으로 훈련시킬 수 없다. 대신에 연결된 신경, 근육을 통한 자극으로 발달시킨다. 유아기의 체육 활동이 단순 신체 발달이 아니라 뇌 발달을 촉진하는 것도 그 때문이다.

뇌는 신체 모든 곳에 연결되어 있다. 손가락을 많이 사용하는 피아노 연습이나 전신을 활용하는 태권도가 단순 음악 재능이나 체력 단련이 아닌 두뇌 발달로 이어지는 이유다. 전신 활동이 당연히 좋지만, 발바닥을 자극하는 것이 가장 효과적이라고 한다. 흔히 발바닥에는 오장육부가 담겨 있다고 하는데 뇌와도 직결되어 아인슈타인을 비롯한 많은 천재가 영감을 얻은 방법으로 자연 속에서의 산책을 꼽았다.

맨발걷기를 통한 뇌 자극은 새로운 영감을 준다. 발바닥의 자극은 일차적으로 콕콕 찌르는 느낌, 얼얼한 느낌 등 몸의 감각에 집중하게 한다. 외부가 아닌 '나'에게, 과거나 미래가 아닌 '현재'에 집중하는 시간을 만든다는 데서 특별하다. 신경 회로를 통해 뇌로 전달된 감각은 '느낌'이 되고, 그렇게 몸과 뇌의 교류가 활발해지면서 뇌 신경망을 발달시킨다. 물리적으로는 근육과 혈관 자극으로 뇌 혈류량을 증가시켜 뇌를 활성화한다고도 말한다.

결국 맨발걷기는 집중력, 창의성, 학업 능력 향상으로 이어진다. 발바닥 자극은 행복 호르몬 세로토닌과 엔돌핀을 분비해 행복과 안정을 줄 뿐 아니라 이 세로토닌은 밤이면 멜라토닌으로 바뀌어 숙면할 수 있도록 돕는다. 자연스럽게 우울증을 예방하는 등 스트레스를 해소시켜주어 밝은 마음을 갖게 한다. 실제로 민사고를 비롯한 많은 명문학교가 새벽 운동이나 체육 시간 확보를 우선으로 한다는 것을 고려하면, 학업 신장을 포함한 장기적인 안목에서도 맨발걷기의 가치에 주목할 필요가 있다.

맨발, 내 몸과 관계 맺기의 시작

나는 동네 놀이터에서 맨발걷기를 시작했다. 모래가 있는 곳에서 맨발로 서서 가만히 다녀보았다. 발가락 사이로 파고드는 모래를 느끼며 구석구석까지, 네 번째 발가락의 옆면처럼 있는 줄 몰랐던 나의 신체 부위를 인식했다. 모래알로 자극되는 발바닥 피부 한 지점을 통해, 연결된 근육 한 줄기, 거기에 연결된 신경 한 다발을 따라 내 몸속 이곳저곳이 모두 연결되어 있음을 상상했다. 풀꽃은 작고 그 씨앗은 더 작아 우리 눈에는 띄지도 않지만, 대지의 품에 들면 굳건한 생명체로 자라난다. 신발을 벗고 발을 땅속에 파묻으면 나도 보살핌을 받는 것 같았다. 대지의 여신이 나를 감싸고 어루만지는 듯한 포근함을 느껴보았다. 신이 발바닥을 통해 나를 돌아 나가면, 나도 땅에 뿌리를 둔 다른 식물들처럼 새 생명이 충전되었다. 나는 식물 한 포기, 나무 한 그루가 된 듯 그라운딩할 수 있었고 생명이 되어 살아나는 듯했다.

아버지는 시골 출신이었지만 성년기 대부분을 구두를 신고 사무실에서 보냈다. 중년의 어느 겨울, 함께 집으로 돌아와 현관문을 여는데 아버지께서 열쇠를 대자 정전기가 일었다. 요즘은 현관문을 열 때나 자동차 문을 열 때 정전기 무서워 못 살겠다 하시는데 진심으로 스트레스가 있어 보였다. 나는 대학에서 물리를 배운 사람답게 겨울이라 건조해서 정전기가 많아 그러하니 손바닥으로 넓은 면적을 동시에 갖다 대서 먼저 방전시켜야 한다고 말했다. 정전기는 뾰족한 곳에 몰리기 때문에 조심스럽게 열쇠 끝을 먼저 대면 오히려 정전기가 일기 더 쉽다고도 했다. 그러고는 잊고 있었는데 맨발걷기를 하면서 퇴직하고 밭일에 매진 중이신 아버지가 생각났다. 불쑥 전화를 걸어 요즘은 정전기 없냐 여쭈니 "글쎄, 요즘은 안 그렇네." 언제부터 해결되었는지도 모르셨다. 나는 어느새 다 알고 있었던 과학자처럼 말했다. "그렇지? 매일 흙을 밟고 만지니까 그렇지."

우리 몸의 모든 생체 반응은 전기 신호를 기반으로 한다. 그리고 몸에서 사용되고 남은 정전기는 흙에 맨발이 닿는 순간 즉시 빠져

나간다. 현대인 대부분은 신발을 신고 자동차를 타고 아스팔트 도로를 지나 시멘트 건물 안에서 하루를 보낸다. 수족에 흙이 닿을 새가 없다. 가끔 놀이터에서 플라스틱 미끄럼틀 근처에만 가도 머리가 쭈뼛 설 정도의 정전기를 느낄 때가 있다. 바깥에 있는 미끄럼틀은 비라도 맞지만 건물 속에서 하루를 보내는 우리는 무엇을 할 수 있을까. 손바닥보다 큰 돌멩이를 주워 아파트 발코니 양지바른 자리에 두고 보며 한 번씩 올라섰다. 비록 고층 아파트지만 나 아직 땅을 잊지 않았다는 나름의 방책이었다.

모래 놀이터에서 주변 보도블록으로, 시멘트 바닥 공원까지 동선상 지나치는 정도였지만 맨발로 딛는 영역을 확장했다. 점점 과감해져서 넓은 공원 전체를 맨발로 다니다 아파트 단지 옆 캠퍼스로 나갔다. 비가 촉촉이 내린 잔디밭은 까슬하기도 하고 포근하기도 하고 촉촉하기도 했다. 여하간 처음 느껴보는 기분 좋음이었다. 형용할 단어를 찾기 어려운 나를 보면서 얼마나 감각에 익숙지 않은가를 생각해보았다. 그만큼 내 오감을 느끼지도, 그 느낌을 말로 글로 표현해보지 않고 살았다는 뜻이다. 서른이 넘어 비 오는 잔디밭을 맨발로 밟아보는 게 처음이구나. 아직 안 해본 재미있는 경험이 얼마나 많을까. 매일 땅과의 새로운 만남이 이어졌다.

대학 캠퍼스에는 꽤 긴 철학자의 길이 있었는데, 길을 따라가다 보면 황무지 같은 돌밭길, 솔가지가 쌓인 포근한 길, 미끈한 황토흙길 등 다양한 코스를 만날 수 있었다. 자갈이나 나뭇잎, 꽃잎, 잔가지 등을 이용해 바닥에 숫자를 표현해서 맨발걷기 인증샷을 찍었다. 평소에 눈길을 주지 않던 자연의 소품들을 새로 발견하면서 생애 첫 경험에 설렜던 날들이었다. 맨발로 나서면 보이는 자연이 다 그림이었다. 자연이 이렇게 멋지고 아름다운 줄 몰랐다. 자연이 나를, 내가 자연을 서로가 서로를 예술로 만들어주었다.

어릴 때부터 겨울이면 손발이 자주 시렸고 두툼한 양말을 찾아 신었다. 양말을 신고 잠에 들어도 이상할 것이 없을 정도로 나는 양말을 잘 신었다. 가끔 실내에 들어오면 잽싸게 양말을 벗는 친구가 있었는데 신기해서 물어보면, 양말이 갑갑하다고 했다. 생각해보면 나는 발이 시렸기 때문에 양말을 잘 신기도 했지만, 정확히는 내가 양말을 신고 있는지 벗고 있는지 의식하지 못하고 있었다는 것을 맨발걷기를 통해 알았다. 양말을 벗고, 신발을 벗자 묘한 해방감이 생겼다. 그렇게 몇 차례의 시도 끝에 내 발바닥이라는 신체 부위를 느끼기 시작했다. 어느 날부턴가 양말을 신는 것이 갑갑하게 느껴졌다. 내가 그동안 내 발의 감각을 완전히 차단하고 있었구나, 나는 양말의 갑갑증을 내 본능과 오감이 깨어나는 신호로 받아들였다. 대지는 나의 차단되었던 신경을 금세 다시 열어주었다.

맨발걷기가 나에게 준 최고의 선물은 해방감이다. 양말을 벗고, 신발을 벗고 맨땅 위에 올라선 느낌은 해방이었다. 옷은 사회적 굴레다. 우리는 옷을 입은 사람을 볼 때는 그 사람 자체를 보지 못한다. 차림새가 그 사람의 많은 것을 표징할 때가 많다. 그 사람을 어떻게 대해야 할지를 무언의 말로 강요받기도 한다. 신발을 벗고 맨발로 땅 위에 서는데 내가 옷을 벗고 선 것 같았다. 신발만 벗었을 뿐인데 대지와 내 발바닥만 남은 느낌이다. 엄마, 아내, 교사 등 내가 요구받은 역할과 짐을 다 벗은 듯 홀가분했다. 맨발로 땅에 닿아 있으면 나도, 내 눈에 보이는 사람도 '어떤' 사람이 아니라 그저 지구인이 되는 것 같았다. 대지에 발을 꼭꼭 파묻으면, 대지는 내 발바닥을 꼭 붙들어주었다. 내 머리가 과거로 미래로 떠돌지 않게 지금에 묶는 힘이 있었다. 감각을 열면 현존할 수 있다는 말이 이런 거구나, 맨발걷기를 할 때면 구상 속의 내가 아니라 지금의 나로 존재하는 해방을 경험할 수 있었다.

맨발걷기로 발바닥의 감각을 열면서 새 친구도 사귀었다. 풀, 벌레, 하늘, 바람 등 그중 나무가 나에게 특별하게 다가왔다. 그동안 내게 식물은 움직이지 않는 배경과 다름없었다. 맨발 산책을 하다 보면, 흙 위로 올라온 큰 나무의 뿌리를 만날 때가 있다. 자연스럽게 연결된 나무로 가서 손을 짚어보고, 더러는 버들가지와 악수도 해본다. 바람이 만드는 나뭇잎의 샤샤샤 인사를 듣자면 나무껍질에 손을 가만 얹고 얼마나 오랫동안 이 자리를 지키고 있었냐고 물어보기도 한다. 한 품에 감아 안을 수도 없는 큰 나무 앞에서는 숙연해지기도 했다.

식물에는 뇌가 없고 신경이 발달하지 않았다고 말할지도 모른다. 혹은 신경생물학을 말하면서 식물의 신경 전달 체계를 과학으로 설명하려 할지도 모르겠다. 나는 감각을 열고 자연을 만나기 시작하면서 오랜 시간 과학을 잘못 배웠다는 생각을 하게 되었다. 식물이 모를까? 땅은 그저 땅일 뿐일까? 요즘은 나무에 손을 얹거나, 신발을 벗고 내딛다가 마음을 가다듬을 때가 많다. 땅도 나무도 내가 그렇듯 신성이 깃들어 있음을 느낀다. 아직 익숙하지 않아서 무심코 불쑥 들어설 때가 많지만, 허락 구하기를 연습해본다.

땅에게 말한다. '제가 들어서도 될까요?'

나무에게 물어본다. '제가 옆에 앉아도 될까요?'

묻고, 만나서 반갑다고 악수를 청해본다. 햇살이 기분 좋게 따스하게 내리쬐기도 하고, 바람과 나뭇잎이 앞다투어 시원한 대답을 해주기도 한다. 그렇게 들어선 땅에서는 나무도 땅도 다 나를 환대하는 것 같았다.

오늘도 206개의 뼈로 이루어진 발은 지면과 닿아 부단히 움직이고 있다. 육중한 무게를 지탱하면서 여기저기로 걷고 뛰며 우리를 옮겨준다. 내 몸의 가장 밑바닥에서 쉬지 않고 일하는 나의 발을 우리는 얼마나 의식하고 살고 있나. 우리 정신의 뿌리를 고향이라고 하면, 육체의 뿌리는 발이다. 뿌리가 단단해야 몸이 바로 설 수 있다. 발을 흙에 맡겨본다. 내 발의 주인이 되어 발이 만족(滿足)할 만큼 가득 채워본다.

맨발걷기가 아직 낯선 분들에게

☞ 준비물 : 신발주머니(봉투), 수건
☞ 양말은 벗어 신발 속에, 신발은 신발주머니 속에 넣는다. 들고
   다니기 번거로워서 나는 백팩을 선호한다. 마치면 바로 시원한
   물에 발을 씻는다.

익숙하지 않은 것에 대한 두려움

처음에는 뭔가 묻는 것 같고, 더러운 것 같아서 어색하고 불편했다.
흙쯤이야, 크게 결심하고 나서니 이번에는 벌레가 눈에 들어왔다.
가만히 앉아 땅을 보니 이파리나 돌멩이마다 형형색색의 처음 보
는 벌레들이 어찌나 많던지, 깊고 맑은 숲으로 갈수록 더했다. 가만
히 있으면 하늘에서 송충이도 뚝뚝 떨어지고 무섭다고 소리치려다
다시 생각하니, 아이들이 보는데 괜히 송충이에 대한 혐오만 심어
주어서는 안 되겠다 싶어 정신을 가다듬는다. 얘들이 사는 마을에
내가 들어선 것인데 이렇게 소스라치게 싫어하면 억울하겠다는 생
각도 들었다. 덩치도 수천 배에 달하니 얼마나 무서웠을까. 그간 이
숲을 지켜주어 고맙다는 마음으로, 내가 너희를 알아가도록 도와

달라는 마음으로 다시 시작했다. 단 며칠 만에 그간 최고 편하다고 자랑스러워했던 런닝화가 투박하고 불편하게 느껴지는 낯선 경험을 했다. 우리는 맨발로 태어났는데, 수십 년 신을 신고 살아 맨발이 익숙하지 않은 것이었다.

꼭 흙길이 아니어도 괜찮아요

신발, 양말을 벗고 두 발로 맨땅에 서기만 해도 접지는 순간에 일어난다고 한다. 볕 좋은 날 가끔은 맨발로 땅을 딛기만이라도 해보자. 맨발로 내딛는 순간부터 발바닥의 모든 세포와 경락에 자극을 준다. 맨발로 걸으면 작은 알갱이들이 발바닥 신경 전체를 자극해서 그간 둔화되었던 감각을 깨우고 오장육부, 뇌까지 깨운다. 자연에 노출된 피부는 우리도 모르는 새 많은 자극을 받아들여 우리의 몸과 마음을 깨울 것이다.

친환경적인 곳이라면 대자연의 기운으로 가득 충전될 수도 있다. 바닷물과 모래를 같이 만날 수 있는 해안가 걷기나, 황토 에너지가 가득한 황톳길 걷기, 알알이 자극되는 마사토 운동장 걷기가 좋다고 하는데, 나는 포근한 솔가지가 있는 숲길이나 보드라운 흙길이 좋았다. 처음에는 시멘트 길이 나오면 싫었는데, 맨발걷기가 익숙해지면서 땅을 고르거나 피하지 않게 되었다. 집을 나서면서부터 돌아올 때까지 산책 길을 전부 맨발로 밟기 시작하니 시멘트 길도 그 나름 매력이 있었다. 단, 더운 날 냄새나는 우레탄이나 기름이 흘러나오는 아스팔트는 피하도록 한다.

안전에 대한 염려

- 유리조각, 뱀, 개·고양이 동물 분뇨나 진드기, 기생충 등에 의한 감염

처음에는 맨발걷기를 위해 조성된 숲이나 공원을 추천한다. 하는 사람도 안심되고 보는 사람도 불편하지 않다. 익숙해지면 해볼만 하다고 생각되는 한에서 도전한다. 개인적으로는 맨발걷기를 하면 서 위 문제는 없었지만 계절에 따라 나무의 열매 때문에 발바닥에 열매 과즙이 배어 잘 안 씻겨지는 것이 불편하다면 불편한 점이었 다. 보면 알 수 있는 어둡고 습하고 더러운 곳은 발길을 두지 않는 다. 그 외에는 바퀴벌레, 쥐, 청설모 등이 지나다니는 땅이겠지만 햇볕이 내리쬐고 바람이 잘 통하는 곳은 태양의 살균력과 토양의 자정 능력을 믿었다. 흙은 긴 세월 사체, 나뭇잎 등 모든 것을 정화 하는 역할을 담당해왔다. 비, 바람, 햇빛이 항상 함께하는 흙이 나 를 위협할 만큼 더럽다고 생각하지 않았다. 야생의 숲길이나 시골 에서는 뱀을 보기도 한다. 아파트 주변 캠퍼스 산책로에서 혼자 맨 발걷기 중에 1~2m 앞에서 스르륵 지나가는 뱀을 본 적이 있다. 나 는 우연히 연예인이라도 본 듯이 신기하고 반가워서 펄쩍 뛰었다.

실내 동물원에서 뱀을 봤을 때는 께름칙한 불편함이 있었는데 뱀이 생기 가득 잘살고 있는 모습을 보니 기분이 좋았다. 이 얘기를 하면 사람들은 맨발걷기는 위험하다며 내가 물렸으면 어쩔 뻔했냐고 하는데, 나야말로 뱀이 나 말고 다른 사람을 만나 잡혔으면 어쩔 뻔했나 싶다.

숲길에는 나뭇가지도 있고 뾰족한 돌멩이도 있어 찔릴 수 있다. 신발에게 내 발로 자연을 느끼고 디딜 기회를 영영 내주는 것보다는 자연스러운 일이라 생각한다. 나는 잠시 들르는 산책 길이지만 나뭇가지나 벌레나 뱀에게는 집이고 일생의 터전이다. 방해되지 않게 조심해서 다녀올 테니 떨어진 낙엽, 자갈돌 하나에도 나의 방문을 허락해달라고 부탁하는 게 먼저라는 생각이다. 그리고 지금껏 이 공간을 지키고 있었음에 감사를 올리고, 내가 무사히 다녀올 수 있게 길을 안내해달라고, 우리 모두의 만남과 안녕을 조용히 기도한다. 마음이 여유로운 날에는 봉투를 하나 들고 우리를 앓게 했던, 할지도 모를 깨진 유리 조각처럼 위험한 것이나 쓰레기를 줍는다. 사실은 아이와 함께 안전한 맨발걷기를 하고 싶은 나를 위한 일이고 나름 두려움을 치환하기 위한 것인데 지구에도 좋다고 하니 숲도 나를 환영해줄 것 같아 더 좋다.

학교로 다시 돌아오다

과학 수업

05 활동은 쓰레기를 수반하지만

쓰레기와의 사투

첫 번째 육아휴직 끝에 공업계열 특성화고로 복직했다. 제법 규모가 큰 학교였지만 직업계 교육과정 중심이었기 때문에 과학 교과는 1학년만 배웠고, 과학 교사도 나뿐이었다. 일반적으로 중·고등학교는 과학 부서가 따로 있을 만큼 과학 교과의 비중이 크다. 전임 학교만 해도 과학 교사 5명에 과학 행정사가 있어 실험 준비부터 실험실 관리까지 역할 분담이 잘 되어 신규인 내 역할이 적었다. 새 학교에서 그 6인의 몫을 혼자 감당하려니 부담이 되었지만 엄마도 되었겠다, 좀 더 성숙한 나에 대한 기대와 설렘으로 두 번째 학교생활을 시작했다.

나는 호기로웠으나 수업은 쉽지 않았다. 집중하기 힘든 아이들도, 그런 아이들을 보는 나도 서로에게 지치는 시간의 연속이었다. 그나마 자르고 붙이고 만들고 조작하는 활동이 있는 수업은 숨통이 틔었다. 실험 수업에 필요한 실습 재료를 고르고, 사고, 수업 후 정리까지 모두 나의 몫이었기 때문에 학교 업무까지 더하면 일은 배가 되었지만, 북적북적 활동하고 눈에 보이는 결과물이 생기면 '뭔가 했다'는 뿌듯함이 있었다. 과학실에 쌓인 실험 재료, 수업 시간 아이들의 씽씽 살아 있는 소리는 혼자 하는 요란한 뒷정리마저 신나고 학교 다닐 맛이 나게 했다.

그러던 어느 날 쓰레기가 눈에 들어오기 시작했다. 한 번 들어온 쓰레기는 쉽게 나가지 않았다. 내 수업이 만들어내는 쓰레기의 해로움보다 학생들의 배움이 더 컸는지, 이 쓰레기 이상의 가치가 있는지 되묻고 있었다. '이 실험이 꼭 필요한가?' 묻다 보면, 인지적 수업에서 받기 힘든 피드백을 실습 결과물로 보상하려는 내 마음이 보였다. 아이들이 잠자지 않고, 엎드리지 않고, 무엇인가 손에 들고 만들어 결과물을 내면 하다못해 장난을 치고 있어도 '잠은 안 잤잖아. 촉각이 자극되었지. 이렇게 하다 보면 호기심이 일고 적극적으로 하고 싶은 마음이 생길 거야. 나중에 오늘을 기억하는 것이 있을 거야.'

스스로 위로하고 있는 나를 발견했다.

틀린 말은 아니었지만, 수업 목표가 눈으로 보고 손으로 만지고 오감 깨우기에 머물러서는 안 된다는 점, 오감을 깨웠다고 하더라도 버려지는 재료들이 너무 많다는 점이 걸렸다. 그중 절반은 새것과 다름없어 너무 아까웠다. 예를 들면 손전등을 만드는 데 준비물은 1인분씩 다 주어지지만, 학생 중 일부는 만들 의욕이 없거나 어떻게 만드는지 이해하지 못하거나 만드는 방법과 순서를 주지하지 못하고 재료를 덜컥 자르는 실수를 하면 완성에 이르지 못하고 흐지부지된다. 만들어도 그만, 안 만들어도 그만, 못 만들어도 그만인 아이들은 종이 치면 미련 없이 자리에서 일어났고 다음 수업에 쫓겨 마침종과 함께 남은 것들은 쓰레기통으로 갔다. 시간 안에 집중해서 목표에 달성하도록 애쓰는 것도 학습 의지고, 열정이고 에너지였다. 그 결핍은 내가 단숨에 해결할 수 없는 문제였고, 다수의 무기력함으로 채워진 무거운 교실 분위기를 단숨에 끌어올릴 수업 장악력도 내가 하루아침에 갖출 수 없는 것이었다.

내가 할 수 있는 것은 오늘 수업을 다시 재구성하는 것. 당시에도 눈높이에 맞는 적절한 수업을 구성했다고 생각했지만 실제 학습 목표에 도달하는 학생들이 과반이 안 되었다면 내 수업이 틀렸음을 인정해야 했다. 지난 학교에서는 어떻게 했다거나 이 학년에 이 정도는 해야 한다는 생각 모두 나의 편견이다. 나의 과거와 아집을 털어내고 한 시간으로 계획했던 수업을 두 시간, 세 시간으로 늘렸다. '해볼 만'한 과제로 목표 수준을 조정하고, 멈추고 기다리는 것이 내가 할 수 있는 최선이었다.

그러자 해보려는 마음을 내는 아이들이 눈에 보이기 시작했다. 교육과정에 따라서 진도를 맞추겠다는 생각을 '더' 내려놓고, 한 가지를 하더라도 진득하게 끝까지 마무리하는 것을 목표로 했다. 여전히 시간에 쫓겨 종이 치면 책상 위를 쓸어 종량제 봉투에 쏟기 바빴지만, 마무리하는 시간을 충분히 가지면서 쓸 수 있는 것과 버릴 것을 구분하기 위해 한번 멈추고 돌아볼 기회가 생겼다. 자신이 사용한 물건을 제자리로 돌려두고, 옆 친구의 작품을 감상하고, 우리가 어떤 활동을 했는지 그 시간을 음미할 여유가 생겼다. 쓰레기를 줄이기 위해 시작한 고민이 진짜 배움이 되는 시간을 만드는 고민으로 이어졌다.

학교 리모델링을 하면서 운동장 컨테이너에 옮겨살이를 하게 되었다. 이사를 위해 과학실 살림을 정리하다 먼지 쌓인 구석에서 8절 켄트지 뭉치를 만났다. 먼지를 닦고 챙기자니 돈으로 치면 만원이나 될까 싶은 것에 나의 수고만 괜히 느는 게 아닐까, 이 종이와 내 노동의 가치를 값으로 매겨 저울질하는 나를 보았다. 마음속 결론이야 뻔했지만, 나의 업무 효율성을 재며 쭈뼛거리는 데 다행히 멸종위기 야생생물 보호 포스터라는 쓸모를 발견해서 기쁘게 챙겼다.

아이들에게 역사 속으로 사라진 우리 학교의 마지막 과학실에서 보물을 찾았다고 이야기했다. 의아해하면서도 기대한 아이들에게 도화지를 꺼냈을 땐 황당하다는 듯 실망의 눈초리가 있었지만 어쩌면 너희가 태어나기 전부터 여기 있었을지도 모를 그래서 수십 년

선배들의 숨결을 흘려보냈을 종이라고 경건하게 받도록 했다. 종이 한 장 후딱 대충 넘겨 전하지 않고, 의미심장한 분위기와 함께 상장을 수여하듯 한 장씩 귀하게 나누어주었다. 지구를 생각하는 마음을 그리는 날, 그 과정의 시작도 같은 결에 닿을 수 있어 뿌듯한 날이었다. 아이들도 아는지 어느 한 명도 그 종이를 함부로 하지 않았고 실수로 망친 아이도 조심스럽게 나와 한 장을 더 줄 수 있는지 물었다. 새 물건을 사지 않고 있는 물건을 활용한 소요 예산 0원 수업에 쓰레기 하나 나오지 않았다. 물자 낭비 없는 수업 방법을 찾은 감회가 특별했는데 수업 재료, 자료, 그 어떤 내용보다 그것이 전해지는 교육적 분위기가 중요하다는 것을 안 날이기도 했다. 무엇이 중요한지 아닌지는 그것을 전하는 교사의 말과 행동 하나하나에 단단히 새겨진 정신이 말해준다.

한 해는 효소와 발효에 관한 수업을 범교과 주제 다문화교육과 연결하여 다루어보기로 했다. 첫째 시간에 효소와 발효의 개념을 공부하고, 둘째 시간에 세계 각 지역의 대표가 되어 그 나라 전통 발효 음식을 조사·발표해봄으로써 각 나라, 지역마다 특색 있는 고유의 문화를 가졌음을 이해하는 수업이었다. 셋째 시간은 모둠별로 조사했던 발효 음식을 맛볼 수 있는 장을 마련해서 교직원들의 방문에 학생들이 설명하고 소개할 수 있도록 했다. 우리나라의 술떡, 식혜는 물론 천연발효빵, 발사믹식초, 치즈, 템페, 캐피어, 콤부차에 이르기까지 학생들이 평소 접하기 어려운 것들을 다양하게 마련했다. 한 해가 다 갈 때 아이들은 가장 기억에 남는 수업으로 그날을 많이 꼽았다. 나도 인상 깊었던 날이었지만 다음 해 선뜻 주선하지 못했는데, 그 이유 중 하나가 또 쓰레기였다. 발효 음식은 로컬의 의미가 중요했지만, 동네 떡집에 주문해 바로 찾아올 수 있었던 술떡을 제외하면, 세계의 갖가지 발효 음식을 찾아 주문하는 과정에서 모두 택배를 이용했고, 모든 학생이 한 번씩은 맛볼 수 있어야 했기 때문에 그 양이 적지 않았다. 성황리에 마친 수업의 끝에는 택배 상자와 포장 껍질 더미가 남았다.

쓰레기를 줄일 방법을 고민하다 이듬해는 대형 밥솥 하나와 쌀, 엿기름을 사서 직접 식혜를 만들고, 졸여서 조청을, 더 졸여서 갱엿까지 만들어보기로 했다. 다문화교육을 제하면 과학 수업은 수업대로 진행하면서 우리나라의 전통 발효 음식이 만들어지는 과정에서 효소와 발효를 소개할 수 있어 좋은 아이디어다 싶었다. 훨씬 적은 예산으로 가까이서 눈으로 볼 수 있는 기회였지만 실제로 처음 두어 사람이 엿기름을 푸는 과정을 제외하면 멀리서 보고, 맛보는 것이 전부여서인지 체감도는 떨어지는 듯했다. 쓰레기를 줄인 만큼 체험 효과도 줄어든 것처럼 느껴졌다.

쓰레기를 줄이기 위한 나의 고민은 계속되었다. 과학 실험 키트는 교사의 수업 앞뒤 준비 과정을 많이 덜어주었지만 낱낱이 포장된 것들이 마음에 걸렸다. 조금 번거롭더라도 대용량을 사서 나누고 덜어 쓰면서 아이들과 같이 수업을 준비하는 과정을 즐겨보려고 해보았다. 결과적으로 별 차이 없었다. 모자라면 안 되기 때문에 조금 넉넉히 사게 되는데 개인용 키트는 오히려 남으면 관심 있는 학생들에게 나누어 줄 수도 있고 밀폐되어 있어 보관도 용이했지만, 다음 사용이 가까운 시일 내 이루어지지 않으면 대용량 재료는 개봉하고 나면 끝내 버려졌다.

부정하고 싶었지만, 내 수업에 대한 열정과 쓰레기양이 비례하는 듯 보였다. 우리는 이미 쓰레기 없이 활동할 수 없는 생활에 완전히 들어와 있었다. 내가 지나간 뒷자리를 볼 줄 아는 눈은 필요하지만, 피할 수 없는 결과를 붙들고 전전긍긍할 수도 없다. 지구를 고려하되, 내가 더 가치를 두는 것, 재미있는 것을 찾아 그 선택을 유의미하게 갈무리해야 한다.

과학 교육 예산

과학 교과 수업을 위한 교구나 실험 재료비 예산은 각 시·도별 공립학교 예산편성 기본지침을 따른다. 학교급별, 학급 규모별로 달라지는데 이에 따르면 본교는 연간 6백만 원 이상 책정된다. 예산도 쓰레기도 줄일 겸 직접 발효 과정을 빚으려 대용량 밥솥을 구매할 때였다. 전체 예산을 고려했을 때, 장기 사용이 가능한 10만 원 남짓한 밥솥은 충분히 가치가 있다고 판단했다. 특히 우리 학교처럼 교과 학습에 흥미가 낮고 정서적 지지가 필요한 아이들이 많은 곳에서는 따뜻한 식혜가 익는 과학실에 들어서는 것만으로도 설렘과 온기를 줄 수 있지 않을까. 밥솥이 첨단 장비 못지않은 교구가 될 수 있다고 생각했다. 막상 사려고 하니, 과학실에서 밥솥을 사는 것이 예산 집행 목적에 맞지 않다고 보는 의견이 있어 무슨 용도인지, 꼭 필요한지, 빌릴 수는 없는지 등 논의가 오가게 되었다. 그 과정에서 과학과의 예산 활용에 대해 진지하게 생각해볼 기회를 가졌다.

동료 교사가 밥솥은 과학실 교구로 일반적이지 않고 내가 떠나면 천덕꾸러기가 될 것이니 구매를 쉽게 허락하지 않는 관리자를 이해할 수 있다는 유의 이야기를 했는데 그 끝에 학교 예산은 이런 식으로 낭비되는 눈먼 돈이라는 식의 말을 덧붙였다. 일순 맞는 말인 듯하면서도 뭔가 인정할 수 없는 찜찜한 마음을 살피던 중 한 번도 생각지 못했던 말들이 내 입에서 술술 나왔다.

"세상에 과학 아닌 게 어디 있겠어요. 과학의 대상은 세상 전체인데 당연히 그 모든 것을 가르칠 순 없고, 과학 수업은 담당 교사가 세상을 보는 눈을 통해서 전달될 수밖에 없어요. 그래서 그 구성과 방법이 선생님마다 다를 수 있고, 그건 당연한 거죠.

앞서 계셨던 선생님은 과학상자로 자동차 만드는 데 관심이 많아서 저는 봐도 무엇인지도 모를 부속품들을 많이 샀더라고요. 그 선생님은 자동차 조립 동아리도 운영했고, 아마 보통 수업에서도 기계의 발달이나 그 내부 구조에 관해서 많이 알려주셨을 거예요. 저 또한 그 교구를 잘 활용하면 좋겠지만, 지금 제가 그걸 사용하지 않는다고 해서 예산 낭비라고 할 수 있을까요? 그 해에 분명 자동차 모형 만들기에 관심 있는 학생들이 있었을 테고 그건 제가 씌어줄 수 없는 안경이에요. 어떤 선생님은 야생화나 곤충의 세계를 더 많이 보여줄 것이고, 어떤 선생님은 우주의 별을 줄 거예요. 그 선생님이 망원경으로 보여줄 세계가 있었다면 500만 원 하는 망원경이 다음 해 무용지물이 된다 해도, 필요한 것이고 그래서 예산이 있는 거죠.

일회성 과학 실험 키트를 샀으면 교사도 훨씬 편하고 아무도 그것이 과학 수업에 적합한지 묻지도 따지지도 않았을 거예요. 번거로운 방법인 줄 알면서도 내가 가진 눈으로 볼 새로운 수업을 재구성해보려는 교사를 학교에서는 지원해주어야 하지 않을까요? 학생이 다르듯이 교사도 다르고, 교사가 제각각의 전문성을 발휘해 연구할 수 있게 장려하는 것이 학교여야 하지 않을까요?"

과학 교사의 전문성, 교과서 밖 생활 속 과학을 수업으로 녹여내는 비결은 사범대를 다녔다고 해서 교원 자격증과 함께 주어지지 않는다. 교사의 무던한 애씀과 시행착오를 거치며 만들어진다. 삶과 배움이 일치하는 교육이 중요하다고 말하지만 우리는 아직도 교육과정을 교과서에 한정할 때가 많다. 이 틀 밖의 관점을 교실로 들이려면 무던히 연구하고 배우는 자세가 필요한데, 새로운 시도를 하기 위한 용기에 주변의 이해도 구해야 한다.

그간 내가 하는 수업이 쓰레기 생산보다 가치 있는지 끊임없이 물었는데 그렇게 용쓰던 중 나의 수업이 세금 낭비에 불과할 수 있다는 평 앞에 정신이 번쩍 들었다. 그날로 나는 내 수업을 함부로 평가절하하지 않기로 했다. 예산 활용에 대한 무거운 책임감을 진 것은 말할 것도 없고, 내가 다루고 싶은 주제와 목적을 분명히 해서 '내'가 줄 수 있는 그 시간과 기회를 소중하게 여기기로 했다.

06 생명에 대한 지식에서 경외심으로

동물 해부에서 생태 도감으로

과학 실험 방법도 시대에 따라 변하는데 대표적인 예로 해부 실습이 있다. 내가 중학생이던 1990년대는 교과서에 개구리 해부 실험이 있었다. 해부 실험은 그 학년이 되면 할 수 있는 특권 같기도 했고, 꼭 해내야 할 통과의례 같기도 했다. 내 기억의 개구리 해부에는 약간의 긴장과 두려움, 흰 가운을 입고 집게를 들고 과학도가 된 듯한 설렘이 있다. 어릴 때부터 시골에 살아서 개구리를 많이 잡으며 놀았고 길에서 죽어 있는 모습도 많이 봐서 특별한 게 없었을지도 모르겠다. 그래서인지 과학 교사가 되어서도 해부 실험은 별 거부감이 없었다. 오히려 해야만 할 것 같은 의무감이 들었다. 나는 개구리와 금붕어 해부 실험을 해보았고, 학년별 수업 과정에 따라 다른 선생님은 오징어, 소 눈, 돼지 심장 등 다른 해부 실습을 했다.

해부 수업은 나에게도 부담이 컸고, 준비하면서 다른 학교 선생님의 수업을 찾아가 먼저 참관도 해보았다. 나는 과학 교사였지만 그때 실제 돼지 심장을 처음 보았다. 학창 시절 수업 시간 노트에 무수히 그렸던 하트 모양 심장 구조와 영 딴판이어서 깜짝 놀랐다. 좌우 심방과 심실을 비슷한 크기로 생각했는데 전체 심장을 강아지 머리에 비유하면 심방은 머리에 얹혀 있는 귀만큼 작고, 심실은 머리만큼 컸다.

나는 개구리와 금붕어 해부 실험을 했지만, 차마 소 눈과 돼지 심장 해부 실험은 못 했는데, 과학실 냉장고에 그것이 있다는 이야기만 들어도 기분이 이상했다. 신기한 것이 그 실험을 한 선생님은 개구리나 금붕어 해부 실험은 차마 못 하겠다고 했다.

실제 수업은 주로 눈을 감고 뒤돌아 앉은 여자아이들과 해부에 완전히 빠져들어 신난 남자아이들로 생생했다. 거의 모든 수업 시간에 수업 참여보다 훼방에 가까운 말썽이 유난했던 아이가 있었는데, 1년간 전체 수업을 통틀어 가장 집중한 모습을 보여 놀랐고, 정교한 손재주가 인상 깊었다. 시간이 많이 지나 내가 해부 실험으로 생명 존중이 아니라 생명 경시를 가르친 게 아닐까 두려움이 일었을 때, 그 수업이 아니었다면 영영 보지 못했을 그 아이에 대한 기억, 최소한 그에게는 가장 인상적이었던 수업이었을 것이라는 생각이 한 조각 위안이 되었다.

금붕어 해부 실습을 하기 위해 자가용도 없던 때 직접 금붕어를 사 들고 영업이 끝난 단골 초밥집을 방문했었다. 사장님께 물고기의 내부 구조와 해부에 대해 묻고 들었다. 여러 반에 걸친 해부 실험을 모두 마친 날은 설명하기 힘든 두통을 호되게 앓았다. 지금 생각하면 인터넷 주문으로 황소개구리가 택배로 왔던 것도, 그 사체를 어떻게 처리할지 마땅한 대책이 없어 여기저기 알아보다 결국 음식물 쓰레기로 처리한 것도 어떻게 그랬을까 싶다.

임신과 출산 과정을 거치고 나서 당시 해부 실습 수업의 미흡했던 내 지식과 태도를 인지할 수 있었다. 무엇을 하느냐보다 어떤 마음과 태도로 하느냐가 중요한 때가 있다. 해부 실습이 특히 그런 것 같다. 해부 실습은 겉으로 드러나는 것으로 검증하기 어려운 다른 인식과 태도, 그에 걸맞는 자격을 필요로 하는 것은 분명하다.

대학교 때 과학교육론 수업이었다. 초등학교 식물의 구조에 관한 수업 중에 잉크병에 식물의 줄기를 잘라 꽂아 두고 며칠이 지난 후 잉크가 밴 모습을 통해 식물의 물관을 확인하는 실험이 있다. 교수님은 어느 초등학교에서 이 실험을 위해 선생님이 식물의 줄기를 잘라 잉크병에 꽂으려고 하니 학생이 '아야' 소리를 지르며 고개를 돌렸다는 일화를 소개하셨다. 우리는 식물을 잘라서 눈으로 그 구조를 확인해야만 과학을 배우는 것일까 물으셨다. 결국 우리가 배우고자 하는 것이 생명의 신비와 소중함을 아는 것이라면, 뿌리털 하나 손상되지 않게 소중히 다루며 풀 한 포기를 심어보는 것이 오히려 목적에 더 부합하지 않을까 하는 이야기였다. 그날 교수님의 이야기를 20년이 다 되어 가는 지금에서야 가슴으로 받아들인다.

직접 해부를 통해 생명에 관한 지식을 학습하기보다 생물을 마음에 담는 활동을 통해 생명에 대한 경외심과 사랑을 키울 수 있겠다 싶어 2020년 멸종위기 야생생물 보호 포스터 그리기 활동을 했다. 2017년 환경부가 지정한 우리나라 멸종위기 야생생물 267종(2022년, 282종으로 개정) 포스터를 안내하고, 그중 한 가지 생물을 골라 보호 포스터를 만들었다. 포스터는 전달력과 주목성 좋은 이미지와 문구를 만드는 것이 중요한데 그 복합적인 창조 활동을 학생들이 너무 어려워했다. 과학실에 있는 자연도감을 활용해서 그 생물을 소개하는 한 쪽짜리 도감을 만들어도 좋다고 했더니 대부분이 그렇게 했다. 작품의 완성도를 떠나 전교생의 작품을 과학실 복도에 게시했더니 학교가 과학 미술관이 되었다.

아이들이 다 떠난 오후, 세 시간에 걸쳐 완성한 작품을 모두 모아 놓은 벽을 가만히 들여다보니 학생 한 명 한 명의 속을 다 들여다보는 듯했다. 작품 하나하나, 그 생물의 선택과 그것을 표현한 방법 모두가 작품 제작자를 투명하게 보여주는 듯했다. 아이들에게 생물을 만나볼 시간을 주려고 마련한 수업인데, 내가 진짜 아이들을 만나는 시간을 가졌다. 에지 있는 두루미의 까만 장화나, 반달곰의 반가운 손 인사, 무심한 듯 시크한 호랑이의 자태까지 작품을 가만 들여다보면 단 하나뿐인 특별한 그 학생의 진짜 모습을 그대로 만나는 듯했다.

다음 해 2021년, 포스터 만들기에 재도전했다. 포스터란 하나의 메시지다. 사람들에게 멸종위기의 생물을 알리고 보호하자는 취지를 주장하는 것이다. 그것에 성심성의껏 참여하는 것은 학생들이 민주시민으로서 사회참여적 환경운동을 하는 것과 같다. 본 활동의 취지와 의미를 재차 설명하면서 멸종위기 생물을 보호하자는 메시지를 어떻게 효과적으로 전할 것인지 생각해보도록 했다. 작품 표현 시간보다, 생물 보호 메시지에 더 오래도록 머물 수 있게 작품지 크기를 줄여, 학습 노트로 사용하던 A4 스케치북을 활용하도록 했다.

2020년 묵은 8절 도화지 사용과 마찬가지로 소요 예산 0원이라는 사실만으로도 뿌듯했다. 메시지 기획이 어려우면 자연도감을 활용해도 좋다고 했는데, 그 해 학생들은 전부 취지에 충실하게 메시지가 있는 포스터를 만들었다.

그런데 포스터를 만들려니 필연적으로 생생한 생물 그대로를 만나기는 어려웠다. 기존 포스터가 보여주는 많은 예시가 그렇듯 아이들은 시각화하는 과정에서 생물을 단순화했다. 예년에는 늑대나 북극곰을 터럭 한 올까지 들여다보고 그대로 그리려고 노력했다면, 단순화된 캐릭터를 검색해서 찾아낸 이미지를 따라 그려 넣는 식이었다. 작품 하나하나는 지난해와 마찬가지로 아이들을 떠올리게 했지만 이미 자본화된 캐릭터를 따 온 포스터는 그 나름의 상상력과 창의력에도 불구하고 그 학생을 만났다기보다 또 다른 미디어를 보는 듯한 느낌이 들었다.

자연 교육은 진짜 자연과의 만남으로 가능하지 않을까 생각해본다. 진짜 사자는 밀림의 사자인데, 아이들이 실제로 보는 것은 동물원 몇 평 안에 갇혀 피곤한 사자나 밝게 웃고 장난치는 만화 캐릭터 사자다. 진짜 젖소 농장은 발효 건초 먹이 냄새와 분변 냄새가 대단하지만 우리 머릿속 젖소는 푸른 초원에 뛰놀며 귀여운 방귀를 끼는 캐릭터 젖소가 되었다. 우리 안에 갇히거나 캐릭터화된 동물은 생명체가 갖는 특유의 신성이 가려져 야생의 생생함이 전해지지 않는다. 그렇게 생물을 대상화할수록 생명의 존엄함과도 멀어지는 것 같았다.

그간의 다짐으로 이듬해
는 학교 텃밭 정원 가꾸기
활동을 시작했고, 우
리 학교 생태도감 만
들기 활동으로 주
제를 바꾸었다. 아
이들은 곤충, 식물,

동물 가리지 않고 우리 학교 담장 안에 있는 생물을 살펴보았다. 우
리 학교에 있지만 있는 줄도 모르고 지나치기 쉬운 생물 하나를 찾
아 자세히 들여다보고, 그 관찰 사실을 기록으로 남겨보자는 것이
다. 우리나라 멸종위기 생물 보호 포스터는 아이들이 실제로 한 번
도 보지 못하고 읽기도 힘든 낯선 이름의 생물을 소재로 했다. 분명
히 우리와 동시대를 살고 존재하지만 우리가 인지하지 못하고 있
는 생물들을 알아보는 것은 당시 내가 부여한 의미가 있었다. 이듬
해 가까이 매일 보고 있는 것을 놓치면서 멀리 본 적 없는 것을 다루
는 것에 대한 아쉬움이 생겼다. 또 보호 포스터를 만들기 위해 단순
화된 생물 캐릭터를 검색하고 그린 것은 자신의 메시지를 표현하는
활동으로는 탁월했으나 생물을 직접 만나는 것을 오히려 방해했다
는 점에서 아쉬움이 들었다.

직접 눈으로 손으로 코로 만나는 것이 제일이라는 생각이 들었
지만, 꽃 앞에서 앉아 들여다보고 느끼고 관찰을 기록하는 것은 초
등 교육 활동에 어울린다는 생각에 학생들에게 내 의도만큼 전달이

될까 거듭 의심되었다. 나름의 합의점으로 편집 도구를 이용해 새로운 도감 자료를 만드는 지식 생산 활동으로 방법을 찾았다. 오늘날 유용한 기능 개발이라는 면에서 시대의 흐름과도 절충한 것이다. 스마트폰이라는 문명이 끼었지만, 아이들과 최소한 두 시간은 학교 텃밭 정원에서 물을 주거나, 거름을 주거나, 철 지난 밭 정리를 하는 등 흙 위, 햇빛 아래와 같은 진짜 자연을 직접 만나는 시간을 가졌다.

1990년대 돋보기를 가지고 개미를 관찰했던 어린이는 첨단 기기와 화려한 영상 자료를 거쳐 20년이 지나 다시 텃밭 앞에 선 교사로 돌아왔다. 텃밭 동아리를 운영하고, 우리 학교 생태도감 만들기를 한 것은 생명이라는 자연 교육을 진짜 자연에서 배우기 위함이다. 내년에는 또 어떤 한계와 아쉬움을 만나고 새로운 방법을 시도해볼까. 그것이 어떤 형태가 되든 생명에 깃든 신성이 각자의 맨손과 맨발을 통해 가슴에 가 닿는 수업이 되길 바란다.

모순

시대가 변하면서 해부 실험이 트라우마로 남을 수 있다는 정서적 문제와 동물권이 조명되었다. 교과서에서 개구리 해부는 사라졌고, 개구리는 무척추동물인 오징어로, 이제는 멸치로 바뀌었다. 결국 2020년 미성년자의 동물 해부 실험을 금지하는 법이 통과된 후 신경 체계가 발달한 척추동물 해부는 원칙적으로 금지되었다. 이는

2015 개정 교육과정을 따르는 고등학교 1학년 통합과학 과목의 교과서에 멸치 해부 실습이 게재되어 있을 때의 일이다.

2015 개정 교육과정 시행 직전 새 교육과정 도입을 위한 과학 교사 직무연수에서 멸치 해부 실습 수업 연수를 받았다. 나의 지난 해부 실험에 대한 아픈 기억을 대체해줄 혁명적인 방법이라고 생각했다. 수업에 적용할 준비를 하고 있었는데 교육청, 농림축산식품부 등에서 동물권을 고려하여 해부 실습에 주의하라는 공문이 계속 내려왔다. 학습을 위해 꼭 필요하다고 판단되는 경우에는 학교 자체적으로 '동물해부실습심의위원회'를 만들어 진행할 수 있는 방법이 있었는데, 이 위원회는 지역 수의사 같은 의료인과 학부모를 포함해야 한다. 위원회를 구성하여 심의 의결을 거쳐야 하므로 수업 시작 전 요구되는 것도 많았고, 끝난 후에도 보고를 해야 하는 등 절차가 복잡했다. 논란이 이어지자, 농림축산식품부는 마른멸치와 같은 가공 어류를 미성년자 해부 실습 금지 대상에서 제외했고 이어 교육청도 같은 입장을 냈다. 그러나 멸치의 위장 해부를 통해 그의 먹이인 바다 플랑크톤까지 보려면 바다에서 포획과 동시에 급냉동된 멸치를 쓰는 것이 좋은데 그것이 마른멸치 범주에 들어가는지는 여전히 논란의 여지가 있다.

내가 생각하는 해부 실습의 목적은 생명 시스템에 대한 이해를 높여 생명에 대한 경이로움을 갖는 것이다. 결국 나는 멸치 해부 실습을 하지 않았는데 해부가 생명 시스템을 이해하는 유일한 방법은 아니기 때문이라고는 하지만, 실상 이만큼 복잡한 절차와 논란을 짊

어지고 싶지 않아 포기한 셈이다. 나는 생물 교사가 아니라며 해부 수업에 대해 판단을 유보하고 뒤로 물러나 텃밭이나 도감이라는 다른 방법을 찾았지만, 과학 교사로서 의문이 남아 있다.

불과 30년 전만 해도 포르말린 생물 표본은 과학실의 상징이었지만 지금은 거의 모든 과학실에서 폐기되었다. 폐기 중에 파손이라도 되면 뉴스에 날 만큼 유해한 환경요소로 인식된다. 또 생물의 사체이지만 박제해 관찰하는 것에 대한 윤리적 문제의식도 생겨났다. 얼마 지나지 않아 멸치 해부에 대한 인식이 지금 개구리 해부를 생각하는 만큼 잔인하게 느껴질 시대가 올지도 모른다. 동물권과 생명 경시 풍조에 대한 사회의 우려를 모르는 바도 아니지만 고기 먹방이 문화가 된 시대에 멸치와 오징어 해부가 이만큼 제재의 대상이 되어야 하는지 의문이 든다. 생명 교육에 대한 짐을 과학 교사에게 넘겨 지운 과한 처사란 생각이다.

멸치 해부 실습이 교육과정으로 처음 개발되었을 때 척추동물인 어류의 구조에 대한 수업에 멸치를 소재로 찾은 것은 정말 획기적이라고 생각했다. 반찬으로 자주 접하니 거부감도 적고 가족과 함께 더러는 똥을 따며 내부를 분해하기도 하니 가정 학습의 소재로도 이어질 수 있다. 그러나 근래 몇 년간 동물권을 강조해 수차례 전해진 공문은 지금껏 해부 수업을 해온 교사들, 심지어 멸치 해부 수업을 개발하고 활용한 교사들에게까지 동물권 방조라는 윤리적 덫을 씌운 느낌이다. 나는 공문 접수 처리만 했을 뿐인데도 우리 사회의 잠정적 위해자로 지목받은 듯했다.

결국 마른멸치나 오징어는 중·고등학교에서 허용되었지만 소 눈이나 돼지 심장 해부 실습의 경우 여전히 장애물이 있다. 이렇게나 '꼭' 필요한 것인지 재차 묻는 것은 굳이 해야겠냐고 되묻는 것과 다를 바 없다. 이런 상황에서 해부 실습 수업을 할 교사가 있을까 싶지만, 교사나 학생이 특별히 필요로 하는 경우는 관문을 더 만들기보다 지원을 더 해주면 좋겠다. 해부 실습이 주는 학습 효과가 분명히 있을뿐더러 해부라는 것이 우리로부터, 우리 아이들로부터 완전히 분리되어 존재해야 한다고는 생각하지 않기 때문이다.

과학실에서 학생들이 직접 물고기를 해부하는 것에 대해 생명 경시 풍조를 낳는 것을 우려한다면, 급식실에서 조리사들이 학생 대신 직접 잘라 튀겨주면 먹는 것은 괜찮은가. 식탁 앞에서 고기 고기를 부르는 것이 유행이 된 세상에서 학교 수업 시간에 멸치 앞에서 경건해질 것을 요구하는 것은 모순이다. 치킨과 삼계탕이 식탁에 오르기까지의 잔혹함을 축산업자와 요리사에게 전적으로 이임하는 것을 교육적이라 할 수 있을까. 어른은 되고 아이는 안 된다는 것인지, 먹기 위해서는 되지만 학습하기 위해서는 안 된다는 것인지, 밖에서는 되지만 학교에서는 안 된다는 것인지 나는 이 경계선을 잘 모르겠다. 과학실과 식탁의 거리만큼 학교 안에서 나부터 납득할 수 없는 이중성 앞에 놓일 때 가장 난감하다.

나는 생선을 좋아해서 잘 발라 먹지만, 해부를 위해 금붕어 내부를 보는 것은 느낌이 달랐다. 실제로 그 수업 후 한동안은 생선 초밥이나 구이를 먹자면 온전체가 생각나 젓가락도 잘 가지 않고 입맛도 돌지 않았다. 몇 년 후, 아이의 이유식을 위해 먹거리를 공부하면서 이 모순을 다시 직면했을 때는 불편한 마음을 외면하지만은 않고 태도를 조금 달리할 수 있었다. 나에게 전해진 생명에 감사하는 마음, 기도하는 마음을 낼 수 있었다. 돼지가 식탁 위에서는 요리이고, 도축장에서는 대상이고, 자연에서는 생명인 다른 존재가 아니다. 대상은 하나인데 때와 장소에 따라 완전히 다른 것인 양 우리가 경계 짓고 그것을 강화하는 교육을 하고 있다.

2014년 덴마크 동물원에서 기린을 총으로 죽이고, 해부해 속을 관찰한 후 사자의 먹이로 주었는데 이 모든 과정을 교육 목적으로 어린이를 포함한 일반 관람객에게 생중계하여 논란이 된 바 있다. 안락사시키는 대신 도살용 총을 사용한 점, 교육을 목적으로 기린을 해부한 점, 토막 내어 사자의 먹이로 준 점, 이 모든 과정을 어린이에게 보여주었다는 것이 동물 보호 단체를 비롯하여 많은 시민의 공분을 샀다. 동물원의 입장은 달랐는데 근친교배로 발생하는 유전적 문제를 막을 방법이 없었고, 기린을 보낼 다른 동물원이 없어 죽임이 불가피했으며, 죽여야 했다면 교육 목적으로 활용하는 것이 나았고, 원래 자연에서 기린이 사자의 먹이인 점을 고려하여 안락사가 아닌 총살을 택한 모든 과정이 교육적이고 윤리적인 조치였다는 것이다.

어린이들이 보는 앞에서 기린을 해부하고, 사자의 먹이로 주었다는 것이 특히 일반인에게 거북함을 일으킨다. 나 또한 눈앞에서 일어난 일이라면 보지 않을 방법을 택했겠지만 교육은 자연의 모습을 있는 그대로 바라보게 하는 것이라는 동물원의 입장에 동의한다. 우리가 생명윤리를 앞세워 교육한다는 것이 전체와 떨어져 버린 가짜는 아닐까 생각하게 된다. 부분을 가지고도 전체를 볼 줄 아는 안목을 키워야 하는데 의도적으로 전체를 가리고 있으니 전체에 대한 이해로부터 멀어질 수밖에 없다.

인디언들이 성년식을 치르듯이 고등학교 졸업식에 닭잡기를 하면 어떨까 발칙한 상상을 해본다. 살아 뛰는 닭을 잡아 닭의 온기를 느낀다. 닭이 진짜 생명이라는 것을 아는 데 이만한 게 있을까. 앞으로 나가야 할 낯선 세상으로의 용기 있는 한 걸음에도 그만이다. 살아가는 데 중요한 먹거리의 처음과 끝을 책임질 뿐 아니라 첫 자립 연습이 될 것이다.

우리 삶의 기본은 의식주인데 학교는 이 기본의 처음과 끝 어딘가를 담고 있는가. 삶과 일치하는 교육은 삶의 다양한 조각과 그 주변까지 담아야 할 것이다. 우리가 의도적으로 배제하고 있는 조각을 찾아야 한다. 그리고 그렇게 배제한 이유가 무엇인지도 물어야 한다.

07 다시 자연을 학교로

초콜릿 말고 서리태

안전에 대한 관심과 환경에 대한 인식 전환은 과학 실험 교구도 많이 바꾸었다. 학습자 중심의 교육 사조와 맞물려 실험실 과학이 아닌 생활 속 과학이 다양하게 연구·개발되어 각종 과학 체험장과 도서를 통해 소개되었다. 환경에 덜 유해하고 인체에 더 안전한 생활 소재가 과학 실험 재료로 등장한 사이 이제는 교과서에서도 묽은 염산 대신 식초나 레몬, 탄산칼슘 대신 달걀 껍데기가 자연스럽다.

원자의 구조에 대한 단원에서 플라스틱 모형이 아닌 초콜릿이 등장한 것도 비슷한 맥락이다. 원자 궤도에 따른 전자 배치 수업에서 교과서를 따라 몇 가지 색깔로 이루어진 작은 초콜릿을 준비했다. 아이들은 수업 시간에 초콜릿이 등장한 것만으로도 좋아했다. 초콜릿은 친숙하고 흥미롭다. 산소와 수소의 전자를 각각 다른 색깔의 초콜릿으로 정하고, 물 분자의 공유결합을 전자 배치로 표현해보았다.

초콜릿을 활용한 수업은 만족스럽기도 하고, 아쉽기도 했는데 아이들을 키우면서 초콜릿을 먹이지 않기 위해 노력한 것을 생각하면 학교에서 간식이든 수업 재료든 초콜릿을 쓰는 것이 마땅찮았기 때문이다. 비용 때문에 어쩔 수 없다고 생각했는데, 예산을 어떻게 운용할지는 어디에 가치를 두느냐에 따라 달라지는 것이고 과학 예산은 내 책임 영역이라고 생각하니 다음 해 욕심을 내보기로 했다.

우리 땅에서 나는 곡물을 쓰고 싶어 국산 서리태와 백태 볶은 콩을 사서 양성자와 중성자를, 보리쌀 뻥튀기를 이용해서 전자를 표현하기로 했다. 보리쌀은 가운데 홈 줄이 있어 마치 마이너스 음전하를 표현하는 것 같아 안성맞춤이었다. 원자 궤도에 따른 전자 배치 수업 전에 원자 번호 1번 수소부터 헬륨, 리튬, 탄소, 산소, 소듐(나트륨)까지 대표적인 원소들의 원자 내부 궤도 모형을 만들었다.

콩 뻥튀기는 껍질이 잘 벗겨졌는데 그러면 서리태와 백태의 구분이 모호해졌다. 콩을 주워 먹느라 모자라게 된 모둠에서는 남은 콩 껍질을 올려놓고 과제를 완성했다는 아이들도 있었는데, 반구 모양의 쪼개진 껍질이 두 개 있어야 하나의 입자로 치는 아이와 반구 껍질 하나를 엎어두고 입자 하나로 치는 아이가 마주 앉아 서로 자기 말이 맞다고 옥신각신했다. 보리쌀뻥이 좋다는 아이와 백태만 좋다는 아이의 공생까지 같은 재료를 주어도 제각각인 모습이 재미있다.

코로나로 원격수업을 하던 때 가정에서 사용할 수 있는 재료로 탄소화합물 정사면체 구조 만들기를 과제로 제시한 적이 있다. 아이들은 집에 있는 이쑤시개에 지우개를 잘라 끼우기도 하고, 깐마늘과 대추를 사용하기도 했다.

생각지도 못한 재료의 등장이 신선했던 생각이 나 우리 농산물 모형 두 번째 수업을 진행했다. 율무뻥, 옥수수뻥으로 탄소화합물 사면체 만들기를 한 것이다. 국산 옥수
수뻥은 수입 옥수수뻥에 비해 크
기가 작아서 섬세하게 손을 쓸
수 있는 아이들이 아니면 잘게
부서졌다. 그럼에도 아이들이 율
무뻥 맛을 의외로 좋아해서 이게 뭐
냐고 묻고, 서리태나 백태라는 단어 자체를 몰랐던 아이들도 많아
서 진정한 생물 교육을 한 것도 같았다. 무엇보다 농부의 땀과 결
실, 우리 땅에서 자란 농산물을 수업으로 들여와 소개할 수 있었던
것에 감사했다.

산성과 염기성에 관한 수업을 할 때도 교과서에 제시된 일상에
서 취급하기 어려운 화합물 대신 과학실에 비치된 살균 소독제나
주방 세제와 같이 주변에 있는 것을 활용했다. 레몬, 사과, 베이킹소
다, 탄산음료처럼 가정에서 사용하는 식재료로 손에 묻어도 괜찮고
먹어도 될 만큼 안전하거나 사용 후 폐수함 없이 싱크대에 버릴 수
있는 것들을 찾았다.

요즘은 과학실에서 사용하는 시약에 대해 MSDS(Material Safety
Data Sheet, 물질안전보건자료)를 제공하게 되어 있다. 지시약으로
사용되는 메틸 오렌지나 BTB 용액도 MSDS를 보면 쉽게 생각할 수
없는 화학 제품이다. 교과서대로라면 페놀프탈레인 용액을 포함한
지시약으로 물질의 액성을 확인해볼 수 있지만, 이왕이면 천연 지
시약을 써보기로 했다.

요즘 과학실에서는 가열 도구로 핫플레이트를 많이 사용한다. 그러나 불이 눈에 보이는 것이 아니어서 오히려 화상 사고 위험이 더 높다는 견해도 있다. 집에서도 사용하는 휴대용 가스버너와 냄비로 적양배추를 이용해 직접 양배추 지시약을 만들었다. 적양배추를 잘라 물에 넣을 때부터 염료처럼 색이 풀어지는 모습과 액성이 다른 물질을 만나 변하는 색감은 나도 볼 때마다 놀라운 장면이다. 학생들에게는 나중에 밥을 먹다 부엌에서 양배추 지시약을 만들어내는 마법사 같은 어른이 되겠다고 축하했다.

이쑤시개만 녹말, 대나무 같은 친환경 재료로 만드는 시대가 아니다. 이제는 빨대도 종이, 사탕수수, 쌀로 만든 것이 등장했다. 쌀 빨대를 보면 쌀로 어떻게 빨대를 만들까 궁금증이 생긴다. 과학 실험 실습 재료를 찾으면서 생각지 못했던 친환경 재료를 발견하는 재미도 쏠쏠하지만, 재료를 나누면서 한마디 덧붙일 때 기분이 좋았다.

"이 빨대는 플라스틱처럼 보이지만 사탕수수로 만들어져서 햇빛으로 자연 분해된대."
"이 옥수수는 강원도 평창에 ○○○ 농부님이 저 기~픈 계곡 아래 너~ 얼~븐 산속에서 키운 거래."

우리 앞에 있는 것이 단순한 물질 덩어리가 아니라 오랜 시간 어딘가에서 우리와 함께 존재했던 생명이었다는 것, 자연의 힘과 많은 이들의 손을 거쳐 여기까지 왔다고 소개하는 말이 지나가는 3초가 내게는 의미였다. 우리가 무엇을 만나든 그것이 이 자리에 오기까지의 긴 역사를 등에 업고 있다면 마냥 덩어리 무엇만은 아닐 것이다. 눈에 보이는 것 너머를 볼 수 있는 눈, 보려고 마음을 내는 자리를 수업에서 만들려고 한다.

자연, 그리고 대자연

나는 1990년대 초등(국민)학교 시절 저학년에서 '슬기로운 생활'을 배웠고 고학년이 되어 '자연'이라는 과목을 배웠다. 마흔을 앞에 두고 자연과 교감하고 놀랄 때마다 어린 시절부터 만났던 자연이 내게는 어떤 의미였을까 생각해본다.

신규 과학 교사 시절 과학이란 '자연을 이해하고자 하는 인간의 노력'이라고 말했다. 자연은 방대하고 깊어서 우리 유한한 인간이 이해하는 데 한계가 있다. 하지만 인간의 노력을 통해 조금씩 그 전체의 지혜에 가까워질 수 있다고 생각했다.

지금은 과학을 '신묘한 대자연을 이해하려는 인간의 노력'이라고 말한다. 여기에는 미지(未知, unknown), 우리가 아직 캐내지 못해 알 수 없다는 의미보다 본질적으로 우리가 캐낼 수 없는 불가지(不可知, unknowable), 말로 표현할 수 없는 더 근본적인 영역이 있다는 데 방점이 있다. 대자연 안에서 내가 느끼는 편안함이 무엇인지, 물질이 아닌 것들로부터 채워지는 충만함이 어디에서 오는 것인지에 대한 물음을 따라온 필연적 결과다.

　이것은 과학주의를 따라가도 마찬가지다. 우리 몸은 세포로 이루어져 있고, 세포는 분자로, 분자는 원자, 원자는 핵자와 전자로 이루어져 있다. 그렇게 물질을 쪼개어 분석하다 보면 더 이상 쪼갤 수 없는 기본입자를 만나게 되고, 그 실체는 에너지임을 알게 된다. 우리가 실재라고 믿는 많은 것들, 물질의 근본이 눈에 보이지 않고 잡히지 않는 비물질인 것이다. 우리를 이 자리에 세운 것은 말로 설명할 수 없는 에너지였고 여기에 신비가 있다. 사람은 물론 씨앗에서 싹이 나고 자라는 생명을 증명 가능한 물질주의 과학으로 전부 설명할 수 있을까. 그런 의미에서 이제 자연은 더 이상 물리적 자연이 아니라 신성이 깃든, 생명을 품고 길러내는 어머니와 같은 대자연(Mother Nature)이 되었다.

　패러다임의 변화는 새로운 명칭을 낳는다. 일제강점의 역사를 청산하기 위해 국민학교가 초등학교로, 교육하기보다 지원하는 기관으로 거듭나고자 교육청이 교육지원청으로 바뀌었다. 학교 공식적인 문서에서 학부모를 양육자로 변경하는 움직임 또한 아이를 양육하는 다양한 환경을 있는 그대로 인정하고 존중하기 위함이다. 같은 맥락으로 국가 교육과정에서 '자연'이 사라지고 그 자리에 과학이 들어서고 있는 지금을 생각해본다. 현 초등학생은 '자연'이 아닌 '과학'을 배우고, 비슷한 기조로 고등학교에서는 '생물학'이 '생명과학'으로 바뀌었다.

과학 교과로서 '자연'은 학습의 대상이 자연 전체임을 잘 보여준다. 자연은 우리 인간을 포함하므로 '자연' 교과는 인간이 자연의 일부로서 그 안에 머물며 이해하고 탐구한 노력의 결과임을 가늠할 수 있다. 교과명으로서 '과학'은 자연과 동떨어져 자연을 대상화하고 분석해 얻은 결과적 지식을 상징하며 이런 과학을 인간 지성의 최고 형태로 간주하는 지금의 사조가 드러나 있다. 사회의 모든 문제를 과학으로 규명하고 해결할 수 있다는 태도, 과학주의가 그대로 반영되어 있다.

오늘날 곳곳에서 '과학'이라는 말이 쓰이고, 여기에 이론을 제기하는 사람은 비과학적, 비합리적 소유자로 쉽게 조롱받는다. 지상 가장 합리적 지식처럼 보이는 것들도 역사적으로 과학 패러다임의 변화와 함께 흥하고 쇠했다. 과학은 세상의 진리를 담은 절대 학문이 아니라 대상의 한계가 분명한 지식이다. 하지만 사회는 과학만능주의가 만연하고, 과학적 방법으로써 직관과 영감은 자리를 잃었다.

우리는 많은 경우 용어를 아는 것으로, 특히 통계적 수치가 동반될 때 과학이라는 말을 쉽게 붙이며 그에 관해 잘 안다고 착각한다. 두 물체 사이에 작용하는 뉴턴의 만유인력은 거리의 제곱에 반비례하고 질량에 비례한다. $F = G \dfrac{M_1 M_2}{r^2}$, 과학의 상징과 같은 이 수식은 그 자체만으로도 중력을 다 이해한 듯 착각하게 한다. 경험세계에 근거한 과학은 근본적인 물음, '왜'를 해결하지 못한다. 질량이 있는 물체가 왜 서로 당기는지 설명하지 못한다. 어쩌면 질량이 있는 물체가 서로 당기는 게 아닐지도 모른다.

요즘은 초등학생만 되어도 사과가 땅에 떨어지는 이유가 중력 때문이라는 것을 안다. 그 앎에는 이미 안다는 자부심과 당당함은 보이지만 사과가 왜 떨어지는가(질량이 있는 물체는 왜 서로 끌어당기는가)에 대한 더 이상의 호기심이나 경외는 보이지 않는다. 마찬가지로 가을이 되어 광합성이 줄어 엽록소에 가려졌던 멜라닌이 드러나 단풍이 든다고 설명하는 순간 단풍에 대해 모든 것을 알게 된 듯한 착각이 일어난다. 광합성, 엽록소, 멜라닌은 우리가 자연의 신비로 다가가기 위한 도구라 여겼지만 돌이켜보면 이런 물질주의적 설명이 여기가 끝인 듯 우리를 멈춰 세웠다.

결국 어린아이에게도 이런 설명을 서슴지 않는다. 아이와 자연이 교감하고 만나도록 기다려주지 못하고 쉽게 지식을 가르치려 한다. 과학주의는 아이를 존중해서 이해할 수 있도록 설명해주어야 한다는 육아관이 더해져 오히려 친절하고 자세한 과학적 설명을 장려한다. 유아 시절부터 아름다움에 '와!', '오!' 감탄하고 이런 변화를 만든 더 근원적 신비를 느낄 새가 없다. "단풍은 말이야 이래이래서 생기는 거야!" 현상 그 너머를 향한 어떤 경이로움도 담지 않은 과학 지식을 읊는 아이의 말은 지금의 과학 교육이 무언가 단단히 놓치고 있다고 말해주는 것만 같다.

대학 시절 천재 물리학자로 유명한 파인만의 삶을 다룬 《나는 물리학을 가지고 놀았다》를 보는 동안 내게 가장 인상 깊었던 것은 그의 아버지 멜빌 파인만의 교육 방식이었다. 예를 들어 브리태니커 백과사전에서 공룡의 몸길이는 8m에 머리둘레가 2m라고 나와 있으면 멜빌은 그 수치나 내용, 지식을 그대로 알려주지 않았다. 대신 "이 공룡이 우리집 앞에 있었더라면?" 질문을 통해 파인만으로 하여금 상상하게 했다. 머리가 2층 창문에서 내려다볼 만큼 크고, 너무 커서 창문으로는 머리를 들이밀지 못했을 거라는 식이다. 숲속에서 새를 발견하면 그 새의 이름을 여러 나라의 말로 알려주었는데 실제로 여러 나라의 말을 안 것이 아니라 마음대로 그 자리에서 지어낸 것이다. 그것으로 이름이라는 것은 우리가 지어준 것에 불과하다는 것, 또한 그렇게 많은 이름을 지어 부를 수 있지만 사실 진짜저 새에 대해 우리가 알고 있는 것은 아무것도 없다는 것을 가르쳐주고 함께 관찰했다고 한다.

지금 우리는 손바닥 안에 온 세상을 연결하고 살고 있다. 검색만하면 세상에 모르는 것이 없을 듯한데, 그래서 진짜 세상에 대해 얼마나 알까. 나는 고백한다. 아무것도 아는 것이 없다고. 자연에서 자랐고 자연을 배웠는데 과학 교사가 되어 뒤늦게 내가 배웠던 과학에도, 교사가 되어 가르쳤던 과학에도 신성이 빠져 있었음을 알았다. 과학 가르치기를 멈추고 과학이 지워버린 대자연을 학교로 다시들여야 한다. 대자연의 신성, 우주에 대한 경외를 어떻게 가르칠 수있을까. 이제 막 고민을 시작하며 거인의 어깨를 빌려본다.

고1 통합과학의 시작은 삼라만상 우주의 시작에 대한 빅뱅이론이다. 빅뱅이론 수업의 끝에 칼 세이건의 《코스모스》를 소개했다. 나도 다 읽지 못한 두꺼운 책의 내용이 중요한 게 아니었다. 이 책의

Part 02 학교로 다시 돌아오다

서문, 그의 아내 앤 드류얀에게 바친 글이 나에게는 어떤 우주에 대한 지식보다 깊은 울림을 안겼다.

광막한 공간과 영겁의 시간 속에서 행성 하나와 찰나의 순간을 그대와 공유할 수 있었음은 나에게 커다란 기쁨이었다.

붓펜을 들고 큰 색한지에 칼 세이건의 문장을 담고, 신성하게 감았다. 수업이 끝날 즈음, 우주에서 온 비밀의 서를 푸는 듯 경건하게 펼쳐 침묵의 초대를 시작으로 낭송했다. 문장에는 힘이 있다. 이 문장이 나를 광막한 우주의 한 점으로, 영겁의 시간 속 찰나의 순간으로 우주 안에 바로 세웠듯이 문장을 관통하는 우주에 대한 경외가 아이들에게 고스란히 가 닿길 바랐다.

새해에는 하나 더 추가하기로 한다. 눈을 감고 무한한 우주를 그린다. 셀 수 없이 많은 우주의 별들 사이, 지구 위에 서 있는 나를 상상한다. 내 머리 위 저 끝 어딘가에서 나를 비추고 있는 별을 느껴본다. 내가 언제 어디에 있든 항상 나를 비추고 인도하고 있는 별이 있음을 기억하며 하루를 살길 당부하는 것으로 마친다.

마지막 과학 수업은 장일순 선생님의 이야기를 모은 《나락 한 알 속의 우주》에 있는 문구로 정했다. 어떤 설명도 덧붙일 필요 없는 이 문장과 함께 모두가 고요히 머물 수 있는 신성한 교실을 꿈꾼다.

나는 가끔 한밤에 풀섶에서 들려오는 벌레소리에 크게 놀라는 적이 있습니다. 만상(萬象)이 고요한 밤에 그 작은 미물이 자기의 거짓 없는 소리를 들려주는 것을 들을 때 평상시의 생활을 즉시 생각하게 됩니다. 정말 부끄럽다는 이야기입니다. 이럴 때면 내 일상의 생활은 생활이 아니고 경쟁과 투쟁을 도구로 하는 삶의 허영이었다는 사실을 깨닫게 됩니다. 삶이 삶이 아니었다는 것을 하나의 작은 벌레가 엄숙하게 가르쳐줄 때에 그 벌레는 나의 거룩한 스승이요, 참 생명을 지닌 자의 모습은 저래야 하는구나 라는 것을 가슴 깊이 새기게 됩니다.

나락 한알 속에 우주가 담겨 있음을 어떻게 전할 수 있을까? 남은 시간 과학 교사로서의 과제가 생겼다.

핵심 가치

"물체를 가만히 놓으면 아래로 떨어지죠? 이렇게 우리는 물체의 좌표가 시간에 따라 변할 때 운동한다고 말합니다. 우리가 알고 싶은 것은 물체의 운동을 분석해서 임의의 시간에 이 물체의 좌표를 예측하는 것이에요."

대학교 3학년 전공 교수님의 수업 첫 시간, 지난 수년간 내가 했던 것이 무엇이었는지를 알게 되었다. 초등학교 때 속도는 거리를 시간으로 나눈 값이라는 것을 시작으로 고등학교를 거쳐 대학생이 되도록 $S = v_0 t + \frac{1}{2} at^2$ 을 그렇게 썼고, 몇 초 후에 이 물체는 어디에 있는지 묻는 문제를 많이도 풀었지만 내가 무엇을 하고 있는지 몰랐던 걸까. 중력도 전기력도 수식을 펼쳐 들고 미분도 적분도 숱하게 했지만 그날 그 모든 작업의 의미가 다가왔다. 물리학에서의 운동은 시간에 따라 좌표가 바뀌는 것이고, 물체가 운동하는 이유는 힘이라고 설명한다. 그 힘을 분석해서 얼마의 시간이 지난 후의 물체의 위치를 예측한다.

그때 불현듯 첨성대의 숭고함이 내게 다가왔다. 땅 위의 것만이 아니라 밤하늘 별의 운동이 얼마나 궁금했을까. 저 별이 몇 시간 후에, 몇 달 후에 어디로 갈 것인지 하늘에서 눈을 떼지 못한 많은 천체물리학자가 주마등처럼 지나갔다. 그날이 내가 처음으로 고전역학을 만난 날이다. 내게는 정말 중요한 말이었고, 이후로 지금까지 물리라는 과목이 무엇인지 소개해야 할 때 이 이야기로 시작한다.

15년이 지나 과학교육원에서 이루어진 첨단과학기술 교사 직무 연수에 카이스트 수리과학과 교수로부터 이 이야기를 다시 들었다. 교수는 우리가 많이 보는 내비게이션에 있는 세 가지 숫자 현재 속도, 도착지까지 남은 거리, 예상 도착 시간 중에서 가장 관심이 있는 것이 무엇이냐고 물었다. 실제로 사람들이 가장 신경 쓰고 궁금해하는 것은 예상 도착 시간이라고 한다. 즉, 사람들은 '현재의 상태'보다 이 상태가 지속될 경우 미래의 '최종 상태'에 관심이 있다는 것이다.

그래서 미래를 예측하기 위한 도구가 과학이고 여기에 수학이 필수적으로 쓰인다는 유의 이야기였다.

그때 부지불식의 지구에서 생존을 위해 미래를 예측하려 고군분투하는 긴 인류의 역사가 내 머리를 지나갔다. 그렇다, 우리는 당장 올해의 식량 생산량이나 출생률에는 관심이 없다. 하지만 그 상태가 지속된 5년, 10년 후 식량 생산량이나 출생률에는 관심을 둔다. 우리는 본능적으로 살아가기 위해 미래를 예측하고 대비하려고 한다. 과학의 시작은 어쩌면 여기서부터였는지도 모르겠다.

이렇듯 어떤 수업을 통해서 내 모든 사전 지식과 한 코로 꿰어지는 통찰을 얻을 때가 있다. 이것은 단순히 내가 몰랐던 새로운 지식을 얻는 것과는 달랐다. 《핵심 질문》을 통해 그 다름이 어디에서 오는 것인지 힌트를 얻을 수 있었다. 이 책은 사실 위주의 정보 습득을 초월하는 교육 목표를 설정해야 한다고 말한다. 핵심 개념과 일반화된 지식에 집중하면 자칫 결과로서의 지식을 습득하도록 요구하는 수업을 강화할 수 있다고 경고한다. 교사가 중요한 개념을 설명하고 학생들이 수동적으로 이해하는 식으로 수업이 진행된다는 것이다.

지금껏 내가 학교에서 받았던 대부분의 수업이 그러했고, 내가 교사가 되어 했던 수업도 그와 다르지 않았다. 그런데 수업이라는 것은 배울만한 가치가 있는, 세련된 주제를 던져주는 것이어야 하며 그래서 더 깊고 총체적인 핵심 질문을 해야 우리는 배움을 삶으로 통합할 수 있다는 것이다.

비슷한 시기에 〈프리라이터스다이어리〉라는 영화를 보았다. 인종차별, 총기, 범죄로 얼룩진 미국 고등학교에서의 실화를 바탕으로 한 이 영화는 교사란 어떤 존재인가부터 많은 여운을 남겼지만 그중에서도 인상적이었던 장면이 있다. 인종 갈등이 너무 심한 교실에서 학생들이 이야기에 공감하고 자기 상황과 맞춰볼 수 있도록 교사 에린 그루웰은 《안네의 일기》를 교재로 사 줄 것을 학교에 요청한다. 담당자는 그 학생들에게 예산을 낭비할 수 없다며 찢어지고 얼룩진 어린이용 축약본을 교재로 사용하라고 한다. 그때 그루웰은 이런 것으로는 읽기에 취미를 들일 수 없다고 말한다. 아이들도 자신들을 바보로 알고 이런 유치한 책을 주는 것을 안다는 것이다.

어떤 수업을 해야 하는지 알고 있지만 막상 교과서를 들고 수업하다 보면 자주 잊는다. 학습자의 수준에 맞추기 위한 수업 연구는 더 쉽게 더 단순하게 가르칠 방법을 찾다 보면 수준을 낮추는 데 집중되고 그마저도 쉽지 않다고 투덜대기 일쑤다. 내신과 평가가 중요한 사회에서 수업이란 평가를 위한 수업이 되었고, 교과서 내용에, 진도에 쫓기다 보면 어느새 핵심 개념과 이를 일반화한 지식에 초점이 맞춰진다.

결국 교재 연구는 각 교과의 핵심 가치가 무엇이고, 우리 삶과 어떻게 연결되는지보다 교과의 핵심 개념과 지식을 빈칸 채우기 형태로 가르치는 방법을 연구하는 것이 된다. 실제로 다수의 교수학습 연구가 어떤 개념을 어떤 순서로 제시할 것인지를 주제로 하고, 특히 요즘은 에듀 테크의 발달과 함께 어떤 도구를 활용할 것인지, 그래서 교육 툴 사용법 익히기에 교사 연수가 집중되고 있다. 새로운 도구 앞에서 테크닉 익히기에 급급했던 한 시기를 지나고 보니 이 것으로 '무엇'을 배울 것인가가 빠져 있다. 테크닉은 수단과 방법이지 근본적인 목적은 아니다.

무엇을 가르치고 배울 것인가. 교육의 핵심 가치에 관한 논의는 교과를 막론하고 이어져야 한다. 고등학교 때 한국사는 그 양이 많고 광범위해서 내게 어려운 공부였다. 한국사가 쉽다고 알려준 이가 말하길, "시대마다 지배층이 누구였는지 알면 쉬워. 지배층이 누구냐에 따라 피지배층의 삶의 모습이 결정되고 그렇게 시대상을 알 수 있지." 당시에는 한국사 공부를 어떤 목적과 관점을 가지고 했던 게 아니었지만 그 말에는 역사를 보는 안목이 있는 것 같아 놀라움이 있었다. 그러면서도 동시에 완전히 받아들이기 힘든 찜찜함도 있었는데 스무 해가 지나서야 그 찜찜함을 헤아려본다. 철저한 시험 기출 분석으로 우리가 기억하는 것이 그 핵심이라면, 그런 가르침을 통해 얻는 것은 인간의 끝없는 물욕과 지배욕이다. 인간의 역사는 그것이 전부도 아니고, 핵심도 아니다. 지배의 논리를 가르쳐서는 지배층으로 올라서야 한다는 욕망만 키우고, 피지배층으로 남았을 때의 굴욕밖에 배울 것이 없다. 인간을 만나기 전에 계급을 먼저 만날 것이다.

인간의 욕망도 유약함도 누구나 가진 보편임을 냉소와 불신을 거두고 배워야 한다. 그래야 연민을 발휘하여 정의를 실현한 역사, 영성을 지키고 문명을 피워낸 역사를 인간의 역사로 배울 것이다.

인간의 본성이 배울만한 가치가 있는 세련된 주제를 향해 있다는 것은 분명한 사실이다. 내가 듣고 싶은 수업, 지루하지 않은 수업은 단순히 몰랐던 지식을 알게 되는 것이 아니다. 인류 역사를 관통하거나, 인간의 본성인 연민이 두드려지는 공감과 통찰이 일어나는 수업이다. 교사도 학생도 진짜 배움에 목말라 있다.

✚ 함께 보면 좋은 자료

《나락 한 알 속의 우주》, 2016, 장일순, 녹색평론사

《우주를 만지다》, 2020, 권재술, 특별한서재

《과학교사 최원석의 과학은 놀이다》, 2014, 최원석, 궁리

과제

08 현장에서 느끼는 교육 현안

학급당 학생수

1980년대생인 내가 겪은 학창 시절 한 반 최대 학생은 42명이었다. 교사가 된 후 내가 담당한 학급의 최대 학생수는 2011년 중학교 37명, 현재 재직 중인 특성화고의 경우 2022년 현재 학교 사정상 30명에 가까운 학급도 있고 10명이 겨우 넘는 반도 있지만 학급당 평균 학생수는 2017년 25명에서 2022년 18명으로 꾸준히 감소하고 있다(2023년 다시 25명이 예정되었지만, 학령인구 감소는 일반적인 사실이다). 우리 부모 세대가 경험했다는 한 학급 60명 콩나물시루에 비하면 현재는 학급당 학생수가 많이 줄었다지만, 도심에는 여전히 학급당 28명 이상의 과밀 학급이 많다.

　중·고등학교에서 교사가 학생과 만날 수 있는 시간은 많지 않다. 교과에 따라 다르지만 주 2~3시간은 수업 진도와 수행평가, 각종 교육으로 빠듯하다. 담임 교사라 해도 아이들과 만날 수 있는 시간은 아침 조회, 쉬는 시간, 종례 시간 잠깐씩이다. 그 사이에 행정 처리를 위한 업무가 끼면 눈맞춤이 있는 일대일 만남은 불가능에 가깝다. 공부를 잘하거나 특별한 재주로 두각을 나타내는 아이들은 바쁜 일과 중에도 교사와 접촉할 기회가 많고, 대회나 공모를 통해 학교에서 마련한 각 장의 주인공이 된다. 심리적으로 불안하거나 자기주장, 자기표현이 강한 경우에도 교사와 만나는 시간이 많다. 심지어는 수업을 방해하고 불필요한 장면을 자주 만드는 아이가 어떤 의미에서는 교사를 독차지한다. 그래서 담임 교사로서 자기표현에 서툴거나 강하게 주장하지 않는 수더분한 아이들에게 특히 마음이 쓰인다. 이런 경우 학습권을 침해받을 일도 많지만 바쁜 학교 일과 중에 결국 교사와의 만남조차 허락되지 않을 때가 많다.

　교육 예산이 충분히 확보되었을 때 교육 현장의 현실적 과제*가

---

* 교육의 질은 교사의 질을 넘을 수 없다. 교육의 최대 과제는 근본적으로는 교육 지

무엇이냐고 내게 물으면, 학급당 학생수를 적정 규모로 만드는 것이라고 하겠다. 교육을 만남이라고 하는데 학급당 20명이 넘으면 대다수의 학생을 만나지 못하고 지나 보내게 된다. 30명이 훌쩍 넘는 과밀 학급은 경중을 떠나 잦은 다툼과 인적, 물적 자원 관리에 시간과 에너지를 빼앗겨 교육이 낄 틈이 없다.

직접 만나지 않고도 다양한 방식으로 학습이 가능한 오늘날 학교의 존재 이유는 특히나 만남과 연결, 사회화에 방점이 있다. 교사뿐 아니라 학생에게도 교실은 서로에게 인식 가능한 규모가 되어야 한다. 남이라고 생각하면 시비붙기 쉽지만, '우리'라고 인지할 수 있는 규모가 되면 서로에게 의미가 된다. 갈등이 줄어들 뿐 아니라 갈등 해결 과정 자체가 교육이 되도록 하는 최소한의 물리적 조건이기도 하다. 교육은 서로의 관계 사이에 형성된 그 공간에서 일어날 수 있다. 개별화 교육, 맞춤형 학습은 그 이후에 논할 일이다.

현재로서 적정한 규모의 학급이 형성된 곳은 시골 작은 학교, 학령인구 감소 시대와 변화에 따라 정원보다 모집이 덜 된 학교 혹은 영재 교육을 담당하는 곳이다. 〈영재교육진흥법 시행령〉 제32조 7항 "영재교육원의 학급당 학생수는 20인 이하로 한다." 〈영재교육

도자 양성이다. 교원양성대학, 연수원, 교육청의 성장과 도약은 시민사회 전체의 교육에 대한 의식의 진보와 함께한다. 이 책에서는 학교가 교육 공간으로서 자리 매김하기 위해 교사의 성장과 에너지가 어디를 향해야 하는가를 말하고자 한다. 그래서 지금 사회가 교사에게 요구하고 있는 능력이 무엇인지 돌아보고자 현실적인 학교 과제를 점검하였다.

진흥법〉이 아니라 〈초·중등교육법〉이 적용되는 일반 과학고도 대부분 학급당 학생수가 20명이 안 된다. 〈초·중등교육법 시행령〉 제51조에 따라 일반 학교는 해당 지역 교육감 재량에 따라 학생수를 정할 수 있는데 양질의 교육을 위해 과학고는 그 혜택을 이미 누리고 있는 것이다. 〈영재교육진흥법 시행령〉은 2002년, 학급당 학생수가 초·중·고 평균 35명을 상회하던 때 만들어졌다. 그로부터 20년이 지난 지금 초·중·고 학급당 학생수는 평균 20 중반대가 되었고, 그 사이 과학고의 학급당 평균 학생수는 16명이 되었다. 평균이 그렇다는 말일 뿐, 시내 학교는 과학고에 비하면 여전히 배로 과밀하다.

유치원이나 초등학교 저학년처럼 어린아이들의 경우 과밀 학급 문제는 더 심각하다. 따뜻하고 안전한 교육, 보육 환경 조성 자체가 어렵다. 개별 놀이·관찰로 적절한 교육 경험을 제공해야 하는데 과밀 학급은 훈육이 필요한 상황이 많이 생기고, 교육 이전에 안전사고 우려까지 안고 있다. 현재 유치원은 교사들이 생각하는 학급당 적정 인원의 두 배에 가까운 인원을 수용 중이다. 과학고와 같은 특목고, 영재학교에만 혜택을 주는 것이 공정하지 못하다는 말을 하려는 것이 아니다. 우리 환경에서 그나마 교육 여건을 개선한 것은 다행한 일이다.

2021년 6월, 교육계와 시민단체가 학급당 학생수 20명(유아 14명) 상한의 법제화를 위한 〈초·중등교육법〉 개정 입법 청원을 시작한 지 22일 만에 10만 명의 시민이 동의했다. 이 청원의 취지는 학급당 인원이 많아 코로나 상황에서 학생들이 전면 등교하지 못하며, 하더라도 교실 밀집도가 높아 안전하지 못한 것을 이유로 학급당 인원수를 줄여 교육의 질을 높이자는 것이다.

학교가 교육의 공간으로서 자리매김하기 위해서는 학급당 20명 상한이 필요하다는 오래된 현장 교육 관계자의 의견은 그 자체로 충분히 인정되어야 한다. 감염병에 대한 사회적 거리두기라는 국민적 불안과 공포 정서를 업고 이 주장에 힘을 실어야만 했던 당국의 절박함을 모르는 바도 아니지만, 애석함이 있다. 개인적으로는 감염병 위기 상황에서 안전한 등교를 위해 학급당 학생수가 20명 이내가 되어야 한다는 의견에 의구심이 있지만 이것은 미생물과 감염병에 대한 이해, 정서와 면역력의 관계, 교육에서 물리적 만남과 관계의 역할 등 전제되어야 할 상식과 가치의 범위가 넓어 여기서는 논외로 한다. 다만 지금이 교육의 질적 향상을 위해 교육 여건을 개선할 절호의 기회이고, 따라서 법적·재정적 노력이 필요한 결정적 시점이라는 데 적극 동의한다.

학급당 학생수 20명 상한 법제화를 위한 〈초·중등교육법〉 개정의 진행 상황(2022년, 소위원회 심사 중)을 알아보던 중 관련 청원이 상정된 제391회 국회(정기회) 제2차 법안심사소위(회의일 2021.11.24.)의 회의록을 보게 되었다. 학교급별(유·초·중·고), 지역별(서울·지방, 시내·시외 등), 또는 학교 특성상(특목고, 일반고, 특성화고 등) 학급당 적정 학생수가 몇 명인지에 관한 논의가 있을 줄 알았다. 그 부분은 교육 관계자들의 전문 영역이라 사전에 논의한 결과만 언급한다 치더라도, 최소한 교육부 대표는 다른 위원회 원들에게 교육의 질 향상을 위한 현장 교사들의 절박한 요청을 피력하는 회의를 예상했다. 학급당 학생수의 제한에 관한 논의를 찾지 못해 50쪽이 넘는 회의록을 한참을 들여다보고서야 국회에서 이 안건은 교육의 문제가 아니라 재정의 문제로 다루어지고 있다는 것을 알았다. 과밀 학급의 비교육적 여건에 관한 문제는 언급된 바가 전혀 없어 어느 시점이 이 안건에 관한 논의인지를 찾지 못했던 것이다.

학생수 20명 상한을 법제화할 경우 늘어나는 학급수, 학교수에 따라 교원이 충원되어야 하고 이 모든 것이 예산 초과로 이어지기 때문에 결국 국회에는 초·중등 교육예산, 즉 지방교육재정교부금(이하 교육교부금)을 늘릴 것인지, 줄일 것인지만 남았다. 실제로는 교육교부금을 늘릴지 줄일지를 논의했다기보다, 학령인구 감소에 따른 예산 감축을 당연하게 전제하고 있었다. 게다가 고등 교육예산 부족분을 교육교부금을 떼어 충당하려는 기획재정부의 안에 이어 '지방교육재정은 넘친다 VS 고등 교육예산을 초·중등 교육예산에서 빼와야만 하는가' 논란으로 이어졌다.

나뿐만 아니라 최근 현장의 많은 교사가 학령인구 감소에 코로나가 더해져 과밀 학급이라 하더라도 의도치 않게 열댓 명이 남은 교실을 경험했다. 30명이 있던 교실에 15명이 있으니, 관리를 위한 관례적 절차가 아니라 온화한 분위기에서 서로를 따뜻하게 맞이할 여유가 생긴 것이다. 학습 활동 피드백을 포함해 맞춤형 수업에도 가까워졌다. 그간 알지 못했던 함께 마주 앉은 연결을 경험한 교사들은 학급당 적정 학생수의 교육 효과를 체험했다. 교육을 위한 적정 규모의 학급을 보편화할 수 있는 물적 토대가 마련된 바, 교육 환경 개선에 희망을 보았을 것이다. 지난 21년 교육계와 시민사회가 함께 입법 청원에 단시간 힘을 모은 것도 이런 동향이 우리 교육에 새로운 모멘텀을 만들 수 있다는 기대가 있었기 때문일 것이다. 오랜 시간 선망해온 선진 교육 여건으로의 질적 도약은 고사하고, 현행 유지를 위해 논쟁해야 했던 회의록을 덮으면서 현장의 교사로서 많은 생각이 스쳤다.

고등 교육을 위한 예산, 필요하다. 학령인구 감소는 학생의 등록금을 주요 운영 자금으로 삼는 대다수 무수한 사립 대학 재정을 위협하고 있는 게 사실이다. 학문을 업으로 삼는 사람들이 밥 걱정 없이 탐구할 수 있도록 하는 것은 가치 있는 일이다. 사회적 수요와 결을 나란히 하는 분야는 각종 민간 투자라도 받지만, 산업적 가치와 떨어져 보이는 인문·자연대학의 학문 지원, 교육의 질적 제고를 위한 교대·사범대에 대한 투자, 평균 수명 연장과 사회 변화 속도를 고려하면 평생 교육을 위한 재원 마련 또한 중요하다.

과학 교사의 역량 강화를 위한 첨단 과학 기술 관련 연수에 가면 현재 활발히 활동 중인 대학 교수가 강연자로 오는 경우가 많다. 연구 종류에 따라, 프로젝트마다 연구 재원의 경로는 다양하겠지만 대다수의 연구는 기업이나 특정 산업과 연결된다. 영리 목적을 가진 회사의 연구비로는 그에 상응하는 연구 결과를 낼 수밖에 없다. 인간의 고결한 호기심의 결정 같기도 하고, 인류 번영을 위한 연구처럼 보이기도 하지만 역사를 돌아보면 결국 기업의 이윤을 위해 우리 삶을 바꾸는 도구가 된다. 아무런 소득도 이득도 없어 보이는 것마저도 탐구심만으로 궁구할 수 있어야 하는 곳이 진정한 대학(大學)이다. 과학이 가진 탐구라는 본질적 속성은 돈이 되거나, 인류의 편의를 위한 기술만이 아니라 작디작은 개미의 일과를 포함해 삼라만상을 향해 광범위하게 열어 펼칠 수 있어야 한다. 그러나 그 재원을 마련할 방법으로 유·초·중고 학생들을 위한 교육예산 도려내기를 찾은 기획재정부의 발상은 너무 씁쓸하다. 결국 예산 확보 우선순위는 가치의 문제인데 우리나라 전체 살림에서 교육이 차지하는 위상을 본 것 같아 안타까웠다.

저 개인적인 소회만 하나 말씀드리려고 하는데요. 결국은 국가부채 걱정 당연히 해야지요. 그런데 제가 개인을 탓하는 것은 아니지만 국가부채를 감소시키기 위해서 필요한 재정을 동원하는 데 있어서 우리가 우선순위를 어떻게 형성해야 하느냐 이 문제를 논할 때 교육재정을 가장 먼저 떠올린 것이 과연 왜 그럴까.

예를 들어서 지금 판사 1인당 사건 수가 20년 전보다 얼마나 많이 줄었는지 아세요? 엄청 많이 줄었어요. 깜짝 놀라실 거예요. 판사 임금이요? 한 번도 깎은 적 없어요. 사법부 예산 한 번도 줄인 적 없어요. 지금 병사들 전쟁 위험성이 20년 전에 비해서 얼마나 많이 줄었어요. 국방부 예산 줄인 적 없어요.

왜 교육부 예산을 우리가 가장 먼저 생각했냐? 이것 결국은 아이들한 테 혜택이 돌아갈 예산이거든요. 그런데 국가에서 가장 발언권이 적 고 가장 눈에 안 보이는 아이들 관련된 예산이 감축 대상으로 이렇게 가장 먼저 떠오르는 것에 대해서 저는 굉장히 우리가 윤리적으로 조 심해야 된다 이런 생각을 가지고 있습니다.

– 이탄희 위원 회의록 p.54

그로부터 8개월 뒤 2022년 7월 7일, 결국 정부는 교육교부금 개 편안을 발표했다. 교육교부금은 내국세의 20.79%와 교육세 일부로 구성되는데 이중 교육세에서 3조 6천억을 떼어 고등(대학)·평생 교육 지원 특별회계를 신설하고 여기로 옮기겠다는 것이다. 저출산 으로 학령인구는 계속 감소하고 있는데 교육교부금은 계속 늘어나 고 있어 일부 삭감하며, 향후 학령인구 감소를 반영하지 못하는 내 국세 연동 교부 방식의 교육교부금이 가진 문제를 근본적으로 해결 할 방안을 마련하겠다고 했다. 이에 대해 전국 17개 시·도 교육감은 교육교부금 삭감은 교육의 질적 하락으로 유·초·중등 학생들이 직 접적인 피해를 입게 된다며 반발했다. 비슷한 시기 교육부는 비록 교육부 장관이 취임 한 달만에 사퇴하면서 일단락되긴 했으나 사 회 진출 시기를 앞당기기 위한 정책으로 만 5세 초등학교 입학 학 제 개편을 추진했다.

정권이 바뀌어도 우리 아이들의 교육에 관해서는 장기적으로 일관되게 철학 있는 정책을 펼 수 있어야 한다는 당연한 말이 우리 사회에서는 아직 먼 이야기 같다. 이에 대한 전 국민적 합의를 기대하면서 초중등교육 예산에 대해 생각해본다. 교육교부금은 정말 넘칠까?

교육교부금은 넘칠까?

현재 초·중등 예산은 넘쳐서 돈을 줘도 이월·불용시킨다는 말은 사실일 수 있지만 진실은 아니다. 이월금이란 사용이 예정되어 있으나 집행 시기 때문에 이월된 돈으로, 남은 예산이 아닌 이미 사용된 돈으로 간주해야 한다. 학교 공사는 방학에만 할 수 있기 때문에 계획과 집행의 시기가 다른 데서 주로 발생하는 돈이다. 불용액은 사용하지 않고 남은 돈으로 주로 낙찰 차액과 같이 예산 운용 과정에서 불가피하게 생기는 돈이다. 이 경우 다음 해 세입재원으로 편성·운용된다. 재정안정화기금 또한 경기변동에 따른 재정수입 불균형 문제를 보완하기 위한 장치로 관련 법률에 따라 설치·운용되고 있어 남는 재원으로 취급할 수 있는 돈이 아니다.

교육교부금은 많은 게 문제가 아니라 제대로 쓰지 못하는 것이 문제다. 기획재정부의 예산 획정에 근거해 각 시·도 교육청은 연간 예산 활용 계획을 세우는데 근래 기획재정부의 세수 예측 실패로 연간 예산 활용 계획이 다 끝난 상황에서 교육세가 예상보다 훨씬 많이 걷혔다. 이것이 추경을 거쳐 교육청까지 넘어오면 2학기가 이미 시작된 후다. 뒤늦게 예상치 못한 예산이 교부되면 주로 환경개선비(시설비)로 사용되고, 학교는 계획에 없던 사업과 활동을 계획하고 집행해야 하므로 교육청은 물론 학교 행정실도 교사도 업무 부담만 가중된다. 최근 이월·불용액이 많았다는 것은 사전에 정확한 세수 예측이 되지 않아 계획적인 예산 운용이 되지 못했다는 의미이지 교육교부금이 넘친다는 근거가 될 수 없다.

그보다 중요한 것은 학생수 감소가 곧 교육재정의 수요 감소로 이어지지 않는다는 것이다. 전교생이 50명인 학교나 500명인 학교나 배우는 과목의 수도 같고, 보건·영양 교사도 필요하며, 과학실·미술실·체육관이 필요한 것도 동일하다. 말인즉, 교육예산은 학생수

학생, 학교, 학급, 교원 수 현황

(단위: 명, 학급, 교, 명)

구분	2017	2018	2019	2020	2021	증감
학생수	5,698,732	5,561,934	5,437,109	5,350,399	5,322,321	−376,411 (−6.6%)
학급수	238,958	239,712	241,035	241,824	243,521	4,563 (1.9%)
학교수	16,357	16,380	16,478	16,611	16,710	353 (2.2%)
교원수	396,114	399,032	398,1771	405,720	405,095	8,981 (2.3%)

자료: 교육부

Part 02 학교로 다시 돌아오다

보다 학급수나 학교수와 더 직결된다. 언뜻 학생수가 줄면 학급수와 학교수도 줄어들 것 같지만 지금 현실은 정반대다. 교육부가 발표한 자료에 따르면 학생수는 매년 감소하지만 학급수, 학교수, 교원수는 모두 증가했다. 당연히 더 많은 교원, 더 많은 예산이 필요하다. 그런데 교육부는 열악한 교육 환경이 교육의 질 하락과 직결됨에도 불구하고 학령인구 감소를 이유로 교원 감축과 교육교부금 감축 개편안을 말하고 있는 것이다.

이 표를 어떻게 이해해야 할까. 학군을 중심으로 한 부동산 문제와 관련 깊다. 학령인구는 줄어들지만 그 인구가 도심으로, 신도시로 집중된다. 아이들이 빠져나간 읍·면·리 도서 산간 지역 초등학교는 한 학년에 1개 반만 남고, 전교생이 30명이 안 되는 작은 학교라 하더라도 심지어 한 학년 전체 인원수가 한 자릿수거나 0명으로 학년이 사라졌다 하더라도 이마저 큰 학교로 통합해 폐교하면 면 단위 마을 전체가 죽는다. 지방의 인구소멸위기 시·군·구는 이미 학교 통폐합이 한계에 다다랐다. 경북 영천의 경우 면 단위 작은 중학교들을 통폐합하며 공립 기숙형 중학교를 만들기까지 했다. 지역 발전의 균형과 교육 형평성 문제는 결국 지자체의 마을 살리기와 교육청의 학교 살리기가 함께 가야 할 장기적·국가적 과제인데 이런 시골 작은 학교를 살리기 위한 교육감의 정책과 학교 교육 평준화를 위한 각종 교육예산이 모두 교육교부금에서 나온다.

특별시·광역시는 물론 지방 중소도시에서도 도심, 신시가지 개발과 함께 대단지 아파트가 들어서면 학교를 신설하게 된다. 급격하게 불어난 신도시는 과밀 학급(교) 문제가 심각해서 신설·증설 요구가 많다. 이 때문에 학령인구 감소에도 불구하고 학급수와 학교수는 증가하는 추세다. 시골 작은 학교는 존폐의 위기에 있지만 도심은 과밀 학급(교) 고충을 안고 있는 것이다. 과밀 학급 문제를 해소하기 위한 중·장기적 계획은 당연히 교육재정 수요 증가로 이어진다. 학급수와 학교수 증가, 그에 따른 교원 충원을 위해서는 기획재정부의 교육예산 확보와 행정안전부의 교육 공무원 증원이라는 합의가 우선되어야 한다. 상황이 이런데도 교원 정원 증원에 대한 요구는 무관심 혹은 자기 밥그릇 챙기기라는 인식을 벗어나기 힘든 것을 보면, 우리 교육 현실에 대한 공유된 고민이 아직은 부

학급당 학생수 25명 이상 학급 분포

(단위: 학급(%))

구분	전국	서울	경기	인천	수도권
초등학교	48,640 (41.4)	4,581 (25.7)	19,922 (66.9)	2,564 (39.2)	27,067 (50.0)
중학교	32,981 (66.3)	3,668 (43.8)	11,370 (94.8)	1,772 (63.7)	16,810 (72.6)
고등학교	23,759 (43.0)	4,265 (46.4)	8,337 (61.2)	1,196 (38.4)	13,798 (53.2)
합계	222,334 (47.4)	12,514 (35.4)	39,629 (71.5)	5,532 (44.5)	57,675 (55.9)

자료: 강민정 의원실 보도자료(2020. 10. 16.)

족한 듯하다. 현장의 교원들이 우리의 이야기를 나누는 것이 중요한 이유다.

유·초·중고 예산에서 떼 반도체 인력 양성 대학에 투입하겠다는 교육세 3조 6천억 원은 그간 교육교부금의 이름으로 초·중등생 무상급식, 방과후 교육, 돌봄, 저소득층 아동 지원, 농어촌 아동 지원 등 학교 교육의 지역 격차 해소, 평준화를 위한 교육 복지 사업에 사용하는 돈이다. 교육청 예산의 대부분을 차지하는 것이 교원 인건비인 것을 감안하면 교육 사업에 활용 가능한 예산으로 큰 비중을 차지하는 돈이다.

무상급식의 시작은 많은 논란이 있었지만, 세월이 지난 지금은 교육복지로 당연하게 여겨진다. 현행 무상유아교육과 무상보육은 물론 초등 돌봄과 방과후 교육, 고등학교 무상교육에 대한 인식 및 행정적·재정적 지원이 복지국가의 초입까지 왔지만 교육청과 지자체, 지방과 국가의 역할과 경계가 명확하지 않은 영역인 만큼 아직 완성 단계가 아니다.

한시적으로 합의된 법령으로 시작해 현재까지 누리과정을 위한 유아교육 지원은 2022년, 고등학교 무상교육은 2024년까지 연장된 기한이 만료될 예정으로 이후 재원 마련 방안이 논의되고 있지 않은 상황이다. 당장 2023년 누리과정 교육비 재원이 미지수로, 유아부터 고등학교까지 교육의 보편 복지가 아직 자리 잡지 못했다. 원어민 보조 교사 배치 등 새로운 교육 사업이 시작될 때는 특별회계를 만들고, 국고로 지원하는 등의 예산 지원이 있지만, 제도가 정착되어 가면서 학교 교육과 관련된 예산은 지방교육재정으로 그 책임과 영역이 넘어왔다. 지금 유아 누리과정이나 고등 무상교육은 아직 정착도 되기 전인데 지방교육재정이 떠안고 가는 사업 경비가 충분한지, 중장기 교육계획을 점검하는 것이 우선되어야 한다.

교육의 질 향상을 위한 학급당 정원수 하향에 대한 교육계의 요구는 오래되었지만 정작 오늘날 학급당 정원수가 평균 20명대로 내려온 것은 교육계의 노력과 국가 각 부처 간 협의로 이룬 결실이라기보다 저출산의 결과로 거저 얻은 효과에 가깝다. 학생수 감소에도 불구하고 교육재정에 대한 수요는 증가하고 있는데 코로나로 인한 교육 격차 해소와 4차 산업혁명이라는 시대적 대전환을 맞아 많은 나라에서 교육예산을 증액한 것을 고려하면 지금 교육교부금 축소 논의가 등장한 것은 교육 관계자로서 몹시 유감이다. 학령인구 감소 자체는 사회적 위기일지라도, 교육 여건의 관점에서는 우리 공교육의 수준을 질적으로 끌어올릴 결정적 시기이기 때문이다.

2022년, 교육부는 모두를 인재로 양성하는 학습혁명을 5대 국정과제로 내세웠다. 유치원부터 콩나물시루 교실인데, 예산을 줄이면서 미래인재 육성과 개별화 맞춤 교육이 가능할까? 그런데도 행정안전부는 교원 감축안을 발표했고, 기획재정부는 교육교부금 삭감안을 발표했다.

유례없는 코로나 정국에 전국이 매일같이 우왕좌왕 좌고우면의 연속이었다. 실시간 쌍방향 수업이 시작되면서, 집에서 인터넷이 안 된다거나 스마트 기기가 없다거나 형평성의 문제가 일자 정보화기기 지원금이 내려왔다. 넉넉해진 교육 예산을 보면서 양극화로 인한 교육격차 문제도 극복할 수 있겠다는 희망도 있었다. 공부를 하려고만 하면, 최소한의 물리적 조건은 같은 출발선까지 갈 수 있을 것 같았다. 조만간 초·중·고 모든 입학생에게 최신 노트북이 지원되는 날이 오겠구나. 실제로 이미 시행된 학교도 있다.

그러나 준비되지 못한 상태에서 맞이한 최신 기기는 성능부터 보관·관리 소유권의 문제까지 안고 넘치는 돈에 졸속 행정이라는 비난도 많았다. 안쓰럽다. 교육청도 학교도 지금껏 해보지 않았던 일에 미숙했다. 긴축 재정만 하던 교육청은 지금까지 효율적인 교육 투자를 고민했을 것이다. 갑자기 많은 돈이 주어졌을 때 할 수 있는 것이 당시로서는 시설 재정비, 최신 기기 구매와 같은 지순한 방법뿐이었을 것이다. 그러나 이는 첫 시작이다. '이만큼의 돈이 있으면 우리가 뭘 할 수 있지?' 예산에 구애받지 않고 교육 활동을 계획할 수 있는 고민의 시간을 충분히 가져보면 된다. 이런 재원이 꾸준히 안정적으로 마련된다면 학교와 교육청의 고민이 깊어지는 만큼 다양한 교육 경험이 양산될 것이고, 그때 할 수 있는 것은 지금과는 완전히 다를 것이다.

1990년대 중학교 과학 시간, 4인 1조에 현미경이 하나씩 주어졌다. 나는 왠지 손대기가 주저됐고 더 주도적인 친구 뒤에서 서성이다 조정이 끝나면 눈을 갖다 대기만 했다. 고가의 기물이라는 생각에 나의 잘못으로 망가지기라도 할까 싶어 선뜻 손이 가지 않았던 탓도 있겠다. 교사가 되어 내 앞에 현미경이 온전히 주어지고 나서 실컷 만져보았다. 그제야 혼자서 어떤 프레파라트를 주어도 초점을 잡고 볼 수 있을 만큼 현미경을 이해하게 되었다. 이제 풍족한 세상만큼 과학실 살림도 넉넉해졌고, 물건을 대하는 나의 태도도, 아이들도 변했다. 물질 앞에 기죽기보다 등등한 기세로 성큼 집어 드는 아이들이 내심 기특하기도 한 것이 사실이다.

나는 음악 시간에 장구 장단을 배울 때 양쪽 책상다리를 장구 삼아 한 손에 볼펜, 한 손에 연필을 들고 연습했다. 진짜 장구를 쳐볼 시간이 오자, 한 명씩 나가 교탁 위에 올려진 장구를 두세 번쯤 쳐보고 제자리로 돌아갔다. 초록이 다섯 살, 유치원 작은 발표회에서 아이들이 장구를 치고 있는 걸 보고 처음 든 생각은 '세월 참 좋아졌다'였다. 나는 중학생 때 줄 서서 한 번 만져본 장구였는데, 다섯 살에 벌써 장구를 알다니.

우리 지역 작은 중학교는 전교생이 모여 관악 오케스트라를 꾸린다. 오케스트라의 다양한 악기를 항상 들고 다닐 수도 없고, 공연 무대와 같이 연주자를 배치한 연습 공간이 필요해 최근에는 음악실과 관악실을 겸할 수 있는 공간으로 리모델링을 했다. 지자체의 예산 지원으로 오케스트라 전문 강사도 모셔 꾸준히 연습하고 학생들은 공연 기회도 자주 갖는다.

학교에 피아노가 아이들 수만큼 있다면, 방음 장치가 된 칸마다 아이들이 각자 연습할 수 있다면, 서너 명이 짝지어 협연을 연습한다면 어떨까. 공립 학교가 예술고나 사립 엘리트 학교보다 못해야 할 이유는 없다. 별도의 목공실에서 창의적 공방을, 교정에 생태 숲이 있어 산책하다 원두막에 앉아 수박을 먹을 수도 있다. 전시장, 공연장, 수영장 등 최근 공립 학교에서 공간 혁신에 성공한 많은 사례가 있다.

교육교부금 개편안을 계기로 학교 안에서 수업이나 교육 활동을 계획하는 중에 '특성화고'에서는, '중학교'에서는 이라는 특수성을 가지고 '이렇게까지 안 해도 돼'라는 생각을 자주 했다는 것을 알았다. 그 생각에는 전체 학교를 고려한 교육청 살림 규모가 전제되어 있다. 교육에는 경제 논리보다 교육 논리가 우선해야 한다고 말했지만 사실은 나 또한 교육을 효율성의 측면에서 접근하고 있었던 것이다. 기초 학습이 부족할수록 개별 맞춤식 교육이 더욱 필요하기 때문에 학력 수준이 낮은 학교일수록 인적·물적 지원이 더 필요하다고 수업 중 벽을 만날 때마다 숱하게 말했으면서도 그렇지 못한 현실을 쉽게 용인했듯이 같은 논리로 과학고의 한계 없는 교육 환경은 당연하게 받아들이고 있었다. 예산이 많으면 생각에 경계를 허물 가능성이 열리고, 그만큼 우리의 상상력도 커진다. 넉넉한 교육 예산으로 우리 땅의 모든 아이가 경계 없는 교육 환경을 누릴 수 있으면 좋겠다.

학교 리모델링으로 교실 두 칸 규모의 과학실에 쌓여 있던 60년 역사를 정리해야 했다. 혼자 과학실에 남아 주위를 둘러보면 막막했다. 이제 시약장은 중·고등학교에서는 찾아보기 힘든 오래된 독극물로, 수납장은 정체를 알 수도 없는 오래된 교구로 가득했다. 공무원들이 자기 돈 아니라고 마구 사고 버리고 제대로 관리하지 않는다는 비난은 억울하지만 영 틀린 말도 아니었다. 덮어놓고 버린다고 하기에는 예산보다도 이제 막 환경에 눈을 뜬 내 마음이 너무 고되었다. 그렇다고 일일이 찾을 시간적 여유도 없었지만, 들여다볼수록 마음이 답답했다.

한때는 과학실의 주인공이었을 그러나 지금은 세월의 흔적이 역력한 수십 년 된 암석·광물 표본 상자를 보는 마음이 싱숭생숭했다. 알코올에 빨간 색소를 넣어 만든 우리 세대가 기억하는 알코올 온도계도 마찬가지다. 손으로 가만 잡고 있으면 알코올의 부피 팽창으로 빨간 줄이 위로 올라간다. 눈높이를 맞추어 눈금을 읽는 방법에 관한 시험 문제가 기억날 만큼 중요한 과학 교구였지만, 이제 폐물이 되었다. 딱히 쓸 데가 생각나는 것도 아니고, 디지털 온도계가 있지만 버리기도 썩 내키지 않았다.

1초에 60타점을 찍는 시간기록계는 운동을 분석하는 데 필요한 기본 개념과 원리를 담아 오랜 시간 과학실의 주인공이었다. 대학 시절 MBL의 보급과 함께 이제 운동 분석은 센서를 컴퓨터와 연결하고 얻은 데이터를 이용한다. 그 사이 또 세월이 흘러 지금 아이들은 많은 것을 유튜브로 배운다. 스마트폰에 있는 센서와 장비만 이용해도 웬만한 실험은 충분히 할 수 있을 정도가 되었고, 원리나 난이도 문제뿐 아니라 시공간상 제약으로 MBL은 교육과정과 다소 멀어졌다.

교육과정이 바뀌면 예산이 내려와 교구를 확충하도록 지원하는

데 권장 기준에 따라 필수로 구비된 것들이 단위 학교 실정에는 맞지 않기도 하다. 세상이 과학 그 자체니 과학의 교구는 한계가 없지만, 학교마다 특수 상황이 있고 과학을 가르치는 교사는 사람이라 한계가 있다. 암석 표본, 알코올 온도계, MBL 또한 시대를 떠나 교사 개인의 관심과 역량에 따라 최고의 교구가 될 수 있지만 인수인계, 교사의 개별성과 역량에 따라 어떤 교구는 먼지받이가 되기도 한다.

과학실 구석구석을 모두 여닫고 쓸고 버리고 닦아 세간살이를 정리하니 내가 아는 물건들만 남았다. 구성원을 죄 알고 있으니 과학실의 주인이 되었다. 예산이 허락한 교구, 재료 이 모든 재화는 지구가 허락한 것이다. 필요한 만큼 구하고, 구한 것은 잘 활용하는 것이 지구에 대한 예의라고 생각했지만 사놓고 쓸모를 보지 못하고 버려지는 것도 숱한 게 사실인데 예산은 해마다 내려온다. 물건의 용도와 쓸모를 알고, 소중하게 쓰고 잘 관리하고 싶지만 1인 교사가 기타 업무를 병행하면서 관리하는 데는 한계가 있다.

학교에 행정 업무가 늘어나면서 교육공무직이 늘어났다. 행정실에는 행정실무원, 교무실에는 교무행정사, 과학실에는 과학행정사를 채용한 지 오래다. 과학실은 약품의 구매와 관리, 사용 후 폐시약 관리 및 처리까지 업무에 포함되어 안전관리지침도 많고 책임이 크다. 실험 수업마다 준비물을 구매하고 준비부터 실험 후 도구 정리까지 관리에 손이 많이 가서 과학행정사 배치 유무는 과학실 관리뿐 아니라 교구 활용 수준에도 큰 차이를 만든다. 과학실이 여러 개 있는 큰 학교에서도 근래 교무행정사와 업무를 통합하면서 과학행정사는 감소하는 추세고, 과학실이 한 개인 규모에서는 아예 배치하지 않는다. 교무행정사의 업무에 포함된다고는 하나, 현실적으로는 과학 실험 준비와 관리는 오롯이 과학 교사의 몫이 된다.

책임 있는 살림살이를 위해서는 책임 있는 담당자가 필요하다. 연간 배정되는 과학 예산을 내실 있게 사용하기 위해서는 깊이 있는 수업 연구가 필요하다. 이를 위한 준비물도 꼼꼼히 따져보고 구매하고, 감사히 아껴서 사용한 뒤 남은 것을 새롭게 활용할 역량도 키워야 하고, 이어 사용할 수 있도록 추후 관리까지 지극한 정성이 필요하다. 예산의 시작부터 끝까지 허투루 쓰지 않기 위해서는 전심을 다 해 집행할 수 있는 인력이 필요하다. 그것을 고려하면 예산을 제대로 운용할 여력, 인력이 없다는 의미에서 교육교부금이 넘친다는 말은 맞다.

예산만큼 우리 교육도 좋아졌을까?

두 아이를 낳고 복직한 학교에서 판소리 공부를 하는 국어 선생님을 만났다. 큰 차에는 북, 장구, 꽹과리가 항상 실려 어디서든 놀이 한 판이 가능했다. 견물생심 풍물 한번 배워보자는 동료 교사의 말이 씨가 되어 풍물 동아리를 만들었다. 해봐야 바쁜 학교 일정에 쫓겨 한 달에 한 번이나 겨우 만났지만, 일과 후 아이들이 다 떠난 체육관에 성인 몇이 둘러앉아 처음으로 장구며 꽹과리를 같이 뚜드리니 나도 모르게 울컥했다. 나도 나였지만, 쉰이 넘은 중견 선생님들이 아이가 처음 배울 때의 눈을 하고 선생님을 따르며 실수에 대한 부끄러움에 맞서 연습하는 모습이 아리야했다.

북 치고 장구 치는데 교사로서 매일 새로운 도전과 실패 앞에 흔들리고 주저하고 일어서는 그 애환을 모두가 같은 마음으로 떨고 있다는 생각이 들었다. 사이로 들어오는 선생님의 노련한 꽹과리와 징이 신명을 얹었다. 그 몇 시간은 풍물의 묘미를 알기에 턱없이 부족하겠지만, 그간 이해하지 못했던 국악의 매력을 느낀 것은 분명했다.

음악은 사람의 가슴을 두드리는 힘을 가지고 있고, 그 힘에 스스로 감동할 때 내면의 변화가 일어난다. 북, 장구, 꽹과리 연주 실력과 왕초보에게 가르치는 수준과 강도까지 모든 과정의 완급 조절에 전문성이 있었다. 꽹과리는 그저 시끄러운 소리인 줄만 알았는데 박자와 리듬이 나의 세포를 깨우고 나를 완전히 다른 시공 속으로 옮겨주었다. 진짜 프로는 꽹과리를 보여주고 가르치는 것이 아니라 꽹과리를 도구 삼아 온 세상을 울리는 감동의 세계로 초대한다. 내가 그 세계 안에서 온몸의 세포 하나하나와 같이 공명할 수 있게 한다. 그것은 자신이 온전히 그 세상과 벅차게 공명해본 사람만이 할 수 있다.

아이들 손에 장구를 하나씩 쥐여주면, 풍물실이라는 공간을 마련해주면 이런 감동 있는 수업이 가능할까. 실제로 음악실, 과학실, 체육관 등 학교 현장의 물리적 조건은 30년 전에 비할 바 아니다. 음악성이나 깊이를 떠나 많은 영역에서 물리적 진입 장벽이 낮아졌다. 음악실에는 악기가, 과학실에는 교구가 가득하고 예산도 넉넉하다. 그래서, 우리 수업은 그만큼 더 깊어졌을까.

사람을 감동하게 하는 힘 있는 수업은 특별한 교수법이나 교구가 아니라 교사에게서 온다. 교과에 대한 전문성, 끊임없는 배움과 성찰을 찾아온 그의 모든 삶을 통해 드러나는 품격에서 절로 배어 나오는 힘이다.

먼지 쌓인 광물 암석 표본은 과연 구시대의 유물일까. 우리가 지구에 사는 한 자연인으로서, 땅 위에 바로 서는 법을 가르친 적이 있나, 그 땅을 가만 살필 줄 아는 눈을 키워 준 적이 있나, 땅에서 나고 땅으로 돌아가는 모든 생명에 앞서 우리를 먹이고 살리는 땅의 힘을 제대로 느낀 적이 있나, 그에 감사함을 가르쳤던가.

암석 파편 한 조각을 들고서도 우주를 관통하는 지구의 역사 속으로 초대할 수 있는 것이 과학 교사가 가져야 할 자질이다. 진짜 교사는 칠판 하나 연필과 공책만으로도, 아니 그마저 없이 그의 이야기로 그로부터 흘러나오는 목소리와 눈빛으로 우리를 광막한 우주 한가운데로 불러 세울 수 있다. 과학 시간에 주어야 할 것은 줄줄이 읊을 빅뱅이론에 관한 지식이 아니라 무한한 우주에 대한 외경심이다.

수많은 시간 고군분투하며 과학 수업을 했지만 과학을 도구 삼아 우주라는 신비의 세계로 학생들을 초대했는지, 스스로 물어보니 자신이 없다. 교과서를 들고 딴에는 열심히 수업했지만 시급한 눈앞의 업무에, 아이들 반응에 일희일비하면서 중요한 것을 놓치지는 않았나. 과학 교사는 과학이라는 학문의 본질, 과학의 핵심 가치를 잃지 않아야 한다. 인간으로서 우리가 잃지 않고 가져가야 할 것을 과학을 매개로 연결하는 교사, 자연에 대한 깊은 통찰을 가지고 보이는 것으로부터 보이지 않는 것까지 인도할 수 있는 교사가 되어야 한다. 나 아니어도 혹은 AI로 대체되어도 상관없을 누구나 가르칠 수 있는 것, 검색만 하면 쉽게 찾을 수 있는 것, 시간이 지나면 절로 알고 하게 될 것들을 단지 내가 20년 먼저 태어났다는 이유로 앞에 서서 읊고 있는 사람이고 싶지는 않다. 과학 교사는 과학실이라는 특별실과 예산을 가지고 있다. 과학은 기술이라는 말과 가까워 자칫 본질을 잃기 쉽다. 클릭과 터치로 순식간에 변하는 화면이 과학의 전부도 아니고 그런 것을 통한 만남이 과학적 교수법도 아니다.

가끔 이 수많은 과학 기술, 과학 예산, 목적 사업 없이 교실에 너와 나, 우리가 진짜 만나기만 할 수 있다면 우리 교육은 훨씬 풍요로웠을까 생각해본다. 과학실, 학교뿐 아니라 집도, 사회도 마찬가지다. 깊이 있는 풍요로움과 어지러운 분주함은 다른데 물질의 풍요는 영혼의 빈곤을 잘 가리고, 끊임없이 '더 많이', '더 빠르게'를 찾는 사이 잃고 있는 것은 무엇인지조차 알 수 없게 멀어져 간다. 교육 예산 확보만큼이나 우리가 중요하게 기억해야 할 것은 교육은 물질주의를 넘어 우리의 본래 가치를 찾을 때 일어난다는 것이다.

✚ 함께 보면 좋은 자료

《핵심질문 학생에게 이해의 문 열어주기》, 2016, 제이 맥타이 · 그랜트 위긴스, 사회평론아카데미

과도한 행정 업무, 사회의 부메랑

학교생활 중에 내가 나태하거나 방만했던 것이 아님에도 교과 수업을 위한 연구와 준비 시간이 부족하다고 느낄 때가 많다. 이런저런 일들에 쫓기다 지친 몸으로 수업이라는 신성한 만남의 장에 경건하게 입장하지 못하면, 그것을 깨닫는 순간 아이들에게는 미안하고 스스로는 죄지은 사람처럼 부끄러워진다. 바쁨이 나만의 이야기는 아닌 듯하다. 교육청은 해마다 교원 업무 경감을 이야기하고 학교업무지원센터까지 세웠지만 학교에 주어지는 행정 업무는 갈수록 세분화되어 늘어나고 있다. 경감량이 가중량을 따라가지 못한다. 학교는 왜 계속 바빠질까.

"고도로 분업화된 조직에는 감사가 사라져요. 어떤 역할이라도, 그것이 당연시되는 사회에서는 서로에게 감사하지 않아요. 당연하니까요."

비폭력대화 선생님의 말에 지난 수년간 나의 근무 태도를 돌아보게 되었다. 옆자리 선생님이 어떤 일을 하든, 내가 내 일을 하듯 그는 그의 일을, 각자 주어진 자기 몫을 할 뿐이라고 생각했고 내게 동료에 대한 감사함이 사라진 줄을 눈치채지 못했다.

사회 분위기도 한몫했다. 돈으로 값을 치르는 순간 재화도 서비스도 당연시되는 자본주의의 발달은 사회 전체에 감사가 사라지게 했다. 우리 의식 전반이 정신적 차원에서 물질적 차원으로 전환된 만큼 우리 관심과 에너지는 눈에 보이는 교환 가치에 집중되고 있다.

사회는 복잡해짐과 동시에 거대해졌고, 업무가 체계화되어 늘어나는 곁가지만큼 조직은 분절되어 네 일과 내 일의 선 긋기가 명확해졌다. 형평을 위해 이리저리 저울질하는 사이 서로 다른 업무 특성에 따른 존중은 경중에 따른 우열로 변질되었다. 이를 보완하기 위해 도입한 제도는 도리어 분별을 강화했고, 구성원 간의 유대와 감사가 물러나면서 공동체 의식은 빠르게 와해되었다. 협의라는 두 글자는 껍데기만 남아 경상도 말로 '지 팔 지가 흔드는' 조직이 되었다. 하나로 통합해 질적으로 완수할 수 있을 법한 일도 업무 분장에 따라 각자 별개의 일이 되었다. 서류가 쌓이는 만큼 피로는 늘고 그 과열에 대한 보상을 찾기 위해 늘 주변과 비교하면서 에너지를 소모한다.

교원성과급 제도가 그 대표적인 예다. 해마다 다면평가 기간이 되면 학교는 교육 공동체라는 말이 무색하게 균열이 생긴다. 한 해 동안의 교육 활동은 S, A, B라는 알파벳 한 글자로 평가절하됨과 동시에 서열화된다. 등급에 따른 성과금으로 종지부를 찍고 나면 학교 업무 기피 1순위인 학교폭력 담당자에게마저도 상여금과 승진 가산점이라는 물질적 보상의 그늘에 가려 감사한 마음을 잃게 된다. "열심히 해봐, 잘하면 상 줄게." 사람을 있는 그대로 존중하지 못하고 능력과 성과에 따라 상벌로 보상하며 길들이려는 방식은 얼마나 비교육적인가. 교원성과급 제도에는 우리 사회가 교원을 길들이려는 비교육적 욕망이 그대로 투영되어 있다. 상벌로 수치심과 죄책감을 자극하고 이를 동력 삼아 교원을 교육 활동에 임하게 하려는 한 지금 이 순간에도 그 에너지는 한 치도 사라지지 않고 아이들에게 그대로 전가되고 있다는 것을 알아야 한다.

교원성과급 제도는 내가 처음 교직에 발을 들여놓았을 때부터 있었다. 이에 대한 비판이 나태한 교원의 변명이 아닐까 자신을 검열하고 의심하면서 긴 시간 나의 입장을 정하지 못했다. 교직 사회의 폐쇄성과 정체도 분명한 사실이고, 이렇다 할 대안도 없으면서 이를 해소하고자 도입한 제도에 비난부터 하는 사람이 되고 싶지 않았다. 그래서 학생과 학부모에게 교원평가에 적극 참여할 것을 독려했고, 내 나름 학교로부터 또 스스로 인정할 수 있는 좋은 평가를 위해 열심이기도 했다. 10년의 학교생활 끝에 이제 내 입장은 교사가 한 해 동안의 자기 활동을 돌아보고 스스로 평가하는 작업은 필요한 일임이 분명하지만, 교육 활동에 인사고과를 특히나 성과급 제도로 논하는 것은 비극이라는 것이다.

성과급 제도는 비교육적 교육 풍토의 전수와 함께 결과적으로 네 업무와 내 업무의 경계를 더욱 확고히 하여 공동체 의식을 무너뜨린다. '내가 한 일이 저 사람이 한 것보다 가치 없다고?' 혹은 '저 사람이 최고(또는 최저) 평가를 받았다고?' 애초에 교사의 교육적 역할은 점수로 평가*한다는 것이 어불성설이긴 하지만, 나의 평가와 학교의 평가 결과가 일치하지 않을 때 그 이질감은 애써 쫓아낸 불신과 냉소로 금세 대체된다. 동료에 대한 존중, 관리자에 대한 존경이 사라진 곳은 교육 공간으로서 제대로 기능할 수 없다.

자신이 평가절하되었다고 생각하는 사람은 자신의 애씀을 알아주지 않은 조직에 대한 섭섭함을 반감으로 채운다. 스스로 배제되었다고 생각하는 순간, 그 수치심을 우리라는 공동체로부터 자신을 분리해 구경꾼의 정체성을 확립함으로써 보상한다. 높은 평가를 받은 이들의 노고를 당연시하고, 비협조적인 태도를 강화한다. 반대로 만족스러운 평가를 받은 사람은 자신이 한 중요하고 가치 있는 일이 인정받을 수 있었다는 사실에 감사하는 데 그치지 않고 그 평가에 자신을 동일시하게 된다. 뿌린 대로 거둔다는 확신은 자신을 발전시키는 동력으로만 삼는 것이 아니라 동료의 노고를 평가절하하는 도구도 되는 것이다. 이것이 당연시되면 함께하기 위해 협조를 구하고 머리를 맞대기보다 자신 혹은 자신의 부서가 더 돋보일 응

---

* 학생과 학부모로부터 수업과 교육 활동에 대한 피드백을 받는 것과 점수화된 교사 평가는 다른 문제이다. 결국 평가는 차별을 두기 위해 정량화하게 되고, 그 항목은 눈에 보이는 실적 위주가 된다. 말로 다 할 수 없고 눈에 보이지 않으며 효과를 당장 볼 수 없는 교육 활동을 뒷전으로 밀어낸다.

당한 책임을 스스로 과중하는 방식의 태도를 고착한다. 교육 활동을 하는 이들에게 비교육적 마인드를 강화하는 이런 불필요한 에너지 소모는 교육 공간을 왜곡하고, 공동체의 분절로 업무를 가중한다.

　기간제 교사를 채용하는 과정에서 강사의 이전 경력이 다양하고 복잡해서 호봉 책정에 애를 먹었다는 교사의 토로를 들었다. 그래도 워라밸을 중요하게 생각해서 학교에서 동료 교사와 차 한잔도, 눈 마주치고 인사할 겨를도 없이 일했을지언정 칼퇴근은 지키고 업무를 집에 가져가지는 않았다고 했다. 그렇게 업무*가 바빴다면 수업 연구는 어찌했느냐는 물음에 "애들한테는 미안하지만 수업은 버린 거죠." 라는 답이 돌아왔다. 물론 그 말이 새로운 연구와 시도를 못했다는 데 대한 무안함인 줄 안다.

　교사의 권위는 교과에 대한 전문성에 있다고 하지만 아이러니하게도 실제 학교 현장은 교사의 교육 능력보다 행정 능력이 돋보일 때가 많고, 때로는 더 장려되는 듯 보이기도 한다. 교사의 시간과 에너지는 한정되어 있고 둘 중 선택해야 한다면, 동료 교사와 학교 전체가 알게 되는 업무가 아이들과 나만 아는 수업에 우선하게

---

* 외국 영화나 드라마를 보면 교사는 가르칠 것을 연구하고, 학생과 학습 목표 도달에 관해 이야기한다. 학생에게 문제가 생기면 학부모는 교장실로 바로 소환되어 교장 선생님과 상담한다. 우리나라는 교사가 수업뿐 아니라 행정 업무를 병행하고 있고, 담임교사가 학부모의 역할을 해야 한다. 교사의 역할과 학교 모습의 이런 차이는 학교 교육 시스템 자체가 다른 데서 기인한다.

되는 것이다.

아이들과의 수업과 만남을 연구·준비하고 있는 선생님에게는 워라밸이 없다. 학교에서 행정 업무에 치여 수업을 미루게 되는 것이나, 행정 업무와 수업 연구를 둘 다 잡으면서 자기 가정 돌봄을 미루게 되는 것이나 한 개인의 삶이 균형을 잃는 것은 마찬가지다. 교직뿐 아니라 모든 직장에서의 생활은 인간의 기본적인 자기 돌봄이 가능한 근무 체계를 가져야 한다. 신규 때는 나의 미숙함에 기인한 문제인 줄 알았는데 시간이 지나 학교에 적응하면 할수록 사회상의 변화를 따라 새로운 업무와 사업이 계속 늘어나서 달라지지 않았다.

업무 분장이 잘못된 것일까? 문득 강사 채용 관련 업무는 교육과 직접적인 관련이 없다는 생각이 들었다. 마침 TV를 보는데 사립 고등학교를 배경으로 한 드라마에서 행정실이 기간제 교사 채용을 진행하는 것을 보았다. 갖추어야 할 서류와 절차가 만만치 않은데 이런 일은 행정실에서 하면 교사에게 학생 상담과 수업 연구 시간이 더 확보되겠다 싶었다. 교직 선배에게 업무 분장에 대한 나의 발견을 호기롭게 이야기했더니 기간제 교사 호봉 획정 책임은 교감에게 있을뿐더러 CCTV 설치·관리부터 방역 도우미 채용에 인건비 지불까지 교사가 하고 있는 실정에 기간제 교사 채용은 언감생심 입에 올릴 건도 못 된다고 했다. 그러고 보니 교사가 하는 일 중에 학교 내 공기질(미세먼지, 공기청정기)·수질(정수기) 관리처럼 교육 활동과 직접적으로 관련 없는, 교육 환경 개선과 조성을 위한 일들이 많았다.

업무 주관 부서에 대해 의견이 분분했던 CCTV 건은 교사, 행정직, 관리자 등 다양한 차원에서 질의했으나 교육청은 끝내 학교 실정에 맞게 협의를 거쳐 조정, 이행하라며 업무 대상자를 특정하지 않았다. 같은 교직원이라도 교원과 행정실 직원 사이에는 경계가 있다. 각자 선 자리와 하는 업무의 성격이 달라서 서로의 입장을 온전히 이해하기 어려운 부분이 있다. 종종 갈등이 불거져 학교 교육 풍토 형성에 장애 요소가 되기도 하는데 교육청도 이런 갈등을 알고 있지만 한발 물러난 것이다. 그 배경에는 학교마다 현장의 특성이 있고 이를 존중해야 한다는 사실에 더해 교사가 대다수를 차지하는 학교와 달리 교육지원청, 교육청, 교육부와 같이 상급 교육기관으로 갈수록 교사 출신 교육전문직(장학사, 연구사)보다 교육행정직의 비율이 훨씬 높아지는 연유가 있었다.

세월호 참사 이후 사회에 사건·사고가 일어날 때마다 학교는 뭇매를 맞고 안전 관련 행정 절차가 가중되었다. 지진이 나면 학교의 재난대피훈련 실태가 매스컴을 타고, 재난대피교육을 의무교육으로 하는 법이 제정되고, 꼼꼼히 명시된 재난대피훈련 매뉴얼이 내려온다. 물놀이, 아동학대 등 모두 마찬가지다.

학교는 교육 공간인데, 왜 교사는 아이들로부터, 수업으로부터 멀어지는가에 대한 의문으로 시작한 고민은 꼬리를 물고 우리 민족이 청산하지 못한 숙제에 당도했다. 책임 회피와 전가가 부메랑처럼 사회를 떠돌고 있다. 문제가 불거지면 재빠르게 책임 지울 대상을 지목하고, 정작 책임져야 할 당사자는 사라진다. 문제 재발 시 책임 지울 대상을 찾고 그들의 임무를 법령화한 것으로 관련자들은 마치 책임을 다한 듯하다. 그 사이 사안의 발생 원인과 피해 회복을 위한 조치라는 현실의 문제는 사라진다.

누구를 책임 지울 대상으로 지목하는가, 떠넘기기 만만한 상대는 누구인가. 우리 사회에서는 그 대상이 교육계인 듯하다. 나는 교육부, 행정안전부, 기획재정부, 국회의원이 모인 교육위원회 회의록에서 교육부의 위상을 보았다. 세월호 참사는 아무것도 밝혀진 것이 없는데 학교 수학여행 체계는 바뀌었다. 폴리우레탄이 운동장을 덮도록 생산·유통·판매한 업체와 이를 허가한 부처는 온데간데없고 학교는 아이들의 안전에 방만한 기관이 되어 공기질에 수질 관리까지 온갖 안전 지침을 떠안았다. 아동학대 부모는 경찰도 어쩌지 못하지만, 학생이 며칠 안 보이면 어떤 조치를 해야 하는지 학교에는 책임을 묻는다.

아동학대신고 의무교육과 같이 법을 제·개정해서 교원의 법정 의무 연수를 만들고, 관계 법령을 근거로 학교에서 학생에게 해야 할 의무교육을 만든다. 이런 것은 범교과교육(2015 개정 교육과정에서 안전·건강, 인성, 진로, 민주시민, 인권, 다문화, 통일, 독도, 경제·금융, 환경·지속가능발전 등 10개 교육 영역으로 구분)이라는 이름으로 주어져 소방 대피, 교통안전, 사이버 중독, 도박, 약물 중독, 학교폭력, 심폐소생술, 성폭력 예방, 자살 예방 생명존중, 정보통신윤리 교육 등이 학교의 창의적 체험 활동 시간을 장악했다. 제목만 보면 시대의 변화에 발맞추어 학교에서 이루어져야 할 교육 내용으로 손색없어 무엇이 문제냐고 물을 수도 있다. 현장에 있는 사람으로서는 겉보기에 그럴듯해 보이는 온갖 교육 프로그램과 사업 뒤에 형식을 갖추기 위해 투입된 업무 담당자별로 분절된 교사의 시간과 에너지가 생각나 갑갑한 마음이 먼저 든다. 일하기 싫은 교사의 푸념으로만 들리지 않으려면 얼마나 더 자세히 학교 현장을 설명해야 할지 난감하다.

학교폭력, 성적, 평가, 상담, 학부모, 생활기록부, 교권 등 우리가 일반적으로 생각하는 학교 이야기는 아직 시작도 안 했다. 늘어난 교원 의무와 쌓인 교육 시간만큼 우리 교육도 탄탄해졌으면 좋으련만 사회와 시스템이 복잡해지고 발달하는 만큼 학교가 곪는 방식만 정교해지는 것 같다.

2022년 여름, 코로나가 다소 잠잠해지고 일상을 회복하는 듯했다. 3년 만에 처음 떠나는 체험학습(소풍)을 앞두고 학교에서 안전교육이 실시되었다. 첫째도 둘째도 셋째도 안전이라고 담임, 학생부, 교감, 교장 선생님까지 연이은 안전교육을 들으면서, 엄밀히는 다른 학교 남학생과의 다툼이 없길, 다른 학교 여학생과의 신체 접촉이 없길 엄중한 경고와 회유와 부탁을 오가는 시간이었는데 학교의 현실을 보는 것 같아 씁쓸하고 먹먹했다. 다른 방책이 있을까 아무리 생각해봐도 내가 그중 어떤 자리에 있었어도 똑같이 할 수밖에 없겠다 싶어 더 답답했다. 요즘 10대들의 학교 폭력은 페미니즘과 성대립, 성혐오를 동반해 뜨거운 사안이다. 학교 안팎에서 크든 작든 사고가 발생하면 사진, 인터넷, 제보로 이어지는 논란과 함께 모든 손가락이 순식간에 학교를 향한다. 그 모든 세파에 마모되지 않을 최선의 방법은 무엇일까?

얼마 지나지 않은 여름 방학식, 여전히 학생안전부는 방학 중 안전사고(도박, 물놀이, 학교폭력, 흡연, 오토바이 탑승) 예방교육으로 바빴고 초등학교 1학년 초록이가 맞은 방학도 크게 다르지 않은 듯했다. 초록이도 각종 안전교육 가정통신문을 가득 안고 집에 돌아왔다.

코로나 3년 차, 길거리에는 더 이상 마스크도 사회적 거리두기도 없었지만 학교에는 kf80 이상의 마스크를 쓰라는 꼼꼼한 지침이 내려왔다. 놀라운 것은 학교는 시키는 그 모든 과제를 이행한다는 것이다. 어른들의 밤거리를 뉴스로 접한 다음 날 학교는 학생들에게 kf80 이상의 마스크를 쓰지 않으면 벌점을 부여하겠다고 했다. 아이들도 눈이 있는데 이 부조리함을 나에게 물으면 어찌해야 할까 생각하니 웹툰 〈송곳〉의 "여기서는 그래도 되니까!" 구고신의 말밖에 떠오르지 않아 혼자 있는데도 얼굴이 화끈거렸다.

나는 학부모가 학교로 달려와 큰소리 내고 학생이 교사에게 욕설을 하는 것보다, 문제에 대한 대책을 학교를 쥐어 짜내는 데서 찾고 있는 이 사회가 진짜 교권을 침해하고 있다고 생각한다. 그런데 결국은 시키는 대로 해내는 학교를 보며, 원래 교직 사회에 아이들타임이 만연했다고 생각하면 오산이다. 얻을 때는 잃는 것이 있다. 그런데 지금 학교 안에 있는 사람조차 잃고 있는 것이 무엇인지 모르게, 알아도 수습할 방법을 생각할 새 없이, 생각하더라도 해결할 겨를 없이 급급하게 흘러간다는 것이 가장 큰 문제다.*

학교에 교육이건 안전이건 책임 떠넘기기 바쁜 사회에 학교를 보여주고 싶다. 어른들이 아이들을 모아두고 이런 말을 읊는 곳을 원하느냐고. 하지만 학생 관련 사건·사고만 생기면 학교 교육을 탓하는 기사가 뜨고, 교장실로 교육청으로 변호사를 대동하고 책임 지울 사람을 찾아 학교를 비난하기 바쁜 어른이 있는 한 쉽게 바뀌지 않을 것이다. 결국 오고 가는 책임 부메랑의 최대 피해자는 아이들이다. 학교가 아이들의 실패와 좌절을 배움으로 이끌지 못하고 상벌에 급급하지 않았는지 반추해보니 우리 사회가 학교를 낙인의 대상으로 삼고 처벌하기 급급했다는 것, 나 또한 그렇게 길든 채로 교육자의 자리에 서 있다는 것을 알았다. 학교는 작은 사회다. 교육적인 학교 풍토, 공교육의 정상화는 우리 사회 전체의 성숙을 요한다.

---

* 학교에서 안전교육이 필요 없다거나, 교사의 일이 아니라는 식의 볼멘소리를 하려는 것이 아니다. 인간으로서 땅 위에서처럼 물 속에서도 자유롭도록 수영 교육을 한다거나, 생태전환적 삶을 위해 자전거 일상화 교육을 할때 안전교육은 자연스럽게 병행될 수 있다. 그런데 지금 사회는 학교가 교사에게도 학생에게도 가치 있는 삶의 양식을 배우고 체화할 시간과 공간과 여유를 허락하지 않는다. 그러면서 수많은 안전교육의 시행 유무에 대해 책임을 묻고, 시행 시간을 의무화했다. 이 과정에서 안전교육은 사고 책임 소재에 대한 방어적·형식적 업무로 쉽게 왜곡된다. 그럼에도 불구하고 그 시간을 유의미하게 구성하기 위해 애쓰는 현장의 많은 교사에게 이 이야기가 오해 없이 전해지길 바란다.

╋ 함께 보면 좋은 자료

《교육과정에 돌직구를 던져라》, 2014, 정성식, 에듀니티

《같이 읽자, 교육법!》, 2021, 정성식, 에듀니티

《학교내부자들》, 2018, 박순걸, 에듀니티

대안교육 붐

탈학교

교육의 질적 변화를 바라는 수요자의 요구가 심상치 않다. 특히 중산층 이상의 가정에서 전체적·경쟁적 공교육에 대한 비판이 높고 질적으로 다른 교육을 찾는 경향이 짙다. 현재 초등학교와 중학교는 의무교육이지만 학교를 선택하지 않는 사례가 점점 증가하고, 초등 학업 중단 사유는 압도적으로 대안교육에 있다. 우리나라에 〈초·중등교육법〉이 인정하는, 즉 학력 인정이 되는 대안학교는 (2021. 3. 현재) 각종 학교 50개교, 대안교육 특성화 중학교 18개교, 대안교육 특성화 고등학교 25개교가 있다. 1990년대 우리나라에 대안학교가 들어서기 시작하고 30년이 지나는 동안 초·중·고 과정을 운영하는 미인가 대안학교는 꾸준히 늘어나 현재 600개교가 넘었다.

비록 사문화된 법이라고 하나 〈초·중등교육법〉상 의무교육은 곧 취학을 의미하므로 미인가 대안학교나 홈스쿨링(언스쿨링)을 선택

하는 것은 엄밀히 말하면 위법이다. 대안교육기관에 관한 법률 시행령 제정으로 2022년부터는 대안학교 등록제가 시행된다. 이로써 많은 미인가 대안학교가 제도권 안의 교육 시설로서 최소한의 안정적인 지위를 갖고, 대안교육기관에 재학 중인 의무교육 대상자는 취학 의무가 유예되므로 법적으로 위법은 아니게 되었다.

공교육이라는 시스템이 우리 땅에 새로운 교육을 바란 많은 교육자와 학부모를 긴 시간 소외시켜왔음을 새삼 생각하게 된다. 같은 세금을 내는 국민이지만 정부 지원 없이 해마다 초·중등 교육에 대학 수준의 학비를 감당하면서 위법이라는 오명까지 써야 했다. 교육을 방임한 게 아니라 단지 아이에게 더 필요한 것을 고민해서 공교육이 주지 못한 다른 교육과 만남을 선택했다는 이유로 말이다. 우리나라의 교육 전문가들이 모인 교육부, 교육청, 학교가 아닌 민간에서 자발적으로 이만큼의 운동이 있었던 것은 우리 교육 현실에 대한 반성과 실천 의지가 그만큼 깊고 절실하다는 뜻일 것이다.

요즘처럼 학습 방법이 다양한 때에 학습 효율의 측면에서도 공교육은 신뢰를 잃었다. 현 교육 체제 안에서의 경주를 선택한 사람들조차 공교육은 비효율적 시간 낭비라고 자퇴와 개인 학습을 준비하는 경우가 많다. 대안이라는 것 또한 실제 그 현장 나름의 과제를 안고 있겠지만, 지금의 공교육은 투입되는 인력과 예산을 고려했을 때 특히 사회문화적 자본의 중심인 중산층 이상의 탈학교 현상을 뼈아프게 받아들여야 한다. 교육계는 늘어가는 대안교육에 대한 요구를 보다 적극적으로 읽고 공교육을 더 깊이 있고 넓게 확장

해야 할 것이다.

중·고등학교 시험 내 낮은 점수를 받은 아이가 자신을 충만하다고 생각할 수 있을까. 최근 대안교육을 고려하는 많은 부모가 지금의 공교육 체계의 가장 염려하는 점으로 아이가 자신을 모자란다고 인식할 수밖에 없는 구조를 꼽는다. 공부를 잘못하는 경우뿐 아니라 특별한 재능이 있는 경우도 마찬가지다. 타고난 능력을 발굴하고 발휘하기보다 모자란 부분이 부각되기 쉽다는 것이다. 여러 가지 시도에도 불구하고 현행 초·중등 교육의 종착역은 대학 입시와 취업, 결국 사회가 원하는 인재로의 발탁이냐 배제냐를 면치 못하고 있다.

아인슈타인은 "모든 사람은 천재다. 그런데 물고기를 나무를 타고 올라가는 능력으로 평가하자면 그 물고기는 평생을 스스로가 바보라고 생각하면서 살 것이다."라며 획일화된 평가 체제를 비판했다. 우리는 각자 하늘을 날고, 사막을 달리고, 바다를 헤엄치는 등 다른 능력을 타고났지만 공정성을 담보로 어느 한 가지 평가 방식을 고수하며 그 안에 길들이려 하고 있다. 이러한 방법으로는 다양한 잠재성을 키울 수 없다. 교육이란 어떤 쓸모와 능력을 갖추도록 훈련하는 것이 아니라, 각자가 타고난 능력을 발현하도록 돕는 것이다. 대안교육은 쓸모와 기능의 발견 이전에 존재 그 자체로 존중할 수 있는 교육 공간에 대한 깊은 갈망이 낳은 결과라고 할 수 있다.

각자 타고난 고유성이 있다는 믿음이 대안교육의 시작이고, 그래서 홈스쿨링이나 대안학교 중에는 기독교 정신을 바탕으로 한 곳이 많다. 우리 존재의 근원, 신앙에 중심을 둔 삶을 우선할 때 존재의 성장이란 영적 성숙을 의미한다. 공교육 체제는 '영적'이라는 말을 '종교'와 동일시하면서 차단하는 경향이 있다. 전인적 성장을 도모하고, 인성 교육을 표방하지만 영혼을 키우거나 영적 성숙을 지향한다고 말하지는 않는다. 《영혼을 위한 닭고기 스프》라는 책이 세계의 베스트셀러가 되고, '영성'이라는 단어는 이미 일상에 자리 잡았지만 종교계 대안학교가 아닌 일반 학교에서는 영성이라는 말 자체가 금기시된다. 일제강점기와 군사 독재, 우리 민족의 아픈 역사를 지나는 동안 정신 교육이라는 말이 본질을 잃은 것도 한몫했을 것이다.

논란의 여지가 있는 것은 제거하고, 경험 가능한 세계에서 근거를 찾는 합리적 사고가 소위 과학이라는 이름으로 우리 사이에 견고하게 자리 잡으면서 영혼을 위한 교육은 공교육에서 설 자리를 잃었다. 실험과 경험이 증명해야 하는 과학은 철저히 물질관에 기초하고, 개념과 논리에 근거한 학문은 영성을 배제했다. 그 사이 공교육이 자본주의와 물질주의를 더 강화하는 체제로 자리 잡지 않았는지, 우리가 잃은 교육을 살펴볼 때다.

나의 대안학교에 대한 관심은 2003년, 고등학교 졸업을 앞둔 때였다. 학교 밖 청소년 문화센터 선생님으로부터 처음으로 영국 서머힐과 독일 슈타이너 학교에 대해 들었다. 그 길로 서점에 가서 산 책이 《슈타이너 학교의 참교육 이야기》였다. 슈타이너 학교는 8년간의 담임 연임제, 몸을 움직이면서 배움을 삶의 리듬으로 체화하는 오이리트미, 일정 주기를 갖고 주제별로 배우는 집중 심화 에포크 등 내가 경험해보지도 상상해보지도 못한 수업이 있는 학교였다. 일본인 저자는 유학지 독일에서 딸을 자유 발도르프 학교에 입학시켜 1, 2학년을 보내고 도쿄로 돌아가 일반 독일 학교에서 6학년까지 보냈다. 이 책은 그 후 다시 독일로 돌아와 7학년부터 슈타이너 중학교를 마친 과정의 이야기를 중심으로 엮은 책이다. 처음 발도르프 학교에 입학시켰을 때와 그 사이 일반 독일 학교를 다니다 다시 돌아와서 느끼는 이질감이 한국에서 나고 자라 보통의 학교를 졸업한 내가 슈타이너 학교를 엿보면서 느끼는 생경함과 비슷해서 인상 깊게 남았다.

유치원생들이 모여 앉아 선생님의 구연동화를 듣듯이 중학교 학생들이 모여 앉아 선생님의 이야기를 듣는 역사 에포크 수업 이야기가 아직도 생생하다. 역사적 사건에 대해 전운이 감돌 정도로 진중하게, 왕의 칼과 문장이 새겨진 복장에 이르기까지 상세한 선생님의 묘사는 상상력을 자극하고 아이들을 이야기에 집중시킨다. 교과서는 없다. 하얀 백지 노트로, 이야기를 들으며 그날그날 학생들이 각자의 책을 만들어가는 식이다.

아이들은 색연필로 칠판에 쓰여진 위계의 그림을 노트에 베꼈다. 그 노트는 어디를 펼쳐 보아도 한쪽에는 색칠한 그림이 그려져 있다. 게르만 민족의 대이동 모습을 나타내는 지도. 게르만인의 공예작품 등, 그것은 고대사 박물관에 견학 가서 스케치해 온 것이었다. 오토 대제

시대의 무기 그림 등이 모두 다 세세하게 공들여 재현되어 있었다. '
역사' 수업인데 임금님의 촛대에 붙은 다이아몬드의 수까지 정확하게
그릴 필요가 있는가? 시험에서는 이런 부분에는 주의를 기울이지 않
고 스쳐지나가는데… 그런 생각이 들자 후미는 다른 아이들처럼 하나
하나의 장식물인 다이아몬드까지 숨을 죽이고 색을 칠하는 것은 어리
석은 일처럼 느껴졌다.

처음부터 이 학교에 입학에서 7학년이 된 아이들에게는 자연스
러운 모습이지만, 중간에 시험을 치는 일반 학교를 다닌 경험이 있
는 저자의 딸에게는 수업이 시작해도 교과서가 필요 없는 그 시간
과 공간이 영 불편하게 느껴진다. 나 역시 마찬가지였는데 스스로
를 시험과 성적에 매인 사람이라고 생각해보지 않았지만, 이 대목
에서 선생님의 이야기 세계로 빠져들지 못하고, '이게 뭐가 중요하
다고', '이런 건 시험에 나올 게 아니잖아'라고 생각하고 있는 나를 발
견하고 놀랐다. 그러면서도 선생님의 이야기에 깊이 빠져들어, 당시
게르만 민족의 시대를 날아다니고 있을 학생들을 생각하면 왠지 모
를 부러움이 있었다. 마치 옛날 겨울밤 화롯가 타닥타닥 불 피는 소
리와 은은한 달빛을 배경으로 온화한 할머니의 옛이야기에 온 정신
을 쏟은 어린이가 그려지는 듯하다. 이야기에 빠져든 아이들은 머
리끝부터 발끝까지가 온통 그 이야기로 따뜻하고 평화로운 힘이 있
을 것 같다. 그것이 따뜻하고 평화로운 이야기가 아니라 공포에 맞
서 싸운 영웅의 전쟁 이야기라 하더라도 온통 그 이야기에 동화된

아이는 그 시공에 완전히 머무르는 힘이 있다. 내 학창 시절 수업 중에 혹은 내가 교사가 되어 했던 수업 중에 이런 분위기가 있었던가 가만히 물어본다.

슈타이너 학교는 특별했지만 스무 살이었던 내게 슈타이너의 인간관은 너무 어려웠고, 당시 한국에는 별로 알려진 게 없어 자연스럽게 잊고 지냈다. 사범대를 졸업하고 교사가 되고도 잊고 있던 발도르프를 다시 만난 것은 자연출산을 하고 엄마가 되어 찾은 랜선 자연육아 카페였다. 그 사이 우리나라에서도 발도르프 교육에 관한 연구가 활발히 진행되어 어린이집과 학교가 많이 생겨났고, 자연육아 엄마들 사이에서 발도르프 교육에 대한 관심은 특히 높았다. 그래서 공교육의 대안으로서 등장한 대안교육과 학교에는 여러 형태가 있지만, 나에게는 루돌프 슈타이너의 발도르프 교육이 특별했다.

발도르프 교육은 교육자가 보기에도 위화감이 들 정도로 확고한 위계와 깊이 있는 철학을 가진 슈타이너의 인지학에 근거한다. 그래서 우리 전래 동화나 전통 놀이보다 독일 문화를 배경으로 한 정서적 이질감의 문제를 차치하더라도 이 철학과 현장력을 동시에 갖춘 역량 있는 교사가 그만큼 있을까 하는 것에 현실적 문제를 제기하게 된다. 비싼 교육비, 홈스쿨링에 준하는 양육자의 관심과 꾸준한 공부, 참여를 요구함에도 이만큼의 수요가 증가해 사립 엘리트 교육의 상징이 되어가는 데 기성 공교육이 주지 못한 발도르프의 매력이 무엇인지 귀히 살피게 된다.

지금 나는 후미의 역사 에포크 수업에 주목한다. 선생님의 이야기에 집중한 아이들, 그 아이들과 선생님이 하나로 연결된 신성한 교실이 인상적이다. 물리적 방해는 물론 잡생각도 낄 데 없이 긴장이 팽팽한 동시에 모두가 생생히 살아 있는 묶음 하나, 그런 교실을 꿈꾼다. 그만큼 그 교실은 지금 공교육 현장과 이질적이라는 뜻이기도 하다. 무엇이 이런 차이를 만들까?

중요한 것

두 아이를 낳고 기르다 돌아간 학교에서 수업 중에 자연스럽게 내 입에서 나온 말에 내가 놀랐다. "자, 집중! 중요한 거예요. 시험에 꼭 냅니다." 내 머리는 내 입에서 나온 말과 달리 빠르게 회전했다. '이 시간 가장 중요한 게 정말 이거야? 나 지금 시험 문제로 내 권위를 세우고 있는 거야?'

어느 유명한 한국사 강사가 독립운동가에 관한 문제 풀이를 하다 이 사람은 중요하다고 목소리에 힘을 주어 강조했다가 다시 돌아와 말을 덧붙이는 것을 보았다. 아니 시험에 자주 출제된다는 의미이지 독립운동가 중에 더 중요한 사람, 덜 중요한 사람이 어디 있겠냐고 다 고귀한 삶을 사신 분들이라는 것이다.

과학 시간에 핵, 엽록체, 미토콘드리아 등 세포 소기관에 관해 배우는 시간이 있다. 10년 전, 신규 시절 칠판을 가득 채우도록 세포 하나를 시원하게 그리면서 나의 손끝에 아이들을 집중시키고 이름 하나하나를 부르고 기능을 외게 했다. 시험에 꼭 나올 중요한 것을 뽑아 머리에 쏙쏙 들어오게 쉽게 잘 가르치는 것이 내가 교사로서 제

할 일을 잘하고 있다는 만족감이 들게 했다. 같은 내용을 가르치는 지금 나의 고민은 눈에 보이지 않는 작은 세포의 살아 있는 생명력, 그 신비를 어떻게 전달할 것인가다. 매일 보는 풀꽃 한 포기, 벗겨진 각질조차 새로운 생명 활동으로 다시 볼 수 있는 눈과 물질을 통해 보이지 않는 그 너머의 것을 느끼는 힘이 내가 주고 싶은 것이다.

어떻게 엽록체는 중요하고 액포는 안 중요하겠는가. 미토콘드리아는 중요하고 리보솜은 안 중요할 수가 없다. 우리가 만나는 모든 것이 중요하고 살아 있다는 것을 전하고 싶다. 모든 것에 제 역할이 있다는 전체성에 대한 통찰은 나의 수업 목표 중 중요한 한 가지가 되었다. 그때 아이들도 스스로가 서로가 다 제각각 생긴 그대로 존엄한 줄 알 것이다.

이제 나에게 수업 장악력이란 학생을 우주나 생명의 신비가 가득한 신성한 수업으로 초대할 수 있는 교사 역량이다. 그런데 지금 내가 가장 중요하다고 생각하는 것은 객관성을 보장한 시험에 등장하기 어렵다. 시험에만이 아니라 수업에 들이는 것 자체가 어렵다.

교과서 중심의 지식, 삶과 동떨어진 시험을 위한 공부에 아이들이 지쳤다고 하는데, 이미 학교 체제에 적응한 아이들은 교과서를 벗어날 때 도리어 불안해한다. 삶과 나란한 배움을 어떻게 교실에 들일까 고민해서 정작 교과서를 넘나들 때 가장 저항적인 것은 공부하기 위해 학교에 온, 학습에 더 적극적인 아이들이다. "이거 시험에 나와요?", "이거 왜 해요?"라고 묻는 아이들. 시험, 성적에 얼마나 반영되는지를 확인하고서야 수업의 문을 열고 들어설지 물러날지를 결정한다. 아이들은 교육과정의 총론도 각론도 보지 않았지만 시험에 나올 만한 내용인지 아닌지 귀신같이 알아챈다. 평소 무엇이 중요한지 온몸으로 체득했기 때문에 '이것은 중요하니까 정성을 다하고, 이런 건 안 중요하니까 대충하고'는 가르치지 않아도 완전 학습이 되어 있다.

'이런 건 중요한 게 아니잖아요.' 스르륵 수업을 빠져나가는 아이들의 소리가 들리는 듯하다. 후미의 교실과 우리 교실의 차이가 여기에 있다. 우리 삶에서 중요한 것과 안 중요한 것을 어떻게 나누는 걸까. 나누어지지 않는 것을 나누려니 자꾸 탈이 난다.

나도 다르지 않다. 중학생 때 선생님이 해주신 일본 학교 이야기다. 수학 시간에 더하기를 하는데 선생님이 천천히 자를 사용해 보조선을 긋더란다. 우리에게는 정확히 빨리 계산할 수 있는 수학 능력이 중요했지 그 과정에 보조선을 비틀림 없이 긋는 것은 시간 낭비에 가까웠다. 더하기나 나누기에 쓰는 보조선을 정성들여 그을 생각은 한 번도 해보지 않았기 때문에 나에게도 너무 신기한 이야기였는지 뇌리에 새겨진 이야기였다.

교사가 되고 10년이 지나 아무도 쫓아오지 않는 수업을 쫓기듯 마치고 괴발개발 된 판서를 돌아보니 그날 그 선생님이 무슨 뜻으로 말했는지 이제 알겠다. 그 선생님도 진도, 미래에 쫓기며 마지막 한 획까지 몸과 마음이 그 자리에 온전히 머물지 못한 삶의 태도에 대한 각성이었을 것이다. 다급하게 썼던 그 판서 내용이 그렇게 중요한 것이었을까. 입으로는 그때 우리 교실 창문으로 들어온 찬란한 햇빛, 그날의 따뜻했던 분위기, 잠시 다 함께 고요했던 그 순간, 나의 말끝을 따라 집중한 아이들로 하나가 된 신성한 교실 그 모든 것이 아름답고 중요하다고 하지만 사실은 내게도 체화된 더 중요하고 덜 중요한 게 있는 것이다. 여전히 '가르칠' 것이 많은 열정적인 교사는 의식하는 순간보다 놓치는 순간이 더 많다.

내가 중심이 되어 지금 여기, 과학을 매개로 너와 나를 단단히 이어 이 수업에 전심으로 앉아야 하는데 조급하게 동동 떠다닌다. 우리가 이곳 지구에 왜 왔을까. 내 생의 목적을 단정할 수 없지만 분명한 것은 지금 내가 할 수 있는 것은 여기에 온전히 앉는 것이다.

우리는 실체 없는 걱정과 두려움, 불안을 안고 중요한 것과 중요하지 않은 것을 끊임없이 경계 짓는다. 앉아서 설 생각을, 서서 뛸 생각을, 지금 여기서 내일 그곳을 생각하며 육신과 정신을 한자리에 두지 못한다. 생각의 속도와 몸의 속도가 다르다. 내 젊은 시절의 대부분을 피로로 채우고 나서 깨달은 것은 내 몸과 마음이 한자리에 있지 못할 때 그 사이의 차이는 피로가 되고 우리는 그만큼 소모된다는 것이다.

나는 여기에서 다시 물리학을 떠올렸다. 공명. 물체의 고유 진동수가 외부에서 주기적으로 가해지는 힘의 진동수와 가까워지면, 진동하는 계의 진폭(에너지)이 급격히 증가하는 공명이 일어난다. 내 몸과 마음을 고요히 대자연의 주파수에 맞추어 공명할 수 있다면 세상 가장 큰 에너지로 진동할 것이다. 가끔 대자연 안에서 충만함을 느끼면서 그 이유가 무얼까 생각해보면 이 공명에 답이 있는 것 같았다.

우리는 왜 제힘을 온전히 발휘하지 못하고 소모될까. 임금님의 촛대에 붙은 다이아몬드 수까지 정확히 그려보는 것은 그래서 의미 있다. 나를 그날 그 시간 그 공간과 깊이 연결할 수 있는 사람, 그 역사와 함께 공명할 수 있는 사람은 또 다른 바로 오늘의 역사 어디에도 깊이 연결할 수 있을 것이다. 그날을 생생히 상상하며 그곳에 전심으로 앉아보는 경험이 다른 어느 시에 그 자리에 깊이 뿌리박고 서게 할 것이다. 한 자리에 몸과 마음을 같이 두는 사람은 그 모든 에너지를 얻어 필요한 곳에 필요한 힘을 발휘할 것이다. 소모된 삶, 충만한 삶 중 무엇을 택할 것인지는 자명하다.

09 그럼에도 불구하고 공교육

공공성: 교육이라는 희망 사다리

공부가 너무 하고 싶은데 책 살 돈은 없고, 너무 서러워서 나중에 돈을 벌면 월급의 70%는 책 사는 데 마음껏 쓰겠다고 다짐했던 어느 선생님의 이야기를 들었다. 나는 그 이야기를 들은 날의 위화감을 잊지 못한다. 내 용돈의 70%를 어디에 쓰는지, 나의 결의는 어디를 향해 있는지를 돌아보면서 훗날 내 월급의 30%는 배움에 쓰겠다는 작은 다짐을 한 기억이 있다.

누가 내게 가정형편을 물으면, 배곯을 걱정을 할 만큼 가난하지는 않았지만, 스스로 밥벌이를 찾아야지 달리 비빌 언덕이 없다는 것은 알 만큼이었다고 말한다. 내가 교사가 된 데는 안정적인 직장, 대학에 맞아떨어진 성적이라는 직접적이고 결정적인 이유가 있겠지만 더 깊은 곳에서부터 나를 이끈 것은 공부만이 나를 일으킬 수 있다는 믿음이었던 듯하다. 지금까지도 꾸준히 책을 읽고 무엇이든 배울 것을 찾는 삶, 내 인식의 지평을 넓혀줄 사람 만나기를 좋아하는 것 모두 내 삶의 수준을 어떻게든 달리해줄 수 있는 것은 교육임을 알기 때문이다. 상대적 빈곤이 아닌 절대적 빈곤을 경험한 그 선생님도 자신의 존엄을 지켜줄 방법을 교육에서 찾았던 것 같다.

은수저를 물고 태어나지 않은 한, 지금과 다른 삶을 꿈꾸는 사람들은 교육에서 희망을 본다. 나 또한 교육의 가치를 그렇게 이해했기 때문에 공교육에 희망을 갖고 있다. 상대적 박탈감이 가득했던 학창 시절을 보냈는데 교사가 되고 반 전체 아이들을 보니 감회가 다르다. 공교육이 비판받는 많은 문제에도 불구하고 나에게 공교육을 지켜야 하는 이유는 이 공공성에 있다. 누군가에게는 이 공교육이 특별한, 어쩌면 유일한 교육 기회다. 나는 공교육 교사의 역할을 누구에게나 열려 있는 교육이라는 희망의 한 채널로 이해한다.

돌아보면 내가 가진 건 많았지만 나의 청소년기는 못 가진 것들로 인한 콤플렉스로 가득했다. 내가 가지지 못한, 나의 부족한 자질에 불만 가득한 내게 타고난 자질이 있다는 것을 알려준 것은 중학교 수학 선생님과 영어 선생님이셨다. 학교 공부 외 수학 과외를 받아 보라거나, 청소년용 영어 신문이 있으니 구독해보라는 특별한 것 없는 이야기였는데 그 말을 아직도 기억하는 걸 보면 내가 얼마나 듣고 싶었던 말이었을까 싶다.

너 재능 있다. 더 공부해라.
지금 네가 아는 것보다 세상은 훨씬 넓다.

돌아보면 내가 가장 듣고 싶었던 말이고, 그간 듣지 못했던 말이다. 내가 발끝을 들고 우리집 담장 너머를 탐할 때마다 받은 메시지는 '여자는 그만하면 됐다. 송충이는 솔잎을 먹고 살아야 한다.'였다. 우리집이 지어준 내 한계의 상을 깨는 데 30년이 걸렸다. 선생님이 되고 나니 꼭 나 같은 아이가 보인다. 내 눈에는 빛나는 아이인데 정작 자신은 특별한 줄을 모른다. 그 이상 탐하지 않는 것은 그 이상의 세계를 욕망하는 것을 허락받지 못했기 때문이다. 양육 환경이 스스로에게 설정한 한계가 있는 아이들이 있다. 개인적으로 불러서 너에게 네가 모르는 특별함이 있다는 메시지를 준다. 예전의 내가 그랬듯 '내가 특별히 한 것도 없는데, 저 선생님이 나한테 왜 이러지?' 의아해하면서 돌아가는데, 아무것도 달라진 것 없이 똑같아 보이지만 자신의 특별한 그 무엇을 알아보는 사람을 대하는 눈빛은 다르다. 나만 눈치챌 수 있는 무엇이 있다.

성악을 공부하기 위해 외국에 유학을 갈 수도 있다는 것을 처음 알려준 것은 고등학교 음악 선생님이었다. 정확히는 외국 유학을 다녀온 사람을 실제로 처음 보았다는 말이다. 실제로 그 선생님은 유학에 대해 언급한 일이 한 번도 없었다. 당시 나는 유학파라는 사실만으로도 음악 선생님이 신기하기만 했다. 유학파 선생님은 역시나 남달라서 조별 협연을 수행평가 과제로 내셨다. 할 줄 아는 것이라곤 어릴 때 배운 피아노 조금에 리코더뿐이었는데, 우리집에서 나는 피아노를 너무 많이 배운 축에 속했지만 친구들 사이에서는 배웠다고 말할 형편이 못 되었다. 플루트, 바이올린 등 음악책에서만 보던 악기를 연주할 수 있는 아이들, 집에 그 악기들이 있는 아이들이 많아서 놀랐다. 알토 리코더도 아니고 초등학교 때 모두가 배운 리코더를 들기엔 가정 형편이 가장 열악하다는 것을 공인하는 것 같아 자존심이 상했던 것 같다.

조별 과제인데 나 때문에 피해를 줄 순 없었고 친구의 권유로 가장 저렴하게 해결할 수 있는 하모니카를 새로 배우기로 했다. 난생처음 하모니카를 만지고 불어봤다. 당시 수행평가 과제였던 유리상자의 〈신부에게〉 첫 소절은 20년이 지난 지금도 기억한다. 과제 연습을 위해 피아노가 있는 친구 집에 갔는데, 그 친구는 바이올린을 맡았다. 집에 피아노와 바이올린이 다 있다는 이유만으로 내가 가본 가장 잘 사는 집이었다. 부모님 두 분은 모두 대학 교수였고 남동생은 외국에 유학 갔다고 했다. 그때 같은 조였던 친구 중에 부모님 두 분이 모두 교사였던 친구가 있었는데 이런 것이 자랑이라도 되냐는 듯 대수롭지 않게 보는 태도가 부러웠다. 나 혼자 어울리지 않는 자리에서 쫄지 않은 척 애썼던 열여덟의 그 어색함은 스물한 살 크리스마스에 예술의 전당에서 뮤지컬을 보던 날 다독여 떠나보낼 수 있었다.

교사가 되어 학교에 있다 보니, 성적에 민감한 비평준화 지역 인문계 여고에서 음악 협연 수행평가를 했던 그 선생님이 새삼 존경스럽다. 성함도 생각나지 않고 나를 기억하지도 못하겠지만 그 음악 선생님과 음악 수업이 있었던 학교 덕분에 나도 우리집 아이들도 하모니카를 들고 부는 것에 위화감이 없다. 간혹 7080 음악회에 기타를 들고 하모니카를 연주하는 가수를 보면 동질감을 느끼기도 한다. 학교에서 대체 배운 것이 없다고 말하는 사람도 많지만, 내가 지식인의 문화에 어깨를 나란히 하고 들어설 수 있는 기본 소양 교육은 공교육 덕분이다.

요즘 초등학교는 1인 1악기 사업을 하는 곳이 많아 오카리나, 칼림바 등 다양한 악기들이 낯설지 않다. 부유한 동네가 아니어도 바이올린, 플루트, 첼로도 제법 보편화되어 있어서 다른 것도 배울 것이 많아 안 배운 것일지언정 가정 형편상 접할 기회도 없는 것은 아닌 분위기다. 내가 바이올린이나 오케스트라 앞에서 움찔하는 위화감을 우리 아이들은 가질 것 같지 않다. 그런 의미에서 예술 문화 교육의 공교육 도입과 대중화는 특히 반갑다.

나는 중학교 때 학교 대표로 대회에 나가면서 처음으로 선생님과 함께 기차를 타고 서울에 가보았다. 기차도, 서울도 다 처음이었다. 그 대회 시험 문제는 생각나지 않는데, 서울 간 김에 처음 들른 롯데월드는 생각이 난다. 고등학교 때 수학여행으로 처음 제주도를 가면서 큰 배도, 비행기도 처음 탔다. 내 또래 사이에서는 흔한 일이었다. 요즘은 해외여행이 흔해져서 유치원생, 초등학생들도 개학이면 안부 인사가 해외여행지 소개라고 한다. 집에 돌아온 아이는 부러운 이야기를 전하니 아이가 너무 기죽을까 봐 부러 해외여행, 호캉스를 다녀왔다는 이야기도 심심찮게 들린다.

초등학생을 둔 지인은 코로나 덕분에 아이에게서 친구 누구는 또 해외 어디 다녀왔다는 말 안 듣는 것 하나는 감사하다고 했다. 해외여행이 보편화될수록 당연한 말이지만 그럴 형편이 안 되는 아이들의 상대적 박탈감도 더해진다. 경제 수준이 올라갈수록 양극화는 심해진다. 온 세상 잔칫집 같아도 우는 아이 있다. 그 아이들을 한 자리로 모아놓은 학교는 살림 형편 가리지 않은 나란한 눈높이 교육의 장이 되었으면 좋겠다.

경산시*의 경우 관내 초등학생에게 승마체험 경비를 지원한다. 승마체험을 원하는 경우 약 70%의 경비를 지원해주어 승마 교육의 기회를 넓혀준 것이다. 처음에는 면 단위 작은 학교 살리기를 위한 특별한 교육 복지정책인가 했는데, 알고 보니 시내 초등학교 아이들에게도 적용되는 것이었다. 작은 학교를 선택한 우리의 혜택인 줄 알고 좋아했는데, 경산시 전체 초·중·고등학생에게 해당하는 것이라고 하니 더 반가웠다.

아이들 교육은 이런저런 조건 따져가며 혜택과 기회를 재지 않고 보편 교육이 되어야 한다. 나는 우리 아이가 어디 가서 승마 배운다고 자랑하는 아이가 되길 바라지 않고, 동시에 다른 아이가 우리 아이를 부러운 눈으로 바라보거나, 자기 형편과 비교해 위축되는 것도 바라지 않는다. 부러움이나 시기 같은 별 도움 되지 않을 정서가 낄 자리 없이, 서로 같은 높이에서 승마 이야기를 할 수 있다는 것은 참 좋은 교육 환경이라고 생각한다. 교육교부금이든 지자체 예산이든 공교육 환경을 그렇게 만들어가면 좋겠다.

나의 부모님은 두 분 모두 초등학교를 겨우 졸업하셨다. 아버지는 중학교 1년 한 학기를 마치고 자퇴하셨다. 맏아들이 학교를 더 다니

* 아이 학교에서 가정통신문을 통해 접한 정보인데 알고보니 경산시 축산진흥과에서 학생승마체험 지원사업을 하는 것이었다. 축산업 지원이라는 지자체의 사업과 교육이 손을 잡을 수 있다. 교육청과 지자체가 손을 모아 상생할 수 있는 창의적인 방법을 더욱 많이 찾길 바란다.

다가는 아래로 난 동생들이 줄줄이 초등교육도 못 받을 형편이었기 때문이라고 한다. 어린 나이에도 맏이만 공부하고 동생들은 배우지 못한 가정의 말로는 신분 상승에 성공한 큰 형과 계급 재생산으로 이어진 동생 간의 불화임을 아셨던 걸까. 아버지는 공장 생활을 시작했지만 교육에서 희망을 보셨다. 결국 야간학교와 검정고시를 통해 중·고 졸업 자격을 취득하고 공무원이 되었다. 대단한 재산이 있는 집은 아니었지만 당신께서 받지 못한 자녀 교육에 대한 의지가 있었다. 수년간의 먼 출퇴근 길을 감수하면서 영덕에서 포항으로 이사를 나와 우리 두 남매를 공부시켰고, 결국 아들딸을 남부럽지 않은 사회적 지위를 얻도록 교육하는 데 성공했다. 그것을 공교육의 순기능이라고 할 수 있는 것은 어쩌면 이미 관통해버린 과거가 되었기 때문일 수도 있다. 그래도 우리 남매가 성적으로 한정된 그 선발 기능 덕분에 또 다른 삶을 꿈꾸고 이룰 수 있었던 것은 사실이다. 인재 선발과 배제 기능이라는 비판 그 이면에는 지금보다 나은 삶, 사회적 지위나 경제적 부를 포함 또 제외하고도, 지금과는 다른 차원의 삶을 갈구하는 교육에 대한 지향이 있다는 것을 학교 안에 있는 사람도 밖에 있는 사람도 잊지 않았으면 좋겠다.

사회성 · 전체성

자연육아에 대한 지향이 크고 '아이들은 이렇게 커야 한다'는 신넘이 강한 부모들일수록 다른 교육 방법을 찾는 경우가 많다. 자연 육아 카페를 통해 비슷한 시기 함께 아이를 키웠던 가정에서 대안 학교나 홈스쿨링을 선택했다는 소식을 종종 듣는다. 집 가까이 배 정받는 공립학교가 아닌 대안학교나 혁신학교에 부러 자녀를 보내 는 가정 중에 공립 교사 부모 비율이 상당하다고 한다.

자연육아 엄마이자 공교육 교사로서 이런 동지들의 대안교육으 로의 전향을 주의깊게 보게 된다. 엄마이자 교사로서 내 정체성에 늘 물음표가 있다. 부모로서 우리 아이에게 주고 싶은 것과 실제로 주고 있는 것, 또 교사로서 학생에게 주고 싶은 것과 실제로 학교가 주고 있는 것이 이율배반적이지 않은가. 내 선 자리를 다시 돌아본 다. 내 아이에게 가장 좋은 것을 주고 싶은 부모의 마음 그대로 학 교에서 아이들을 만나고 싶다. 내 가정에서의 삶과 내 일터에서의 삶이 모순되지 않길 바라고, 내 아이를 둘러싼 공간 또한 그러하길 바란다.

대안교육이나 공교육처럼 완전히 다른 듯 보이는 선택 앞에서는 이질감을 느끼고 분별심이 생긴다. 그러나 겉보기에 이만큼 달라 보 이는 삶의 양식 앞에서도 우리는 그 깊은 곳에 보편적인 공통의 가 치와 욕구를 공유하고 있다. 그리고 그것을 이해해야 내가 어느 자 리에 있든, 또 어느 자리에 있는 사람을 만나든 경계 짓지 않고 연 민을 발휘할 수 있다.

내가 부모로서 우리 아이에게 주고 싶은 것은 무엇이고 교사로서 아이들에게 줄 수 있는 것은 무엇인가.

내가 부모로서 우리 아이를 공교육에 맡길 때 가장 염려되는 것은 무엇이고 그럼에도 공교육을 선택하는 것은 무엇이 더 중요하기 때문인가.

내가 교사로서 아이들이 학교에서 꼭 배워야 한다고 생각하는 것은 무엇이고, 나는 지금 학교에서 그것을 주고 있는가.

자연육아 엄마가 된 이후로 이 질문을 늘 품고 있다. 육아 기간 가장 큰 공감과 위로를 공유했던 엄마들에게서 공교육에 대한 회의를 볼 때마다 그 불신과 회의가 내게 젖어 들지 않도록, 그것이 내 직업과 삶에 생채기를 남기지 않도록 나름 힘을 써야 했다. 내 삶의 중심을 잡기 위해 시작한 질문인데, 결과적으로 그 덕에 내 교직 생활의 동력을 얻을 수 있었다.

공교육의 의미는 어디에 있을까, 무엇을 위해 우리는 아이를 학교에 보낼까. 다른 육아 동지들에게 공교육은 어떤 의미일까 물었다. 그중 홍성 작은 것들의 신*의 이야기에 크게 공감했다.

---

* 아룬다티 로이의 소설에서 따온 그녀의 별명은 우리 삶의 의미는 대서사가 아닌 작고 개인적인 소서사에 있음을 강조하는 듯하다. 삶의 의미를 거창한 데서 찾다 헤매기를 반복한 내게 별명부터 예사롭지 않았던 그녀와의 만남 후, 내가 가진 물건은 물론 내 머리와 가슴을 채우고 있던 감정과 생각을 돌아볼 수 있었다. 신과의 만남은 나를 소모하는 것과 나를 채워주는 것을 분별하는 경종과 같다.

"개인적으로 요즘 육아에 아이 존중이 과한 것 같아요. 아이는 아이인데, 아이의 행동 하나하나 기억하고 반응하고 조심하는 게 지나친 것 같아요. 아이는 원래 쓸데없이 고집부리기도 하고 말도 안 되는 이야기도 많이 하는 존재인데 아이를 존중한다는 이유로 너무 분석하고 과하게 의미 부여해서 오히려 그런 것들이 아이를 아이다운 모습으로 받아주지 못하는 것 같아요.

제가 공교육을 선택한 이유는 이 부분이 커요. 우리는 하나하나 특별한 존재인 것이 맞지만 우리는 또 그냥 지구에서 되게 작은 존재이기도 해요. 그리고 저는 그게 사회성이라 생각해요. 사회성을 진짜 세상인 학교에서 배워야 이 사회에 적응할 수 있지 않을까요. 결국 '학교는 무엇인가?' 물을 때 저는 학습, 인성 이런 것보다는 사회성에 가장 큰 비중을 두고 있어요. 인성은 가정에서 형성되는 것이고, 학습은 결국 개인이 채우는 것이고, 사회성은 가정이 기반이지만 결국 학교에서만 가능하지 않을까 하거든요. 그래서 호락호락하지 않은 사회에 자연스럽게 적응했으면 하는 마음에 개인적으로 대안학교보다는 공교육을 선택했어요. 초등학교 이후에 학교들은 아이들에게 생각이 생기고 원하는 게 있다면 대안학교든 외국이든 학교를 안 가든 원하는 방향을 존중하려고 해요.

도심보다 시골을 선택한 것은 학원을 보내는 등 학습 면에서 주변 분위기에 휘둘리지 않고 아이를 키우고 싶은 마음이 있어서이고, 이제 취학했으니 순순히 학교에 적응하는 것에 집중하고 있어요. 학교 보내면서 물론 마음에 안 드는 부분도 있어요. 미디어를 너무 많이 사용하는 것 같기도 하고, 너무 원칙을 강요해서 관리에 치중되는 것 같기도 하고요.

하지만 최대한 담임 선생님과 얼굴 안 마주치는 게 나름의 목표예요. 선생님과 아이와의 관계에 내가 개입되는 것이 싫기도 하고 학교는 아이의 공간이니 나는 최대한 정말 중요한 상황이 아니면 빠지고 싶어요. 상담 주간이 있었는데 제 보기에 아이도 잘 적응하는 것 같고 특별한 일이 있으면 말씀하셨겠지 싶어서 신청하지 않았어요. 담임 선생님과 학교를 믿고 간섭하지 않는 것, 아이와 학교 둘만의 관계를 존중하는 것, 요즘은 그게 필요하다는 생각이고 저는 그것을 지키려고 해요."

작은 것들의 신의 이야기에 전체성(totality)이 떠올랐다. 전체성이란 너와 내가 서로가 된 큰 하나의 우리다. 나와 너는 다르고, 우리 각각은 특별한 존재가 맞지만 그 개별성과 특별함은 전체성을 잃지 않을 때 의미 있다. 일면식도 없는 이에게 일어난 일도 크고 작게 어떤 식으로든 내게 영향을 준다. 내가 사랑하는 사람도, 나를 불편하게 하는 사람도 자세히 들여다보면 나의 강과 약을 공유하고 있는 사람들일 뿐이다. 결국 나와 너는 다르지 않고, 우리는 하나의 운명 공동체로 엮여 있다. 그 사실을 인지할 수 있는 고차원적 만남, 연결이 일어날 때 우리는 놀라움과 경이로움을 체험한다. 그런 원초적 에너지에 닿을 때 힘을 얻는다. 진짜 세상은 부분이 아닌 전체다. 우리로 연결되는 것이 많아질수록 내 세상이 커지고 자연, 우주, 전체에 가까워질수록 그 모든 것들과 공명하면서 나의 힘도 커진다. 나는 우리의 이름으로 더 크게 만나고 싶다. 우리 아이에게 부분이 아닌 세상 전체를 주고 싶다.

자연출산, 귀농·귀촌, 대안교육 등 자연육아와 결을 같이 하는 많은 선택지가 지금 사회에서는 전체에서 1%, 많아야 5% 남짓이다. 어떤 세류에도 나에게, 우리에게 지키고 싶은 소중한 가치가 있는 것은 분명한 사실이다. 그러나 그것은 대다수와 함께할 수 없는 특별한 것이 아니라 우리가 눈치채지 못하고 있을 뿐 사실은 모두가 이미 공유하고 있는 보편이다.

아이들이 집 대문을 나서면 그곳이 어디든 누구를 만나든 이편저편 가르지 않은 만남의 장에서 더 큰 원을 그리며 마음껏 놀길 바란다. 서로가 연결된 큰 원의 에너지를 타고 세상을 누리길 바란다.

교육

10 우리는 원래 온전한 존재

받아쓰기 시험 소동

초록이 100일 무렵, 이름을 부르면 온몸을 흔들며 까르르 웃었다. 아이의 웃음소리, 몸짓만으로 눈물이 날 만큼 가슴 뭉클했던 그날을 기억한다. 고백하건대 돌이 되어 한 발짝 스스로 첫걸음을 내디딘 날은 박수와 기쁨과 응원만 있었던 것은 아니었다. 내 안에 우리 아이가 뒤처진 것은 아니었다는 안도를 보았다. 6개월에 섰다든가 돌에 뛰었다는 아이들을 보고 들었기 때문이다. 앞으로 크든 작든 다른 아이들과의 비교로 불안해할 학부모가 될 가능성이 나에게도 활짝 열려 있음을 알았다.

아이는 말을 하고, 기저귀를 떼고, 킥보드를 타고, 한글을 쓰고… 매일같이 인생 첫 도전을 했고, 성장해갔다. 내가 알아채지 못한 때 절로 일어난 성장에는 탄성이 나기도 했고, 또래에 비해 늦는 게 아닌가 싶은 생각이 들면 초조하기도 했다. 예찬만으로 가득할 줄 알았던 육아의 실상은 안심에서 기쁨과 불안 그 어디를 오가고 있었다. 아이는 나에게 모든 상태를 말로 명확히 알려주지 않았고, 책에 있는 월령에 따른 발달 단계가 내 아이에게 꼭 들어맞지도 않았다. 무지에서 오는 불안이 있었다.

나는 아이의 성장을 주의 깊게 바라보고 적시 적소의 도움을 주는 지혜로운 엄마가 되고 싶었지만, 나도 처음 겪는 부모 역할에 자연스럽게 주변을 둘러보고 묻다 보면 비교를 피할 수 없었다. 나는 양육자로서 무한 지지와 응원으로 존재 자체를 긍정하는 부모이고자 했지만 아이가 커 갈수록 학부모의 면모가 종종 등장했다.

내가 시골 작은 마을로 이사한 데는 그 때문도 있었다. 더 큰 새 아파트, 더 좋은 자동차, 뭐도 할 줄 알고 뭐도 배우는 아이들을 보면 나도 쫓아가야 할까 불안해진다. 비교 없이 초연히 내 삶을 산다는 것은 어려웠다. 도심에서는 그 복잡함만큼이나 불안을 자극하는 요소들이 많다. 늘 빈틈을 노리는 불안에 자리를 내주지 않기 위해서는 의식하는 데 힘을 써야 했다. 나는 불필요한 힘을 쓸 필요 없이 자극이 적은 환경을 택했다.

자연은 비교가 없다. 대왕 굴참나무도 이름 없는 풀꽃도 때가 되면 최선을 다해 자신을 일으켜 꽃피울 뿐이다. 풍성해서 모자람이 없고, 변하면서도 늘 그러한 자연을 닮은 부모가 되고 싶었다. 내가 부모로서 의연하게 중심 잡을 수 있을 때까지 대자연의 품이라는 안전지대에서 자연의 힘을 충분히 받고 마음껏 춤추고 싶었다. 나의 부족함은 자연이 대신 채워줄 것이라는 믿음도 있었다.

시골로 이사를 했고 인근 어린이집으로 옮겼다. 7세가 되자 인근 초등학교 1학년 받아쓰기 급수표를 받아 한글 선행학습이 시작되었다. 매주 목요일마다 받아쓰기가 시작되었고, 회차가 지날수록 난이도가 높아지면서 초록이 얼굴이 우울해지고 나도 덩달아 심란해졌다. "이건 내년에 학교 가서 배울 거고, 초록이는 그때 잘할거야." 처음에는 대수롭지 않게 여겼다. 내가 아무것도 아닌 듯 대하면 아이도 그렇게 받아들이리라 생각했다.

예상과 달리 목요일 전날이면 점점 울상이 되어 스트레스를(7세에 학업 스트레스라니!) 받더니 7세의 입에서 "○○이는 공부를 잘하는데 나는 못해.", "○○이는 100점을 받았단 말이야."라는 말이 나왔다. 7세에 자기가 안 똑똑하고 공부를 못한다는 신념이 생기면 안 되는데 게다가 비교라니, 가슴이 쿵 내려앉았다. 다독여 보았지만 회차가 지날수록 낮아지는 점수는 급기야 0점이 되었고 "나는 공부를 못하잖아."라며 엉엉 우는 날이 왔다.

나는 그즈음 오랜만에 담임을 맡았고, 유난한 말썽에 종일 아이들과 실랑이하며 쌓인 감정들로 집에 있으면서도 온전히 집에 있지 못하고 있었다. 그렇게 학교를 헤매던 내 정신이 번뜩 차려졌다. 내 아이가 이런 말을 하도록 엄마로서 엄마 자리를 지키지 못했다는 자책이 올라왔다. 정신을 고쳐잡고 아이를 바로 세워야 했다.

"초록이는 엄청 똑똑해. 내년 되면 다 할 수 있어. 엄마 선생님이잖아. 엄마 말 믿지?"
"초록이는 하느님 아들이지. 엄마도 초록이 안에 무엇이 있는지 다 모를 만큼 하느님은 우리 초록이에게 필요한 모든 것을 주셨지."
"엄마는 일곱 살에 이런 거 몰랐어. 여덟 살에 학교 가서 기역부터 처음 배웠어. 초록이는 엄마 일곱 살에 비하면 벌써 엄청 많이 공부한 거야."

선생님의 권위도 부족했고 하느님도 소용없었다. 조급한 마음에 엄마 어릴 적과 비교하며 위로해보았지만 서러운 그 마음은 달랠 길이 없어 보였다. 하루는 일곱 살을 앉혀두고 대학 서적까지 펼쳐놓고 교육과정에 관해 열띤 강의를 했다.

"(대학 전공 서적을 펼쳐 보이며) 이렇게 어려운 것들을 공부하려면 지금은 받아쓰기 100점 맞는 게 중요한 게 아니야. 초록이는 용산산성 정상까지 혼자 걸어 올 수 있지? 호두 이 닦기도 도와줄 수 있지? 지금 초록이는 그걸 할 수 있다는 게 중요해. 지금 해야 할 것을 잘하면 나중에 이 공부를 할 때 잘 할 수 있어. 작년에는 야구 방망이로 공을 못 맞췄지만 지금은 할 수 있지? 갑자기 짠 하고 됐지? 연습했더니 더 잘되지? 그런 것처럼 한글 공부도 내년이 되면 잘할 거고, 연습하면 더 잘할 거야. 혹시라도 만약 내년에 초록이가 잘하고 싶은 마음만큼 안 되면, 엄마가 그때 모든 힘을 다해 도와줄거야."

엄마가 괜찮다고 하는 마음은 전해졌는지 제법 알아들었다고 끄덕이며 가까스로 하루를 마무리했다. 우리 부부가 선택한 마을, 그 어린이집에서 우리 의지와 별개로, 확신하건대 어린이집의 의도와도 달리 아이는 상처받고 있었다. 우리는 아이에게 넘치는 사랑을 주었고 충분히 안전한 가정에서 보살피고 있다고 생각했기 때문에 이 받아쓰기 점수가 아이를 지금 울릴 수는 있어도 그 이상 어쩌지는 못 하리라 믿는 구석이 있었다. 하지만 사랑하는 아들이 매주 위축되어 울먹이는 모습을 지켜보는 것은 된 일이었다. 가르쳐 보려고도 했지만, 아무래도 한글을 학습할 준비가 되지 않은 상태라는 생각에 나는 '지금 몰라도 괜찮아.'를 견지하기로 했고, 신랑은 아이를 다독이고 응원하며 최소한 받아쓰기 전날에는 연습시켜 어린이집에 보내는 방법을 택했다.

하루는 60점을 받아왔는데 아비와 아들이 기뻐하며 눈물을 흘리는 진풍경이 펼쳐졌다. 나 또한 아들에게 공부를 못한다는 신념이 생길까 염려하던 차에 받아쓰기 실시 이후 처음으로 아이가 부끄러워하면서도 스스로를 자랑스러워하는 모습을 보니 안심이 되었다. 서럽게 눈물을 흘리면서도 끝까지 앉아서 한 글자씩 쓰는 모습이 놀랍고 기특했고, 그래서 얻은 결과에 만족하는 모습이 뭉클했다. 나의 감동과 축하가 초록이에게는 점수 때문으로 받아들여질까 "네가 연습해서 높은 점수를 받은 것을 축하해." 하면서도 나는 끝까지 "그렇지만 지금 받아쓰기 점수는 중요한 게 아니야."를 고수했고, 아빠는 "거 봐. 열심히 하니까 잘하지? 초록이도 연습하면 잘할 수 있어."로 격려하는 방법을 택했다. 우리는 무리한 애씀 없이 각자 자기에게 맞는 방식으로 노선을 일관되게 유지하자는 데 동의했다. 나도, 신랑도, 아이도 모두가 자기 자리에서 이런저런 애씀으로 긴장과 안도를 반복하며 한 학기를 보냈다. 어느 날, 훌쩍이는 아들을 안고 잠자리에 나란히 누워 토닥인 밤이었다.

"초록이가 아주 속상하구나. 초록이도 백 점 맞고 싶었구나. 이렇게 눈물이 날 만큼 잘하고 싶었구나. 우리 초록이 다 할 수 있지. 엄마가 알지."

누구는 잘하는데 자기는 못한다고 비교하며 서럽게 우는 모습이 나를 똑 닮았다. 100점 맞은 친구만 눈에 들어오고, 자신이 부족한 사람일까 봐 불안했겠지.

너는 네게 필요한 모든 것을 가졌고, 아쉬울 것 없을 것이다.

토닥토닥 가만히 아이의 불안에 가 닿으니 어떤 말로도 잠재워지지 않을 것 같던 설움이 사그라든다. 다시 그라운딩, 아이의 불안과 투정을 다 받아들이고도 끄떡없도록 내가 가만히 중심을 잡아본다. 그러다 문득 아들을 향한 말이 모두 나를 향한 말인 줄 알았다. 받아쓰기 점수가 세상의 전부인 양 울 줄을 어찌 알까. 사실 초록이는 그저 가장 소중하고 든든한 존재, 엄마인 내가 초록이를 그 점수라고 생각해버릴까 봐, 그게 두려웠던 게 아닐까. 돌아보면 나를 가장 위축시킨 것은 밖에서 받은 점수나 날 선 비난이 아니라 부모님의 눈빛이었다. 말하지 않아도 느낄 수 있는 평가의 눈. 우리의 안전지대는 가장 존경하는 사람, 가장 사랑하는 그 한 사람이 어떻게 생각하는지가 결정한다.

진정한 가르침은 삶을 통해 일어난다

어떤 시험 점수도 너를 단정할 수 없다는 것을 가르치려면 내가 하는 말로는 부족하다. 내 삶이 그러해야 한다. 받아쓰기 점수가 아니라 세상의 어떤 벽에 낙담하고 자신의 한계를 만나더라도 아무것도 문제 되지 않을 그런 결을 가진 엄마가 되려면 내가 먼저 그런 사람이 되어야 한다. 점수, 등수, 공부라는 단어를 놓고 아이를 대한 적이 없는데 왜 이럴까 가만 생각해보니 내 삶은 말과 달랐다는 것을 알았다. 내 안에 있는 지성에 대한 동경, 능력에 대한 선망은 항상 위를 향해 있었고 늘 평가하고 수준을 가늠했다. 나에게는 특히 더 엄정한 잣대로 부족함을 찾기 바빴다. 늘 만족하지 못했고, 감사하지 못했다. 아이는 부모의 신념 체계를 무형 무언의 방법으로 복제한다. 부모의 의식체계는 아이에게 그대로 전수된다. 지금 내 모습 그대로를 인정하고 감사해야, 아이도 그런 엄마 곁에서 존재로서 존재할 수 있다. 내 의식의 뿌리부터, 내 삶의 양식이 전면 바뀌지 않는 한 내 등을 보고 자라는 아이가 내가 가장 바라지 않는 나의 모습을 따를지도 모른다는 불안이 일었다.

"철새 떼가 날아오르는 이유는 선두가 날아오르기 때문이다." 날아오르라 가르치고 명령해서가 아니라, 선두가 나는 것을 보면 그저 날아오를 뿐이라는 오쇼의 말이 교육학 책에서

본 그날로부터 가슴에 남아 있었다. 바로 이 순간을 위한 말이었구나. 내가 무엇을 알고 어떻게 가르쳤느냐보다 내가 어떤 삶을 사느냐가 중요하다. 가르침과 배움은 말에서 오지 않는다. 그런 삶을 사는 존재와의 만남을 통해 일어난다.

그렇다면 나는 어떤 사람인가. 어떤 사람이 되고 싶은가. 나는 왜 이 지구에 왔으며, 이곳을 떠날 날까지 잊지 말아야 할 것은 무엇일

까? 답이 없다고 말하면서도 이 질문을 늘 붙들고 있었던 것은 주어진 이 생을 목적대로 잘 살고 싶기 때문이다. 엄마, 딸, 아내, 교사, 나의 이름은 시간과 장소에 따라 변한다. 변함없이 늘 그러한 것, 가장 근원적인 것에 답에 있을 것이라는 나의 믿음은 그 모든 이름 이전에 자연인으로서의 나를 잊지 않게 했다. 지구에 온 한 생명체로서, 자연인으로서 내가 가장 바라는 삶은 무엇인가. 내가 가장 행복하고 충만했던 순간을 생각해본다. 많은 순간이 자연 안에 고요히 머무를 때라는 공통점이 있었다.

따스한 햇살 아래 마음 맞는 친구와 호숫가 바위에 앉은 날, 살랑부는 바람과 햇빛이 춤을 추면 물결 위로 은빛 레이저 쇼가 펼쳐졌다. 충만 그 자체인 순간이 있었다. 말없이도 연결되는 친구, 추웠지만 따스했던 햇볕의 온기, 순간에 나타나고 사라진 다시 없을 그 순간의 은빛 물결, 바쁜 일상 중에 맞은 그 순간에 감사와 기쁨이 넘쳤다. 그것은 내가 일방적으로 자연을 누린 기쁨도 아니었고, 압도적인 자연 안에서 나의 작음을 깨달으면서 얻는 안정감도 아니었다. 자연인으로서 빛, 바람, 물결, 새, 그 무엇과도 동등하게 한자리에 앉아 우리가 다 같이 함께 하나로 연결될 때, 그 순간이라는 아름다운 창조의 자리에 참여자로 있을 때였다.

어느 달밤, 시골 학교 운동장에서도 비슷한 경험을 했다. 할아버지 느티나무 아래 눈을 감고 서니 나뭇잎이 산들바람에 춤추는 소리가 온몸을 스쳐 간다. 별이 빛나는 밤, 모든 차원에서 사랑이 쏟아져 내리는 듯한 그런 순간이 있었다. 그때는 별도 달도 나무도 나도 서로가 거기 있다는 것을 다 아는 듯 서로가 환대로 충만하다.

살면서 노력하고 얻은 것 중에는 더러 남들에게 인정받고 결실을 본 것도 있지만 나를 온전히 충만하게 하지는 못했다. 기쁘고 행복했던 일임에는 분명하지만 누군가, 무엇과의 비교우위에서 얻어지는 것에는 늘 갈증이 따랐다. 더 얻지 못해 아쉬웠고 가진 것을 잃을까 두려웠다. 온전한 만족과 감사와 행복이 없었다. 내가 더 가져야 할 것, 내가 더 이루어야 할 것들은 나와 세상의 분리 체계를 전제로 한다. 그에 비하면 내가 가장 충만했던 순간들은 너와 내가 우리인 하나, 내가 온통 세상 그 자체였던 날이다. 이것은 내가 학교에서 지난 수십 년간 배웠던 어떤 지식도 기술도 필요로 하지 않았다. 그저 가만히 고요히 머무르면 되었다. 이 충만함에는 힘이 있어서 한 번 채워지면 신체적으로도 정신적으로도 또 한동안 살아낼 에너지가 되었다. 그것이 지금까지 나를 더 자연으로, 대자연 속으로 이끌어 온 게 아닐까.

우리는 원래부터 온전한 존재였다.

완벽해서가 아니라 어떤 수단과 목적과 도구 없이도 스스로 충만할 수 있어서 온전하다는 뜻이다. 필요나 인정받기 위해서가 아니라 존재 그 자체로 존재하는 사람은 저항할 필요도 이유도 없다. 매순간 새롭게 창조되는 우주의 초대에 어떤 저항 없이 기꺼이 응할 수 있다. 그래서 모든 차원에서 쏟아지는 사랑을 느낄 수 있는 감사한 사람, 그런 사람이 내가 자연인으로서 가장 바라는 바고 초록이와 호두에게 가장 주고 싶은 것이다.

교육은 그런 삶을 위한 것이어야 한다. 그래서 교육은 전후좌우로 '너는 그 자체로 온전한 존재'라는 메시지를 가져야 한다. 그런데 현실의 학교는 쓸모 있는 사람이 되라고 끊임없이 채근한다. 가정도 사회도 마찬가지다. 우리를 경쟁시키고 늘 부족하다는 메시지를 남긴다.

지난 30년은 나의 존재를 증명하기 위한 경쟁과 투구의 시간이었다. 누구를 향한 것인지 모른 채 나는 부족한 사람이 아니라는 것을 인정받으려던 소리 없는 절규 같기도 하다. 내가 어떤 사람인지 보여주지 않아도, 누군가에게 인정받지 않아도 나는 이렇게 존재한다. 잘 살기 위해 더 나은 삶을 위해 절절히 찾은 길의 끝은 다시 원점이었다. 우리는 원래부터 아무런 부족함이 없는 온전한 존재였다. 이름 석 자에 까르르 온몸을 흔들며 온 세상을 환희로 채울 수 있었던 충만한 존재였다.

✚ 함께 보면 좋은 자료

다큐 〈하나로 연결된 우주: 데이비드 봄의 삶과 사상(Infinite Potential: The Life & Ideas of David Bohm)〉

《나를 사랑하기로 했습니다》, 2020, 크리스틴 네프 · 크리스토퍼 거머, 이너북스

《존엄하게 산다는 것》, 2019, 게랄트 휘터, 인플루엔셜

《웰컴 투 지구별》, 2008, 로버트 슈워츠, 샨티

《지금 우리는 자연으로 간다》, 2016, 리처드 루브, 목수책방

《자연에 말걸기》, 2007, 마이클 코헨, 히어나우시스템

11 교육은 존재와의 만남

성장과 배움은 만남으로 이루어진다

나는 원래 온전한 존재였다는 깨달음의 시작은 자연출산이었다. 한 생명을 품고 기르고 낳는 과정은 자연인으로서 나라는 존재를 인식한 첫 발짝이 되었다. 그 아이를 건강하게 잘 키우기 위해 사람은 무얼 먹고 사는가를 공부했고, 아이가 자라는 모습을 보며 이 땅위에 발 딛고 선 자연인으로서의 자립을 꿈꾸게 되었다. 내가 여기까지 온 데는 수많은 인연이 있었지만 그중에서도 내가 나를 온전히 맞이할 수 있게, 그래서 세상을 향해 마음을 열 수 있게 한 데는 시어머니를 말하지 않을 수 없다. 우리의 성장과 배움은 삶 그 자체인 존재와의 만남으로 이루어진다.

지금은 돌아가셨지만 결혼하고 5년간 시어머니에게서 받았던 너그러운 품은 지금껏 힘이 되는 기억이고 양식이다. 덕분에 온전한 나와의 만남을 가렸던 장막 하나를 거둘 수 있었다.

살아계신 동안 어머니는 며느리 네가 어떻게 하는지 보겠다는 흰 눈을 준 적이 한 번도 없다. 그리고 그런 어머니로부터 문제를 바라보는 나의 눈이 문제였다는 것을 처음으로 받아들일 수 있었다. 명절에 조금 늦게 갔는데 어머니는 아까 왔는데 심부름 보냈더라며 혹여나 시가 친척들로부터 눈총받을 거리를 제해주셨다. 제사에 못

간다고 전화를 드렸는데 일하느라 힘든데 신경 쓸 것 없다며 되려 내게 밥 잘 챙겨 먹고 몸을 잘 돌보라며 부탁하셨다. 가족이 한데 모여 식사하고 설거지해야 할 때 피로가 몰려와 눕고 싶다고 생각하면, 내 생각을 나보다 먼저 읽은 듯이 피곤할 텐데 어서 저기 누워 쉬라고 먼저 말씀하셨다.

보통은 며느리에게 이리저리하는 것이라고 가르치거나, 직접 입에 올리지 않더라도 한마디 하고 싶은 말을 참는 그 표정과 분위기에서 못마땅함이 다 전해진다. 송구하긴 하지만 딱히 잘못한 것은 없다 생각하는 며느리는 못마땅한 눈총을 받으면 미안함이 가시고 반감이 생긴다. 상황이 반복되면 서로에게 '또 저런 식'이라는 선입견이 생기고 못마땅함을 가지고 만난 사이는 결국 진짜 만남을 가져보지도 못한 채 더 멀어지지 않으면 다행인 관계가 된다.

'혼날 타이밍인데 왜 혼내지 않지? 왜 싫어하는 눈총이 안 보이지?' 처음에는 솔직히 당황스러웠다. 내가 왜 당황스러울까 생각해 보니, 나에게 이미 시어른에 대한 불신이 있었다. '내가 설거지하고 제사 지내러 결혼한 사람인 줄 알아? 시집살이시키려고 하기만 해 봐.' 상황을 빤히 지켜보겠다는 얄궂은 마음이 있었다. 싸울 준비가 다 되었는데, 싸움이 안 되니 당황한 것이다. 비슷한 상황이 연거푸 이어지고 나서야 흰 눈은 시어머니가 아닌 내게 있었다는 것을 알아챘다. 가시 돋친 고슴도치를 끌어안는 방법은 수없이 찔리면서도 더 꼭 끌어안는 수밖에 없다고 한다. 우리 사회가 여성에게 요구한 것들에 대한 내 오랜 불만, 그로 인해 쌓아온 투쟁 의지가 너그러운 시어머니 품을 수차례에 걸쳐 확인하고서야 진정된 것이다.

시댁에 대한 사회 통념이라곤 했지만, 사실은 남존여비가 완고한 전근대적 집안에서 자란 나의 오랜 앙금이었다. 시어머니의 품으로 자라면서 내가 납득하지 못한 채 받았던 대우와 차별, 존재 자체로 인정받지 못했던 데 대한 나의 원(怨)이 풀렸다. 사실 나는 아무 문제도 부족함도 없는 충분히 온전한 존재라는 것을 서른이 넘어 처음으로 진정으로 받아들인 것이다. 나를 채근하지 않고, 내가 흰 눈을 하고 앉아 있을수록 더 반겨준 어머니의 환대 덕분이었다. 내 가시가 녹고 나서야 비로소 신뢰와 존경을 가지고 시댁을 향할 수 있었다. 드디어 내 에너지를 저항이 아닌 온 세상을 향한 전진에 쓸 수 있는 성장의 전환을 맞은 것이다.

시댁에서 밥 먹고 가만히 있으면 싫어한다는 것을 모르는 게 아니다. 다 같이 밥 먹고 행복한 자리에서 며느리만 벌떡 일어나 치우는 것이 묵시적으로 당연한 분위기에 반감이 있는 것이다. 시댁은 내게 며느리살이를 조금도 강요하지 않았지만, 결혼하기 훨씬 전부터 이미 내 안에 자리 잡은 편견이었다. 그래서 이 시점에 "사랑하는 사람의 가족과 함께한 자리에 네가 할 수 있는 게 있어 감사하다고 생각해보면 어때?"라고 가르치는 것은 아무리 친절한 방식이더라도 의미가 없다. 그 말 또한 맞는 말인 것을 안다. 그 말이 틀려서가 아니라 내 마음이 그 맞는 말을 받아들일 준비가 되지 않은 것이 문제이다.

만약 시어머니가 내게 친절히 일러주었다면 가르쳐주어 감사하다고 생각하는 게 아니라 되려 반감을 가졌을 것이다. 나라고 시댁과 함께하는 자리에 이바지하는 것이 싫겠는가. 나는 나쁜 사람도 아니고, 어리석은 사람도 아니다. 문제라면 그날 그 자리에 그들 앞에 오랜 나의 이슈를 들고 앉은 것인데, 존재 그 자체로 인정받는다는 것은 그런 나의 역사까지 그대로 받아들여지는 것이다. 그때 나의 이슈, 내 마음속의 저항이 풀어질 수 있다.

내가 시댁에 들어선 후 마음의 가시가 녹은 몇 년 간의 과정은 그간 학교에 있었던 많은 일들을 이해하게 했다. 교사가 무언가 시작도 하기 전에 싸울 준비가 된 아이들은 이미 마음속에 적이 있고 그 분노를 표출할 대상을 찾는 것이다. 무엇이 잘못인지 몰라서 그렇게 행동하는 것이 아니라 그렇게 행동할 수밖에 없는 누적된 불만과 불신이 있는 것이고, 그렇게밖에 자기의 이슈를 표출하지 못하는 것 또한 그가 살아온 방식을 여실히 보여주는 것이다. 정도의 차이일 뿐 나를 포함해 우리 누구나 가지고 있는 어릴 때부터 오랜 시간 훈련된 문제란 것을 깨닫고 난 후에 우리에게 필요한 것은 엄정한 판단과 분석의 조언이 아니라 돋친 가시를 녹일 따뜻한 온기라는 것을 알았다.

"예쁨받을 짓을 해야 예쁘게 보지."는 존재의 가치를 증명해 보이라는 말과 같다. 누적된 불신, 때로는 너무 견고해서 풀어질 것 같지 않은 단단한 응어리를 들고 앉은 이에게 '네가 그렇게 하니까'는 말하는 이에게는 가르침이지만 듣는 이에게는 또 다른 폭력에 불과하다. 학교에서 일어났던 수많은 사건 앞에서 내가 경찰, 판사, 상담가가 되어야 할 때마다 상황을 정리해야 했고 열심히 가르쳤다. 실제 학교 현장은 결국 '미안해.', '잘못했습니다.'와 같은 말이 오가야 종료되었기 때문에 그랬지만, 정작 나는 무엇을 가르쳤고 아이는 무엇을 배웠을까 늘 답답했는데 시어머니를 통해 진심으로 나를 돌아보는 반성이 일어나고서야 그간 내가 했던 것이 교육이 아니라는 것을 알았다. 학생들이 보였던 반감과 내가 가졌던 저항을 이해하고 나서야 연민을 가지고 아이들을 만날 여유가 생겼다.

본받고 싶은 아름다운 존재와의 만남만이 가슴의 전환을 만들 수 있다. 그때 내가 받은 그 방식으로 누군가를 포용할 수 있는 내면의 힘이 생긴다. 나의 경험을 돌아보면 교육이란 내면의 성장을 이끄는 아름다운 존재와의 만남이다. 교육은 그 삶의 모습에 감동하고 나도 그런 삶을 살고 싶다는 가슴의 전환과 함께 일어난다.

가끔 나와 잘 통해 대화가 재미있다고 느끼는 사람들이 "진짜 재미있어요. 학생들한테 인기 많은 선생님이겠어요." 하면 가슴이 철렁한다. 내가 얼마나 아이들에게 선생님답지 못했는지 알까 싶어 낯이 화끈하다. 특히 신규 첫해는 학생들의 수준에 맞는 수업을 하지 못한 것을 시작으로 총체적 난국이었다. 지금 교사로서 반성하고 공부하는 것들은 다시 그 시간을 반복하지 않기 위함이고, 지나간 아이들에게 용서를 구하기 위함이다.

그때는 '나의 교수 능력이나 생활 지도 노하우가 부족한 데서 온 문제인 줄 알았는데 지나고 보니 내게 필요했던 것은 단 하나, 아이들을 예쁘게 보는 눈이었다. 시어머니가 나를 맞이했던 것처럼 평하지 않고 재지 않고 조건 없이 사랑스럽게 보는 눈, 넓은 품과 같은 어른의 눈이 있어야 했다.

당시 내 머릿속은 '왜 이렇게 못하지?', '쟤는 왜 저러지?' 일그러진 의문투성이였다. 나의 표정, 목소리, 말투 모든 분위기에 그것이 전해졌을 것이다. 자신을 부족하다고 생각하는 교사, 자신에게 문제가 있다고 바라보는 교사를 누가 좋아하겠으며 그 안에서 무엇을 배웠겠는가. 우리는 온전한 존재인데, 교육을 통해 어딘가 결함 있는 존재가 되어가고 있었고, 그 교실의 중심에 내가 있었다.

첫 학교에서 아이의 성향과 자질을 객관적으로 냉철하게 파악하고 전달하는 것이 교사의 역할인 줄 알았던 시절, 실장 어머니와의 상담 중에 학생이 실장감은 아니라고 말한 적이 있다. 딴에는 교실이라는 공간에서 부모가 보지 못하는 모습을 잘 살피고 전한다고 한 것이었다. 친구들과 갈등이 종종 있긴 했지만 애살 있는 아이였기에 비난하려던 것은 아니었다. 바로 전 해는 그 형을 가르쳤는데 부모님이 어떤 분이길래 아이가 이렇게 자기주도 학습력도 있고 포용력이 있을까, 그 형의 리더십이 특히 인상 깊이 남아 있어서 궁금했던 마음이 컸던지라 나도 모르게 그 형의 교사로서 나온 말이었다.

말을 뱉고는 순간 아차 싶었지만, 부모님도 둘의 기질 차이를 잘 아실 테고, 맥락상 동생을 나무라기보다 형을 칭찬하려던 것임을 이해하시겠지 싶었다. 그런데 어머니 마음속에 그게 가시가 되어 박힌 것이다. 그 자리를 떠나기 전 "그런데 선생님이 그렇게 말씀하시면 안 되죠." 냉엄하게 말씀하시니 정신이 번뜩 차려졌다. 그럴 의도가 아니었고 내 어릴 적과 닮았다는 생각에 편하게 말이 나온 것으로 죄송하다고 거듭 인사를 드렸다.

그렇게 지나간 일이 되었지만 순전히 나의 미성숙과 경솔에서 기인한 일로 더러 생각이 났다. 부모에게 남으로부터 자식의 이야기를 듣는 것은 치명적인 상처가 될 수 있다. 당시에는 그 깊이를 헤아리지 못했고, 앞으로 주의하면 일어나지 않을 저경력 교사의 말실수라고 생각했다. 수년이 지난 후에 그것이 단순한 말실수가 아니라 내가 학생을, 세상을, 근본적으로 나 자신을 바라보는 눈을 그대로 드러낸 결정적인 사건이었다는 것을 알았다.

우리는 이미 온전한 존재고, 그 모습 그대로 존재 자체로 인정받을 때 가장 충만하다. 그런데 나 스스로를 충만한 존재라고 믿지 못했기 때문에 늘 부족함을 찾고 책망했듯이 남도 똑같은 눈으로 보고 대한 것이다. 그 아이뿐 아니라 당시 모든 학생을 '얘는 이건 잘하는데, 이건 못해.' '이것은 뛰어나지만 이런 면은 부족해.'라며 능력과 자질을 비교하며 판단했다. 그 아이가 그랬기 때문에 그 아이를 그렇게 본 게 아니라, 나의 세계관이 그랬던 것이다. 우리는 모두 자신만의 과제를 안고 여기에 있다. 그만의 과제가 무엇인지는 당사자가 아니고서는 아무도 모를 일인데 내 눈은 항상 내 기준으로 평하고 있었다.

우리가 원하는 것은 정확한 진단, 평가가 아니다. 누가 누구를 평가할 수 있겠는가. 부모가 원하는 것, 아이가 진짜 필요로 하는 것은 따뜻한 호기심의 눈, 응원과 지지이다. 실수 앞에서도, 부족함 앞에서도 어떤 도덕적 잣대도 평가도 포함되지 않은 '다 괜찮아. 그 어떤 것도 너를 말할 수 없어. 너의 모든 순간을 응원해.'라는 따뜻한 응원과 기다림이다.

실장의 자리에 어울리는 리더십이 부족했다면 아이 스스로 그것을 인식해서 수치심과 죄책감에 위축되지 않을 방법을 찾아주어야 했다. 두 아이를 두고 형을 칭찬하는 것은 그 부모가 듣기에 좋은 인사가 아니다. 어쩌면 그 어머니가 더 잘 알고, 그래서 더 속상했을지도 모른다. 동생의 담임인 내가 해야 했을 일은 그 어머니의 불안을 가중하는 것이 아니라, 잊고 있었을 혹은 보지 못했던 동생의 예쁜 면모를 찾아 비추어주는 것이어야 했다. 내가 그 아이를 존재 자체로 응원하는 눈을 가지고 있었다면 아이도 어머니도 나를 신뢰하고 안심했을 것이고, 그 아이도 우리 교실도 훨씬 따뜻했을 것이다.

남은 도전

나의 두 번째 학교, 특성화고에서 다시 이 일을 떠올릴 일이 있었다. 지난 학교에서와 마찬가지로 과학에 관심 있는 학생을 과학 도우미로 두고 실험 수업 앞뒤로 준비와 정리를 돕도록 했는데 '이런 수업을 하기 위해 이런 것들이 필요하니 조별로 이렇게 실험 바구니를 준비하라.'고 일러주고, 다시 돌아오면 내 생각대로 되지 않는 경우가 많았다, 나에게 도움이 되기보다 차라리 혼자 하는 것이 훨씬 편하고 빨랐겠다는 생각이 들 정도였다. 과학이 좋다고 손을 든 도우미에게 일일이 일러주어야 할 만큼 답답했으니 그렇게 준비한 수업이라고 뜻대로 되었겠는가. 준비도 수업도 되기만 하던 중 하루는 동료 교사에게 심정을 토로했다.

"우리 애들이 그렇죠? 차근히 하나씩 가르쳐주고 기다려야 하는데 기다리는 게 어려워요. 한 번 일러주고 말한 대로 착착 되게 일하려면 똑똑한 애들을 뽑는 방법이 있어요. 어떤 선생님들은 반에서 말 잘 듣고 똑똑한 애들로만 뽑지요. 그러면 일도 수월하게 진행되고 성과도 잘 보이고 선생님도 편해요.

그런데 학교 일이라는 게 촌각을 다투거나 한 치의 실수도 용납되지 않게 해야 할 게 있을까요? 좀 투박하고 느리고 그래서 실수하고 부족하면 뭐 어때요? 학교는 회사가 아니잖아요."

그날 교사의 역할에 대해 머리를 맞은 듯했다. 도우미는 내가 편하려고 뽑는 것도 아니고, 실험 준비를 가장 완벽하게 잘 해낼 일꾼을 선발하는 것도 아니다. 자신감이 없어 주춤하는 아이들에게 도전 기회를 연결하고 응원하며 기다리는 것이 교사의 역할이고 학교다. 리더의 자질을 이미 갖춘 아이가 리더가 되어 그것을 발휘하는 것은 그대로 멋진 일이지만 기회를 통해 리더의 자질을 갖추어가는 것도 환영하고 응원할 일이다. 실장이든 교과 도우미든 청소 당번이든 각자 다른 자리에 섰을 때만 얻을 수 있는 배움이 있다. 해마다 반이 바뀌고 아이들은 또 다른 역할을 통해 새로운 그 모든 풍경 안에서 여러 방식으로 참여하며 자란다. 한 아이를 키우는 데 온 마을이 필요하다고, 모든 풍경이 교육이라고 말했는데 학교 안에서조차 학생이나 교사의 역할을 고정하고 있었다는 것을 알았다.

그날 이후로 지금 학교에서는 과학 도우미를 뽑지 않고 있다. 특별히 원칙으로 삼은 것은 아니고 내 머릿속 완벽한 수업과 교육에 대한 환상을 버리려는 연습이다. 신기하게도 날마다 호기심을 갖고 찾아오는 그날의 방문객, 도움을 요청하면 기꺼이 응하는 조력자가 꼭 나타난다. 선생님이 손을 필요로 하는 것 같아서든, 본인의 호기심이든 멀찍이서 쭈뼛하는 아이를 보면 놀랍고 감사하다. 내가 예단하지 않고 기다리기 시작하자 새로운 방문객이 등장했고 나는 환대할 수 있었다. 방문객이 없으면 없는 대로 좋았다. 혼자 일을 마치면 다음 방문객을 더 환대할 수 있었으니 그 또한 감사한 일이었다.

교육은 만남이다. 우리 만남의 목적은 한 치의 오차 없이 무언가 반듯하게 해내야 하는 과제가 아니다. 우리의 목적은 완벽한 상태로 만들어야 할 어떤 대상에 있지 않다. 그 순간을 어떻게 맞이하는지 주체적으로 작업하는 우리 자신에게 있다. 주어진 과제를 실수 없이 완수하는 것은 성공이고 넘어지는 것은 실패가 아니다. 넘어져도 땅 짚고 일어나는 모든 순간이 우리가 살아 있는 시간이고 새로운 창조의 순간이다. 내 의식 속의 성공과 실패, 옳고 그름의 경계를 흔들고 나서야 내 앞의 모든 만남을 환대할 공간이 생겼다. 그 모든 만남을 아름답게 맞이하는 것이 나의 역할이었다. 이제 나의 교육 목표는 잘 가르치는 것이 아니라 내가 아름다운 사람이 되는 것이다.

━━━━━━━━━━━━━━━━━━━━━

✚ 함께 보면 좋은 자료

《비폭력대화》, 2017, 마셜 B. 로젠버그, 한국 NVC 센터

《분노, 죄책감, 수치심》, 2021, 리브 라르손, 한국 NVC 센터

《교사는 어떻게 아이의 삶을 바꾸는가》, 2022, 해나 비치 타마라 뉴펠드 스트라이잭, 한문화

《가르칠 수 있는 용기》, 2013, 파커 J. 파머, 한문화

《자유의 철학》, 2020, 루돌프 슈타이너, 수신제

《발도르프 아동교육》, 2017, 루돌프 슈타이너, 씽크스마트

지금 이 자리에서 그라운딩

나는 이상주의자다. 이상을 실현하는 데 삶의 가치를 두는 것은 아름다운 일인데 종종 실현될 가망이 없는 것을 생각하는 현실적이지 못한 사람, 공상가가 되기도 한다. 교육은 용어가 이미 이상적이다. 그래서인지 내가 의식했든 못했든 교직에 들어선 때부터 내 깊은 속 선은 이상적인 교육을 품고 있었고, 마음속에는 교육은 이런 것이라는 내가 지은 허상도 있었다. 글로 배운 교육과 현실 학교의 괴리는 이상적인 교육자와 현실의 교사만큼이나 컸다. 나는 그 차이를 물심양면으로 소화하지 못해 많은 시간 체한 듯 울렁이는 마음으로 보냈다. 현실에서 의미를 찾지 못했고 내 선 자리를 평가절하하거나 원망했던 시간도 왕왕 있었다.

지금 이 순간, 이 광막한 우주에서 내가 한 좌표를 차지하고 있는 이유가 빛, 사랑, 감사라면 믿을 수 있었다. 마셜 로젠버그는 우리의 본성은 연민(compassion)이라고 했다. 우리는 가슴에서 진심으로 우러나는 것을 주고받으며 서로의 삶에 이바지할 때 기쁨을 느낀다고 했다. 전적으로 동의할 수 있었고, 동의하고 싶었다.

모든 답은 다른 사람이 아닌 내 마음속에 있다는 것을 일깨워주는 동료를 만나 나의 자율성을 새삼 확인한다. 어느 날 기안 반려로 관리자에 대한 불신이 그 전의 온갖 사건들과 연이어 내 안에 다시 올라왔다. 이게 말이 되느냐고 속이 끓는데 아무 일도 아니란 듯 밝게 웃으며 "그렇게 고쳐서 다시 올려봐. 내가 도와줄까?"라고 따뜻한 한마디를 건넨다. 다시금 내가 에너지를 소모하고 있는 방식을 알아차렸다. 이미 일어난 일과 앞으로 일어날 일에 온갖 편견과 예단을 칠하며 내가 바꿀 수 없는 현실, 사람을 탓하고 있었다. 누군가 답답한 심정을 토로할 때 그에 동조하며 이 상황이 얼마나 비합리적인지 문제의 원인을 찾아 탓하거나 해결책을 제시하거나 공감하는 것이 우리가 흔히 이야기를 대하는 방식이다. 그 모든 것을 가볍게 넘기고 내가 할 수 있는 것을 찾아 행하는 것, 그것이 불필요한 에너지 소모를 줄이고 이 순간을 창조하는 '나'에 집중하는 방법이었다.

나의 자율성을 깨닫고 이런저런 활동을 진행하던 중 공교롭게 무산되고 지연되기를 반복한 일이 있었다. 어느 날 문득, 사실은 관리자가 열정을 갖고 기획하고 일하는 교사에게 대놓고 불허하지 못했을 뿐, 원하지 않는 것이라는 생각이 들었다. 여러 가지 판단과 저항이 올라올 법했지만 원망 없이 흔쾌히 내 계획을 접을 수 있었다.

당연히 그의 판단 또한 일리가 있고, 같은 목적을 구현하는 데 수단과 방법은 얼마든지 다양하다는 것을 알기 때문이다. 물론 내가 정말 원한다면 다른 방법을 찾을 수도 있고, 그렇게 대체된 방법이 결과적으로 더 나을 수도 있다. 나의 선택지는 무한히 열려 있다. 교사의 자율권과 재량권의 의미를 알기 시작하자 그간 할 수 없다고 생각했던 많은 것들이 밀려나고, 내가 할 수 있는 것들이 떠올랐다.

지금 내가 선 이 자리에 바로 서는 그라운딩을 시작했다. 지금, 여기에 깊이 뿌리내릴수록 그 안정적인 힘으로 더 뻗어간다. 발뿐 아니라 얼굴에 팔에 닿는 모든 빛과 바람, 공기에도 그라운딩한다. 지금 이 모든 자리가 안전하게 나를 지지하고 있다고 느끼면서, 나는 자유롭게 이상을 꿈꾼다. 학교는 여전히 소란하다. 여전히 두렵기도 하다. 그런데 학교생활이 재미있어지기 시작했다.

교육기본법 제14조
② 교원은 교육자로서 갖추어야 할 품성과 자질을 향상시키기 위하여 노력하여야 한다.

이것을 교원의 자기연찬의 의무라고 한다. 연찬(研鑽), 학문 따위를 깊이 연구한다는 뜻이다. 교육의 질을 높이려면, 교사가 자기 연찬의 시간을 가져야 한다. 처음 자기 연찬의 의무라는 말을 들었을 때 혼자 피식했다. 연찬이 기쁜 일이 있을 때 음식을 차려놓고 여러 사람이 모여 즐기는 일, 연찬(宴饌)을 연상시켰기 때문이다. 교사에게 매일 잔치를 벌일 의무라니!

삶은 매 순간이 처음, 실수투성이, 시행착오다. 그 모든 순간에 좌절하지 않고 다시 일어서고 도전하는 배움은 매일 축제를 벌여도 모자랄 만큼 기쁘고 축하할 일이라는 뜻일까. 학생뿐 아니라 매일 새로운 도전과 성장이 있는 교사의 삶도 연일 잔칫날이고, 그렇다면 학교는 유토피아다. 아니, 학교와 교사로 한정할 것이 아니라 지구에 초대된 사람은 누구나 매일매일을 잔칫날처럼 살 자기 연찬(宴饌)의 의무가 있다. 교사에게 자기 연찬(宴饌)을 위한 자기 연찬(研鑽)의 시간이 충분히 주어지면 좋겠다.

교육과 삶의 열정을 다시 끌어올린다

며칠 전에 페이스북을 여니 메시지가 하나 있었다. 스팸 메시지를 거르기 위해 페이스북 친구가 보낸 메시지만 받을 수 있도록 설정을 해두었는데 친구의 것이 아닌 메시지가 용케도 바로 보였다. 메시지는 자신을 물리 교사라고 소개하며 이번에 책을 하나 출간하는데 추천사를 부탁하고 싶다는 내용이었다. 물리 교사가 쓴 책이라고 해서 잠시 망설였는데 괜한 걱정이었다. 원고를 펼치자마자 바로 원고에 빨려들었다. 밤을 꼬박 새우며 앉은 자리에서 책 한 권 분량의 원고를 다 읽고 말았다.

물리라고 하면 힘부터 떠오르는데 책은 '아이를 낳고 기르는 힘'(저자는 '자연출산'과 '자연육아'로 표현했다)에서부터 이야기는 시작됐다. 조산사의 도움을 받아 집에서 아이를 낳는 과정은 내가 겪어보지 못한 것이라 경외롭기까지 했다. 아이의 양육을 위해 아파트 단지에서 육아 공동체를 시도하다가 자연과 함께하는 삶을 위해 주거지까지 옮긴 의지는 감동 그 자체였다. 출산과 육아를 앞둔 분들에게 많은 도움이 될 것 같다.

돌아보니 나도 비슷하게 살아왔다. 사람들은 보통 퇴직하고 한적한 전원생활을 꿈꾼다. 나는 거꾸로 살고 싶었다. 아들과 딸이 어릴 때 시골 생활을 하고 싶었다. 같이 텃밭도 가꾸며 흙도 밟고, 개와 고양이를 반려동물로 키우며 내가 젊을 때 아이들이 어릴 때 그렇게 시골에서 살고 싶었다. 만강 강변 작은 시골 마을에 있는 농가주택을 하나 사서 둥지를 틀었다. 아내와 나의 삼사십 대와 아들과 딸의 십 대를 그렇게 작은 시골 마을에서 살며 자연에서 힘을 얻었다.

1부에서 '자연육아 엄마'로 살아온 자신의 이야기를 들려준 저자는 2부에서 '대자연과 호흡하는 교사'로 살아가는 이야기를 들려준다. 저자는 자신의 두 아이를 자연과 함께 키운 경험을 바탕으로 학교에서 만나는 아이들을 더 넓은 품으로 만나는 잔잔한 일상을 들려준다. 교사의 일상이 이처럼 부드럽기만 한 것은 아니다. 저자는 그 이면도 솔직하게 드러내면서 민감한 교육 이슈들에 대한 자기 생각을 거리낌 없이 던진다. 누구나 고개를 끄덕이게 되는 그 이야기에 교사라면 많은 공감과 위로를 받게 될 것이다. 이 이야기들은 교육 정책을 만들거나 집행하는 사람들도 올바른 교육을 위해 꼭 들어야 한다.

윤송미 선생님의 삶은 치열한데 글은 따뜻하다. 문체는 간결한데 글은 여운을 남긴다. 어지간한 내공이 아니면 살기 어려운 삶이고 쓰기 어려운 글이다. 이 책을 읽고 나니 어렵기만 했던 과학이 달리 보인다. 저만치 밀려나 보이지 않던 교육과 삶에 대한 열정을 다시 끌어올리게 된다. 한 번도 만난 적은 없지만 윤송미 선생님은 의미를 쫓아 살며 거기에 재미를 붙여 삶을 가꾸는 열정이 가득한 사람이라는 것을 느낄 수 있다. 참 고마운 삶이고 그 삶의 조각들을 모은 귀하고 좋은 책이다. 교육과 삶을 생각하는 사람들이 같이 읽고 생각을 나누어주면 좋겠다.

정성식 · 실천교육교사모임 고문

참고

Chapter 01 **생명**

<u>02</u> 땅

-《곱기도 해라》, 2008, 김희동, 통전교육연구소

Chapter 02 **땅**

<u>03</u> 귀촌

- 〈유치원 교원 대상 교육 현안 설문조사 결과 발표〉, 2021
- 다큐 〈놀이의 힘〉, 2018~2019, EBS
- 다큐 〈다큐프라임-오래된 미래, 전통육아의 비밀〉, 2012, EBS
- 〈밀양송전탑, 무엇이 문제인가?〉, 2013, 환경운동연합
- 《송전탑 뽑아줄티 소나무야 자라거라》, 2019, 교육공동체벗
- 강연 〈인공지능시대 자연지능 깨우기〉, 권택환
- 《맨발학교》, 2017, 권택환, 만인사